18세기 상품화폐경제의 발달과 화성 건설

18세기 상품화폐경제의 발달과 화성 건설

이 달 호 지음

혜안

위 | 화성 축성을 총괄한 채제공
아래 | 숙지산 돌을 조달하기 위한 쐐기자국

축성에 사용된 대·중·소의 성돌들. 총과 포에 대비하여 성돌의 길이가 길어졌다.

일정한 크기로 규격화 된 고구려 성돌

위 | 고구려의 백암성 치의 들여쌓기
아래 | 대표적인 규형(圭形)의
적대와 치

위 | 철엽으로 둘러싸여 있는 성문
아래 | 안쪽을 의지해서 쌓은 내탁(內托).
성안 어디에서도 성벽에 오를 수 있다.

화서문의 무지개문

성 안에서 본 타와 타 사이의 근총안

성 밖에서 본 근총안 통천미석

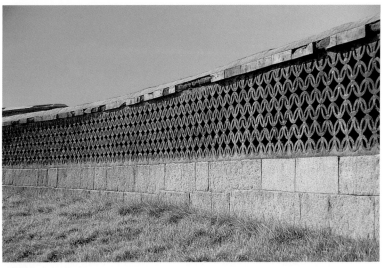

기와를 엇갈려 쌓은 영롱담

도시조경을 위해 화성 축성시 심은 노송

이무기 조각돌로 용연에서 흘러나오는 물의 통로다.

둔전 경영을 위한 축만제(서호)

축만제 표지석

축만제 물로 농업 경영을 한 서둔벌

일제시대에 파괴된 연꽃이 만발한 만석거의 옛모습(윤한흠 작)

비행장 안에 위치하였던 돌로 만든 대황교의 옛모습(윤한흠 작)

화성 축성시에는 나무로 만들어 오교(午橋)라고 했다. 추후 돌로 개축하였으며 지금은 매향교라고 부른다(윤한흠 작).

지금의 녹산문고 근처에 있던 거북산[龜山]. 일제 때 용인으로 가는 도로가 나면서 훼손되었다(윤한흠 작).

종로사거리의 옛 종각 모습(윤한흠 작)

방화수류정 밑 언덕에 있었던 육지송(윤한흠 작)

한국전쟁 시 반파된 장안문루. 나중에 전부 소실되었다.

1975년 복원된 장안문

책을 펴내며 |

두 눈으로 앞을 보는 인간은 역사의 뒷면을 보지 못하는 한계가 있다. 그 뒷면까지 제대로 밝히는 것이 역사가의 임무라고 생각된다. 소위 수십 만년 삶의 궤적이 역사라고 한다면 지금까지 우리는 그 궤적의 앞면만 보았던 것은 아닐까. 그 뒷면을 보는 데는 실사구시적 학문 자세와 함께 관점의 올바름이 매우 중요하다고 생각된다.

젊은 시절 철없이 허송세월을 보내던 필자는 1987년 30대 중반에 회사 생활과 자영업을 운영하다 신분상승의 꿈을 갖고 불현듯 사학과 대학원에 입학하였다. 늦깎기에 공부하는 재미는 별맛이었다. 뒤늦게 배운 도둑질에 밤새는 줄 모른다는 속담처럼 10년쯤 어린 선배들의 학습도움과 당시 학계를 풍미하였던 운동사와 사회경제사에 대한 공부는 나의 역사인식을 새롭게 변화시켰다.

일제시대를 전공한 필자는 44세의 나이에 수원시청 학예연구사로 근무하게 되었다. 수원시청에서는 1997년에 세계문화유산으로 등재된 '화성'이 화두의 중심에 있었다. '화성'을 모르고는 '학예직'에 붙어 있기 힘든 상황이었다. '화성'에 대한 지식과 연구는 필수적인 일이 되었던 것이다. 수원에서 초등학교를 나온 필자는 그때까지 '화성'을 한 번도 답사한 적이 없었다. 이제는 1주일이 멀다하고 '화성'을 안내하고 이끼와

담쟁이 넝쿨로 뒤덮인 성벽을 구석구석 살피게 되었다.

그리하여 나온 연구성과가 2003년에 제출한 박사학위 논문 『화성 건설 연구』다. 논문에서는 화성 건설 배경과 성제 그리고 정조대 중앙재정 규모에서 화성 건설에 투입된 경비를 살펴보았다.

화성 건설의 배경 중 주요한 것의 하나는 1786년 정조의 아들 문효세자와 부인 의빈성씨의 죽음으로 야기되었다. 그들의 죽음은 사도세자의 묘자리에 대한 불신으로 이어졌고 옛 수원부의 읍치가 사도세자가 묻힐 '명당'으로 확정되었다. 1789년 사도세자의 원침을 이 '명당'으로 이전하고 새로운 신도시 '화성'을 건설하였다. 더 나아가 1794년 1월부터 1796년 9월까지 새로운 신도시에 행궁을 둘러싸는 화성을 축성하고 도시기반 시설을 완성하였다. 이러한 화성 건설의 최종 목표는 1790년 순조의 탄생을 기점으로 순조가 15세가 되는 1804년(갑자)에 왕위를 물려주고 정조는 상왕으로 머물면서 사도세자의 추숭을 주도하는 왕권강화의 기지로 삼는 것이었다.

한편 성제는 기존 중국과 우리나라의 모든 성제를 검토한 후 총과 포에 대비해 우리식으로 만들었다는 것을 논구하였다. 화성에 투입된 경비에서는 1년 호조 예산에 버금가는 약 100만 냥에 해당하는 자금이 2년 9개월이라는 짧은 기간에 투입되어 국가 재정이 취약해지는 한 요인으로 작용했을 것으로 분석하였다. 하지만 이러한 분석은 독학과 주경야독으로 역사를 보는 시야가 좁고 깊이가 부족하여 기존의 연구성과를 답습하는 수준이었다.

논문에서는 화성 건설의 재정문제를 다루긴 하였으나 사회경제사라고 하기에는 미진한 부분이 많았음에도 게으름 때문에 논문을 그대로 방치하였다. 그러다가 고스란히 남아 있던 『화성성역의궤』라는 화성 건설 시말 보고서를 다시 한 번 꼼꼼히 살펴보기로 하였다. 조선 후기가 신분제와 '경제외적 강제'를 특징으로 하는 봉건왕조가 서서히 해체되어 가는 시기라는 문제의식을 갖고 화성 건설을 통하여 조선 후기 정조대의 사회경제사를 좀더 천착하고 보니,『화성성역의궤』는 '고용 노동' 문제와 '물자 조달', '가옥과 전답 보상'과 관련된 상품 화폐경제 자료의 보고였다.

따라서 이 책은 먼저 발표한 박사학위논문을 수정·보완하고 화성 건설의 상품화폐경제사를 대폭 추가하여 작성한 것이다. 화성 건설은 서구와 일본의 제국주의 시장 팽창 이전에 우리나라에서 자생적으로 싹트고 있던 상품화폐경제의 결정체라고 할 수 있다. 이러한 상품화폐경제의 싹들은 선학들의 연구결과로 보건대 16세기부터 태동되지만 숙종대 이후부터 일반화 되는 것이 아닌가 생각된다. 숙종대 이후 무르익는 '자본주의적 싹'의 시대상을 보여주는 것이자 그 구체적 실천의 장이 된 대규모 토목공사가 바로 화성 건설이라고 생각되는 것이다. 더불어 당시 관료들과 지식인의 의식구조도 '자본주의적'으로 변화되어 있었는데, 이는 정조와 정약용의 '임노동'을 어떻게 경제적으로 적용할 것인가에 대한 논의에서 보여진다.

또한 화성은 정조가 이루고자 했던 꿈 즉 천하의 명당, 조선조 제2의 신도시, 서울 남서부의 방어기지, 순조가 15세가 되는 1804년에 사도세자를 추숭하기 위한 왕권 강화의 도시, 농업생산과 상업의 중심도시 건설을 위한 실천의 장이었다. 더욱이 1794년부터 1796년 9월까지 추진된 화성의 건설은 전국에서 총동원된 인력과, 화폐로 구입한 물자들로 이루어진 상품화폐경제의 결정체이자 조선조 18세기 정치 사회 과학 문화 경제의 모든 면을 보여준 것이었다. 조선 초기의 '경제외적 강제'의 시대에서 '시장의 논리'가 지배하는 사회로의 변화를 보여주는 결정체가 바로 화성

신도시 건설이었던 것이다.

화성 성역은 단순한 토목공사가 아닌 신도시를 만드는 과정이었다. 따라서 여기에 필요한 재료와 물품은 다양하고 종합적일 수밖에 없었다. 계획적인 신도시를 건설하기 위해서는 경제적 조건들이 중요하였다. 특히 재료와 상품의 조달이 중요하였다. 이것이 가능하려면 그 배후에 전국적인 상품시장과 서울이라는 거대한 시장이 존재해야 했다. 특수한 물자들이 전국 각처의 시장에서 화폐를 통해 구입 조달되었다.

이 책이 만들어지기까지 많은 은사님들의 도움이 있었다. 먼저 박사학위논문을 지도해 주신 황선희 선생님은 꼼꼼히 교정까지 보아주셨고, 한영국 선생님으로부터는 재정 부분을, 차용걸 선생님으로부터는 성제 부분을 도움 받았고, 최규성, 조성을 선생님들의 지도와 편달에 힘입은 바 크다. 물론 박사학위논문을 쓰기 이전 유치한 석사학위논문을 지도해주신 박현서, 정창렬, 이완재 선생님들의 은덕 또한 크다.

교정을 보아준 최철희, 류현희, 정순옥 선생, 영문요약문을 작성해준 예주희 선생, 그리고 같은 길을 가는 김준혁, 한동민, 이민식 후배 여러분들 그리고 새롭게 만드는 수원의 박물관 연구직 분들의 지적과 격려와 응원에 감사드린다. 한편 이 책은 화성연구회와 KYC 회원들 그리고 수원 일하는여성회 회원들을 대상으로 화성을 강의하는 과정에서 만들어졌다. 화성을 매개로 문화에 대한 애정과 사랑을 간직하고 있는 수원시청 공무원 여러분, 묵묵히 수원과 화성을 사랑하는 화성길라잡이 자원봉사를 하는 회원 여러분들에게도 감사를 드린다.

건강하시던 아버님이 갑자기 병환으로 돌아가셔 슬픔에 잠기신 어머님과 가족들, 호기심 많은 필자의 버팀목이 되어준 아내와 가족 그리고 처가 식구들 모두에게 감사를 드리며 어려서부터 지금까지 음양으로 많은 도움을 준 '트리터스'를 비롯하여 '물신 숭배'의 고약한 이 땅에서 올바른 세계관을 세우고자 노력하는 많은 주위 분들에게도 머리숙여 감사드린다. 마지막으로 이 책의 간행을 흔쾌히 허락해 주신 혜안출판사의 오일주 사장님께 감사드린다.

2008년 6월 이달호

차 례 |

26

서 론

정조가 화성을 건설하게 되는 직접적인 배경은 당연히 1762년의 사도
세자의 죽음이었다. 죄인으로 죽은 아버지를 추숭하기 위한 정치적 기지
로 수원 팔달산 동쪽을 선택하였다. 이렇게 결정된 데에는 여러 배경과
요인 그리고 계기들이 맞물려 있다.

사도세자가 묻힌 원침이 조선조 최대의 명당이라는 역사적 배경과 수
원부를 넓은 평야로 옮겨야 한다는 반계 유형원의 실용적 제안은 화성
건설의 당위성을 뒷받침해 주었다. 그리고 '1786년의 변고(變故)'라고 불
리는 5살난 문효세자의 콜레라로 인한 죽음과 세자를 낳은 생모 의빈성씨
의 죽음은 바로 사도세자를 명당에 묻고자 하는 정조의 의도를 실현시켰
다. 이에 따라 수원부 읍치 이전 문제가 대두되고, 새로운 고향 화성 건설
이 본격적으로 논의되는 것이다.

이를 위해서는 구읍치에 있던 관청을 옮기는 것은 물론 민(民)들이 소
유하고 있던 논밭에 대한 보상이 선행되어야 했다. 아울러 팔달산 동쪽에
새로운 도시를 건설하기 위한 도시기반 시설의 완비, 이 도시를 진흥시키
기 위한 부민에 대한 특혜조치 등이 필요하였다.

그러나 정조가 1789년에 처음부터 화성을 건설하기 위해 치밀하게 준
비한 것 같지는 않다. 화성을 성곽과 생산기반 시설들이 갖춰진 새로운

신도시로 건설하고자 하는 중요한 계기는 바로 1790년 순조의 탄생이었던 것으로 추정된다. 순조의 탄생이야말로 화성을 본격적으로 조선조 제2의 도시로 만들고자 하는 정조의 정치적 구상과 계획의 밑바탕이 된 것으로 보여진다.

이에 따라 1793년 수원부를 화성유수부로 승격하고 1794년 1월부터 1796년 9월까지 33개월간 화성 신도시 건설이 본격적으로 진행되었다. 순조가 15살이 되는 1804년(갑자년) 왕위를 물려주고 아버지를 추숭하고자 하는 정조의 정치적 의도를 실현할 신도시였으며, 어머니와 함께 노후를 보낼 정치적 막후 기지가 바로 화성이었던 것이다.

때문에 화성 건설의 배경은 풍수지리적 배경, 정치적 배경과 아울러 당시 변화해가는 사회경제적 배경이 혼재되어 있다. 특히 화성 건설이 2년 9개월이라는 짧은 기간에 완성될 수 있었던 것은 농촌으로부터 이탈한 유이민들이 품팔이로 고용된 것과, 당시 무르익었던 상품화폐경제의 발달 때문이었다.

화성(華城) 건설에 대한 연구는 세계문화유산으로 등재되기 이전부터 상당한 진척이 이루어졌다.[1] 화성성제에 대한 연구도 선구적으로 진행되었다.[2] 이후 화성 건설의 역사적 의의에 대한 연구가 더욱 심화되었다.

---

1) 차용걸, 1977, 「화성의 축성사적 위치」, 『화성성역의궤』, 수원시 ; 차용걸, 1978, 「화성의 성격과 특징」, 『화성성역의궤』, 수원시 ; 차용걸, 1979, 「임진왜란 이후의 성제변화와 수원성」, 『화성성역의궤』, 수원시 ; 최홍규, 1991, 「朝鮮後期 華城 築造와 鄕村社會의 諸樣相」, 『國史館論叢』 第30輯, 國史編纂委會 ; 유봉학, 1996, 「정조대 정국 동향과 화성성역의 추이」, 『규장각』 19호 ; 유봉학, 1996, 「화성성역의 역사적 의의와 화성의 문화유산」, 『향토사 연구』 ; 김동욱, 1996, 『18세기 건축사상과 실천-수원성』, 발언 제9집.

2) 노영구, 1999, 「조선후기 城制 변화와 華城의 築城史的 의미」, 『진단학보』 88 ; 정연식, 2001, 「화성의 방어시설과 총포」, 『진단학보』 91. 이외에도 2001년에 일지사에서 간행된 최홍규의 『정조의 화성 건설』에서는

이러한 경향의 연구로는 주로 왕권강화책의 시각으로 분석한 '천도설(遷都說)', '배후거점설(背後據點說)', '군권강화설(軍權強化說)'이 있다. 천도설은 노론 세력을 견제하기 위해 수도를 옮기려 했다는 설로서 그 구체적 전거는 들지 않고 있다.3) 배후거점설은 원침(園寢)을 천봉한 것은 수원지역을 친위지역화하여 개혁의 진원지로 삼고자 했다는 것이다.4) 거대한 상업중심지이자 문화중심지로 성장한 '한성(漢城)'과 그 인근의 수도권을 정치 · 경제 · 사회 · 군사 · 문화적으로 통합하기 위하여 국가정책 차원에서 화성을 축성하였다는 주장이다.5) 또한 화성은 수도 한성을 보좌할 대도회로서 세계 최고의 계획된 '신도시'였다고 하는 도시사회사적 방법이 있다.6) 군권강화설은 화성성역(華城 城役)의 직접적인 배경과 관련된 연구는 아니지만 화성이 완성되고 그 곳에 장용외영이 설치됨으로써, 군권(軍權)이 군주에게 일원화되었다는 주장이다.7) 또한 1788년(정조 12)

화성의 축성방략과 우하영의 성제론이 논구되었다. 차용걸은 『화성성역의궤』 번역본을 바탕으로 1979년 세 번째 논문에서 연세대학교에 소장되어 있는 「성제고」와 화성의 방어시설물을 꼼꼼히 대비하여 그 차이점을 논구한 바 있다. 노영구는 화성의 성벽이 낮아진 이유로 '공성포'의 공격에 대비한 것이라는 결론을 도출하였다. 이에 대하여 정연식은 성벽이 높고 낮은 것을 갖고 공성포에 대비한 것이냐 아니냐의 판단 근거로 삼을 수는 없다고 하였다. 더 나아가 화성은 공성포에 대한 대비가 전혀 없었으며, 중국의 16세기 말 축성술을 총체적으로 재현시킨 것이라 주장하였다. 노영구는 성의 높이만을 가치 기준으로 설정하여 공성포에 대비한 뛰어난 성이라는 결론을 도출한 것이고, 정연식은 노영구의 연구를 기초로 정약용의 『성설』은 『무비지』에 기초한 것이었고, 『성제도설』도 『무비지』를 재편한 것에 지나지 않아, 정약용의 설계는 홍이포가 등장하기 이전의 상황을 토대로 한 저술이라고 단정지었다.

3) 鄭奭種, 1994, 「정약용과 정 · 순조연간의 정국」, 『朝鮮後期 政治와 思想』, 한길사.

4) 金成潤, 1997, 『朝鮮後期 蕩平政治 研究』, 지식산업사.

5) 한영우, 1998, 「정조와 화성」, 『근대를 향한 꿈』, 경기도박물관.

6) 孫禎睦, 1994, 『朝鮮時代都市社會研究』, 一志社.

이후 정조가 어느 정도 정국을 장악한 다음 영우원(永祐園) 천봉(遷奉)을 단행한 후, 1804년(甲子年)에 세자인 순조가 15살이 되는 해에 전위(傳位) 할 것에 대비하면서 화성성역과 수원의 도시적 발전을 추진했다고 하는 '갑자년지설(甲子年之說)'이 있다.[8] 한편 읍치 이전의 직접적인 배경을 논한 것은 아니지만 이와 같은 맥락에서 우하영(禹夏永)의『관수만록(觀水漫錄)』을 중심으로 화성 축조와 수원지방의 사회 경제적 제반 변화에 주목한 종합적 연구성과도 있다.[9] 이외에도 정조 개인에 초점을 맞추고 건축사적으로 화성을 조망하면서 왕권강화의 일환으로 화성이 축성되었다는 견해도 있다.[10]

한편 정조대에 국한한 것은 아니지만 18세기 상품화폐경제의 발달과 상공업에 대한 연구 그리고 재정사 연구가 다방면에서 진행되었다.[11] 하지만 화성 연구의 기초자료인『화성성역의궤(華城城役儀軌)』와『원

---

7) 朴光用, 1994,『朝鮮後期「蕩平」硏究』, 서울대학교 국사학과 박사학위논문.

8) 유봉학, 1996,『꿈의 문화유산, 화성』, 신구문화사.

9) 崔洪奎, 1991,「朝鮮後期 華城築造와 鄕村社會의 諸樣相」,『國史館論叢』第30輯, 國史編纂委會.

10) 김동욱, 1996,『18시기 건축사상과 실천-수원성』, 발언.

11) 김용섭, 1970 · 1971,『조선후기농업사연구』Ⅰ · Ⅱ, 일조각 ; 강만길, 1973,『조선후기 상업자본의 발달』, 고려대학교 출판부 ; 송찬식, 1973,『이조후기수공업에 관한 연구』, 서울대학교 출판부 ; 유승주, 1993,『조선시대광업사연구』, 고려대학교 출판부 ; 김옥근, 1997,『조선왕조재정사연구』Ⅰ · Ⅱ · Ⅲ ; 송찬식, 1997,『조선후기 사회경제사의 연구』, 일조각 ; 오 성, 1997,『조선후기 상인연구』, 일조각 ; 고동환, 1998,『조선후기 서울 상업발달사』, 지식산업사 ; 송찬식, 1998,『이조후기수공업에 관한 연구』, 서울대학교 출판부 ; 윤용출, 1998,『조선후기의 요역제와 고용노동』, 서울대학교 출판부 ; 양진석, 1999,『17 · 18세기 환곡제도의 운영과 기능 변화』, 서울대 박사학위논문 ; 장동표, 1999,『조선후기 지방재정 연구』, 국학자료원 ; 백승철, 2000,『조선후기 상업사 연구』, 도서출판 혜안 ; 변광석, 2001,『조선후기 시전상인 연구』, 혜안 ; 이세영, 2001,『조선후기 정치경제사』, 혜안.

행을묘정리의궤(園行乙卯整理儀軌)』를 토대로 한 화성 연구는 아직 미진
하다고 보여지며, 앞으로 보다 면밀한 분석과 심도 있는 연구가 더 필요한
시점이다.

또한 우리가 익히 알고 익숙한 상식들[12]과 화성축성의 정치·경제적
배경과 그 시대의 문화, 즉 정조시대에 대한 '맹목적 찬양'이 과연 주도면
밀한 연구의 결과물인지에 대해서는 진지한 고민과 깊은 천착이 필요하
다. 역사적 사실보다 더 '아름답게' 또는 '과도하게' 평가한 바탕에는 당시
자료에 대한 일면적이며 단선적인 분석에 따른 것이며 또한 '정조의 언
어'로 당시 역사를 해석하는 오류가 있었다고 보여진다.

따라서 기존 선행 연구에 더하여 정조가 실현하고자 했던 개혁의 실체
는 조선시대와 정조시대의 사회·경제적 변화라는 큰 줄기 속에서 파악
해야 하며, 보다 새로운 연구관점이 필요한 것이 아닌지 고민해야 한다.
이는 식민사관에 의한 '정체성론'을 극복하는 문제와 아울러 '조선 최고
의 문예부흥기'라거나 '순환론적' 역사관 모두를 경계해야 한다는 의미이
다.

이에 본서 제1장에서는 화성 건설의 배경을 알아보고자 하며 제1절에
서는 연구의 초점을 다음의 두 가지 문제에 맞추고자 한다. 첫째는 선조와
효종의 능침 선정 과정에서 수원부 구읍치를 두고 벌인 찬반논쟁과 '풍수
(風水)'문제를 중심으로 했던 붕당 간의 이견을 분석하여 양론의 차이점
과 성격을 규명하고자 한다. 둘째는 수원부 구읍치가 장헌세자의 원침으
로 확정되는 과정과 수원부 신읍치 선정 배경에 대해서 검토하고자 한다.
아울러 '산릉선정(山陵選定)' 문제를 두고 벌인 붕당 간의 논쟁이 '예송논

---

12) '축성시 임금의 성과급제 채택', '수원 천도설', '화성 축성시 1795년 6개월 공사
　　정지설' 등.

32

쟁(禮訟論爭)'과는 어떤 연계가 있는지 규명하고자 한다.

제2절에서는 정치사회적 배경을 논구하고자 한다. 화성 건설은 정조의 정치적 의도와 사회경제적 배경으로 이루어진 18세기의 결과물이다. 따라서 화성 건설은 여러 복합적 원인과 배경들이 씨줄과 날줄로 연결되어 창조된 것이었다. 한편 화성 건설에 투입된 유이민의 발생과 화성 건설에서 시행되었던 성과급제가 어떠한 역사적 배경에서 발생되었는가는 화성 건설의 사회경제적 배경의 하나를 이룬다고 하겠다. 상품화폐경제의 발생과 농토로부터 유리되는 유이민, 이로 인한 봉건적 신분제의 해체는 화성 건설의 역사적 조건이었기 때문이다.

특히 사도세자의 죽음과 관련한 '임오의리(壬午義理)'는 어떠한 과정을 거쳐 공론화되는가 하는 점이다. 이는 정조가 죄인으로 죽은 아버지 사도세자를 영조가 절대로 재언급하지 말 것을 유언한 부분을 어떻게 정조가 합법적으로 피해가면서 어떤 방식으로 추숭할 것인가와도 관련되는 초미의 관심사였다. 이러한 정치적 복권을 앞장서 해결해 줄 세력이 남인이었으며 그 대표 인물이 바로 남인의 영수 채제공이었다. 따라서 채제공은 노론이 주도권을 잡고 있던 당시 정국에서 어떤 과정을 거쳐 화성 건설의 주역으로 떠오르게 되는가, 그리고 화성 건설에 적용된 경세치용과 이용후생 특히 북학의 정신은 어떻게 형성되었는가를 알아보고자 한다.

제2장에서는 화성 건설의 과정을 다루고자 한다. 제1절에서는 『화성성역의궤』(이하 성역의궤) 권4의 개설·내관·감결·품목·사목·식례·공장, 권5의 재용(財用) 상(上)의 조비(措備), 권6의 재용 하(下)의 실입(實入) 2·3의 내용을 도표화하여, 이를 통해 화성성역에 동원된 관료, 기술자와 품팔이들이 어떻게 편제되었으며 그들의 노동조건은 우리가 현재

인식하는 사회적 기준 즉 상식과 부합되는지 살펴보고자 한다. 그런 의미
에서 기술자[工匠]와 품팔이[募軍]를 분리해 보고 노동조건에서도 노동
력 동원의 방식과 노임지불 방식을 별도로 분석하고자 한다.

  제2절에서는 화성 건설을 위한 물자조달 방식을 알아보자 한다. 화성
건설은 정조를 정점으로 좌의정을 역임한 채제공 등 관료들이 총동원된
국가적 사업이었다. 따라서 물자동원도 전국적 행정 단위와 병영까지 망
라되어 일사분란하게 진행되었다. 이러한 동원체제가 화성을 짧은 시간
에 완성할 수 있었던 동력 중의 하나인 것은 더 말할 필요가 없다.

  그렇다면 화성 건설에서 물자는 어디서 어떤 방식으로 조달되었는가.
이에 대해 알아보자면 『성역의궤』의 회계 기록을 이해해야 한다. 『성역의
궤』 회계 기록은 먼저 성곽을 쌓을 것을 계획하여 임금의 결재를 받아
돈을 배정하는 구획(區劃), 이를 가지고 조치와 대비가 있은 연후에야
재료를 마련하는 조비(措備), 실제 들어간 실입(實入)으로 되어 있다. 실입
은 분록조(分綠條－실입1上·실입1下)·도하조(都下條－실입2)·별하
조(別下條－실입3)·각도공곡회감조(各道公穀會減條－실입4)로 이루어
져 있다. 실입1상에는 44곳, 실입1하에는 26곳 등 각 시설물 70곳에 실제
들어간 자재 및 노임이 기록되어 있다. 도하조(실입2)에는 한 부분에 소속
시킬 수 없는 비용, 별하조(실입3)에는 성이나 관청 건물과 관계없는 비용
과 특별지출 비용, 실입4에는 각도의 회감 곡물이 기록되어 있다.

  따라서 자재의 조달 물량, 단가, 지역 등을 알아보려면 '조비' 항목을
집중적으로 분석하지 않으면 안 된다. 이를 통해 실제 사용된 양과는 일정
한 차이가 있지만 화성성역에 조달된 물자의 수량·단가·산지와 운반로
그리고 구매방식 등을 파악할 수 있으며 18세기 상공업의 발달 정도와
화성성역 당시의 물자조달 특징을 도출할 수 있을 것이다.

제3절에서는 화성을 쌓고 도시기반 시설을 조성할 때의 가옥과 전답에
대한 보상은 어떻게 이루어졌는가를 알아보겠다. 1789년 수원 신읍치가
팔달산 동쪽에 새롭게 건설되고 그 5년 후인 1794년 1월부터 1796년 9월
까지 화성행궁을 보호할 성곽을 둘러싸고 도시기반 시설을 새롭게 건설
하였다.

수원부 읍치를 팔달산 동쪽으로 옮겨 올 때도 구읍치에 있던 가옥과
전답에 대해서 보상을 하였지만 신읍치에 화성을 쌓을 때도 가옥과 전답
에 대한 보상이 이루어졌다.

조선조 가옥과 전답에 대한 보상은 어떻게 이루어졌는지에 대한 자료
는『실록』에만 희귀하게 보일 뿐이며 거의 전무한 실정이다. 다만 1789년
사도세자의 원침을 천봉하고 수원부 구읍치의 보상 현황이『수원하지초
록』에, 1794년 1월부터 시작된 화성 건설 시 가옥과 전답 보상에 대한
자세한 내용이『성역의궤』에 남아 있을 뿐이다.

따라서『성역의궤』를 바탕으로 가옥과 전답에 대한 보상의 의미는 무
엇이고 그 보상에 대한 내용 즉 형태, 규모, 단가, 지급액 등을 분석해
보겠다. 물론 화성성역에서의 가옥과 전답의 수용이 국가의 필요와 강제
력에 의한 것이었지만 보상가는 당시 부동산 매매의 일반적 관행과 별반
다르지 않았다는 점에 주목할 필요가 있다. 따라서 16세기 이후 고문서를
중심으로 매매지불수단의 변화와 화성 건설시 가옥과 전답의 보상이 어
떠한 조건 속에서 이루어졌는가를 논구하겠다.

제3장에서는 화성 건설을 위한 재정조달은 어떻게 이루어졌는가를 알
아보고자 한다. 이에 따라 제1절에서는 정조대 중앙재정 규모를 논구하겠
다. 정조대에는 선대왕 때와는 다르게 매년 연말이나 연초에 중앙재정
상황을 보고하고 있었다. 이는 정조대에만 보이는 특이한 관행이었으며

정조 자신이 재정문제에 관심이 많았음을 보여주는 동시에 정국을 주도
하고자 하는 의지가 강했음을 나타내 준다고 하겠다.

이를 토대로 하면, 정조대 중앙재정을 맡은 관사(官司)는 주로 전세를
관장하는 호조와 대동미를 관장하는 선혜청, 그리고 군문(軍門)으로 병조
와 훈련도감, 훈련도감에 속한 양향청 · 금위영 · 수어청 · 어영청 · 총융
청 등과 군역을 관장하는 균역청 등이었다. 특히 상진청과 비변사는 원칙
적으로 수세기관(收稅機關)은 아니지만 환자곡(還上穀)을 이용하여 환자
이자를 받아들이는 실질적 수세기관이었다. 그리고 정조대에 이르러 군
문인 장용영이 추가되었다.13)

조선조 재정에 대한 그동안의 연구는 전세, 공물 등 세원별 연구가
주류를 이루고 있다. 이에 따라 본고는 정조대 국가재정14) 가운데 중앙재
정의 규모를 알아보고자 한다. 그리하여 그 재정의 세입 · 세출과 재정상
황을 분석하겠다. 그러한 가운데 각 기관별 재정 규모를 비교해 정조대
봉건 재정의 성격을 살펴보고자 한다.

제2절에서는 화성 건설에 조달된 경비에 대해 알아보겠다. 화성 건설
에서 필요한 비용이 원활하게 조달된 것은 아니었다. 그리고 정조의 언급
처럼 내탕금에서 조달된 것인가도 의문이다. 따라서 신읍치 이전과 진흥
시책은 어떠했으며, 막대한 자금이 들어간 화성 건설에서의 비용은 어떻

---

13) 이외에도 京司재정아문으로는 각 공방의 노비공전, 공조, 관상감, 사복시, 중추
   부, 장악원, 충훈부, 내수사, 군기시, 내원, 사용원, 내의원, 성균관, 교서관, 조지
   서, 의정부, 기로소, 와서, 이조서리보전, 상의원 등이 있었다.
14) 國家가 民을 대상으로 수취하는 결세와 공물, 역, 제세 등 모든 부문을 국가재정
   이라 정의한다. 국가재정은 중앙재정과 지방재정으로 나눌 수 있는데, 사용처에
   따라서는 그 구분이 모호하고 수취 관리 기관이 중앙아문이냐 지방아문이냐에
   따른 편의상의 분류일 뿐이다. 특히 환곡의 경우 그 쓰이는 곳이 지방관청인
   곳이 대부분이었다.

게 조달되었는가를 살펴보고자 한다. 그리고 화성 건설에 지출된 비용의 재료비, 인건비, 각종 도시기반 시설을 마련하기 위한 비용을 항목별로 파악해 보고자 한다. 아울러 각 시설물별 지출 비용도 함께 고찰하겠다.

제4장에서는 화성의 축성 방략과 성제를 논구하고자 한다. 건설화성은 1794년(정조 16) 1월부터 공사를 시작하여 1796년(정조 18) 9월에 완성되었다. 5.7㎞에 달하는 성벽은 물론이고 약 50여 개의 방어시설물이 건설되었다. 이 방어시설물들의 성제는 어떤 역사적 자료와 선행 건축물을 참고하였는가를 확인하고자 한다.

먼저 제1절에서는 기존 성제를 고찰하였다. 화성 축성공사의 기본 지침서인 「성설(城說)」은 정약용이 작성한 것이다. 정약용은 자찬묘지명에서 "성제는 윤경의 「보약(堡約)」과 유성룡의 「성설」에서 좋은 제도만을 채택하였다"고 자술하고 있다. 또한 정약용이 「성설」을 지어 바치자 정조는 중국의 백과전서인 『고금도서집성』과 「기기도설」을 내려주어 성제와 인중법(引重法)을 더 강구하도록 하였다. 그리고 화성 축성 전 과정의 시말을 기록한 공사보고서 『화성성역의궤』의 「어제성화주략」에서는 "규형(圭形)의 성벽은 '경성의 성'을, 곡성이나 초루의 법은 '유성룡의 성제'를, 문루와 누조는 '모원의의 『무비지』'의 법을 참고했음을 밝히고 있다.

따라서 화성의 전체 시설물을 살피는 가운데 중국성제와 우리 고유의 성제[15]가 얼마나 어떻게 반영되고 적용되었는가를 논구하고자 한다.

제2절에서는 화성 축성 방략에 대해 살펴보고자 한다. 화성 신읍치에 성곽을 건설해야 한다는 필요성은 1790년 이후 대두된다. 그 이유로 군사적 요지로서의 수원의 중요성, 장헌세자의 원침 수호, 도성방위체제의

---

15) 본고에서 城制란 화성의 각 방어시설물의 용도뿐만이 아니라 문화재로서의 가치 척도인 건축양식도 아우르는 개념이다.

확립 등을 거론하였다. 이렇게 축성의 필요성이 대두되면서 이를 실현하기 위한 행정적 지원과 이를 수행하기 위한 인물 선정 과정을 논구하겠다. 특히 채제공의 중용, 정약용이 지은 '성설'의 탄생 과정을 살펴보고 성터는 왜 팔달산 동쪽에 자리잡게 되었는지 그 역사적 연원을 알아보겠다.

　제3절에서는 화성의 방어 및 공격시설물 약 50여 개를 개별적으로 분석하면서 각 시설물의 특징과 재료의 사용, 성제의 특징을 도출하겠다. 화성은 모든 방어시설물이 전면과 좌우측면을 방어할 수 있는 '치(雉)'라는 독특한 구조물 위에 만들어진 특징을 갖고 있다. 특히 우리나라 성곽에서 화성에서만 볼 수 있는 대포 쏘는 포루, 공심돈, 노대, 봉돈 등의 건축사적인 특징을 살펴보겠다. 더 나아가 방어요새로서의 군사적인 측면뿐만 아니라 건축미학적인 측면 등을 아울러 고찰하겠다.

제1장
화성 건설의 배경

제1절 수원부로의 장헌세자 원침 천봉 배경

1. 선조 능침(陵寢) 선정을 둘러싼 논쟁

선조(宣祖)가 1608년 2월 1일 훙서(薨逝)하자 총호사[1] 허욱(許頊)은 선조의 능침으로 지금의 동구릉(東九陵, 구리시 소재) 안의 건원릉 제5강(第5崗)을 추천하였다.[2] 그러나 기자헌(奇自獻, 1562~1624)은 2월 14일 건원릉 제5강에 선조의 능침을 쓰는 것에 반대하였는데, 그가 전거로 제시한 것은 『청오경(靑烏經)』이다.[3] 『청오경』에 조상의 분묘 가까이에 장사를 지내면 그 재앙이 아손(兒孫)에게 미치게 된다는 구절이 바로 그 근거였다.[4] 그러나 이러한 이의 제기는 2월 22일 예조에서 건원릉 제5강을 건의한 데 대해 왕이 윤허함으로써 일단락되는 듯했지만, 당시 좌의정으로 있던 기자헌은 15일 산릉 선정 문제를 다시 거론하였다. 건원릉 제5강에 대한 이의 제기 이유는 다음과 같다.

---

1) 나라에서 벌이는 장사 때 임시로 임명하는 벼슬아치로 國葬都監都提調를 摠護使라 하여 喪葬의 모든 일을 다스리게 하였다(『세종실록』 권9, 2년 9월 9일 甲戌).
2) 『광해군일기』 권1, 즉위년 2월 9일 丙寅.
3) 『靑烏經』은 1500년(선조 33)에 처음 등장하는 책이다. 그 이전시기 풍수에 관련되는 서적으로는 太祖 때에 고려 왕조의 書雲觀에 다수의 '秘錄文書'들이 있었던 것으로 보인다. 실록에 의하면 태조대는 『地理秘錄撮要』, 세종대는 『地理全書』 · 『大全』 · 『地理大全』 · 『夫靈經』 · 『天一經』 · 『地珠林』 · 『靑囊經』이 등장하고, 세조대에 풍수학에서 참고한 지리서로는 『錦囊經』 · 『地理洞林』 · 『地理新書』 · 『李淳風小卷』 · 『地理新鑑歌』 · 『地理門庭』 · 『陰陽節目』 · 『楊筠松口訣』 · 『地理持南詩』 등이 있다. 세조대는 『古朝鮮秘詞』 등 1백여 권과 『道詵漢都讖記』 등의 문서는 私處에 간직해서는 안된다고 효유를 내린 적도 있었다. 성종대에는 여러 도의 관찰사에게 교서를 내려 천문 · 음양 · 지리에 관한 책을 서울로 올려 보내도록 하였는데, 『道先讖記』 등은 서울로 올려 보내고 나머지는 돌려주는 일도 있었다. 선조대에는 의술관 이의신은 『玉髓眞經』을 공부했다고 한다.
4) 『광해군일기』 권1, 즉위년 2월 14일 辛未.

42

정희주의 말에 의하면, 이순풍의 지리서에 있는 오음산 사자생운의 상생상극법에, 금산(金山)에 목생인(木生人)을 장사지내면 자손이 9년 안에 병을 얻어 죽게 된다고 했다고 합니다. 산릉의 정혈이 금방(金方)이고 대행왕의 본래 생명은 목(木)에 속하기 때문에……5)

이러한 논리의 문제제기는 전통적인 성리학의 입장에서 보면 '잡학(雜學)' 또는 '이단(異端)'이라고 할 정도의 발언이었다. 즉 금방(金方)과 목생인(木生人)의 상극 논리에 입각한 '오음상극론(五音相克論)'을 들어 이미 지정한 건원릉 제5강을 부정한 것이 그 단서였다.

위와 같은 기자헌의 발언에 대하여 윤승훈, 이산해, 심희수 등은 3월 18일 예조에서 논의한 결과를 광해군에게 보고하면서 다음과 같이 문제점을 지적하였다.6)

현존하는 술관들은 『구룡별집(龜龍別集)』을 본 적이 없기 때문에 오음설에 대해서는 전연 모른다고 합니다.……구룡법이 이순풍7)에게서 나온 것인지는 알 수 없으나……그 글을 안 보았으면 모르지만 어떻게 감히 보고나서 쓰기를 청할 수 있겠습니까.8)

---

5) 『광해군일기』 권2, 즉위년 3월 15일 壬寅.
6) 이산해·심희수 등은 모두 기자헌과 같이 동인에서 출발한 같은 당이었다. 그러나 이 시점에서 기자헌과 이산해는 원수 사이였다 한다(『광해군일기』 권3, 즉위년 4월 14일 庚午).
7) 당 世宗代의 목효지는 명풍수가로 다음과 같은 인물들을 들고 있다. 魏나라의 管輅, 晉나라의 郭璞, 隋나라의 蕭吉, 唐나라의 一行과 李淳風, 五代에는 范越鳳, 大宋에는 陳希夷. 이는 조선시대 풍수가들에게 거의 그대로 받아들여졌던 것으로 보인다. 이외에도 元나라의 胡舜臣이 있다(『세종실록』 권61, 15년 7월 7일 戊午 ; 『세종실록』 권120, 30년 4월 19일 甲戌).
8) 『광해군일기』 권2, 즉위년 3월 18일 乙巳.

이를 통해서 볼 때 이들은 『구룡별집』의 '오음설(五音說)'을 일단 부정하면서 기자헌이 제기했던 "후손이 죽는다"고 한 사안이 매우 심각한 문제였기 때문에 건원릉 제5강을 써야 한다는 데서 한발 물러섰던 것이다. 이러한 태도는 이덕형과 이항복 등의 경우도 같았다.

이덕형은 풍수설을 잘 모른다고 하였고 다른 술관들도 '오음산상극론(五音山相克論)'에 관해서는 처음 듣는 일이라고[9] 하면서, 기자헌의 문제 제기에 소극적으로 반대하고 병을 평계로 쉽게 결정할 수 없다는 의견을 제시하였다. 이항복과 한응인 또한 병을 앓는다는 이유로 이 문제를 논의하려 들지 않았다.

이러한 논의가 진행되다가 3월 29일 선조의 능침은 수원부 구읍치로 지목되었다.[10] 결국 기자헌이 제기한 문제에 아무도 이의를 제기하지 못하고 기자헌의 논리대로 수원부 읍치로 선조의 능침이 결정되었다. 그러나 이때 첨지 최철견(崔鐵堅)이 반대 상소를 낸 것을 계기로 조정에서 이 문제로 대신들 간에 논쟁이 재현되었다. 이에 대하여 영의정 이원익은 본인이 병가를 받고 있는 중이나 최철견의 상소 내용이 엄정하다는 의견을 내놓아 선조의 능을 수원으로 정하는 것에 반대하였고, 이항복은 우회적으로 수원으로 택한 선조의 능침 결정을 수용하는 의견을 다음과 같이 피력하였다.

① 택조(宅兆)가 이미 정하여졌고 여러 사람들의 의논이 길하다고 한다.
② 천자·제후의 장사는 모두 날짜의 수가 정해져 있는데 기일을 넘길까 우려된다.
③ 따라서 이제 다행히 수원부에 자리를 점지하였고……이제 또 개복(改

---

9) 위의 책, "臣素不曉風水家之說 而今此五音山相克之論 術官亦初聞云".
10) 『광해군일기』 권2, 즉위년 3월 29일 丙辰.

44

ㅏ)한다면 불행한 의논이 있게 되는 것이 전보다 크게 될 것이다.[11]

이항복의 주장은 수원부 자리가 완벽하다는 것이 여론이고 세 번째 바꾼 곳을 다시 논의하는 것은 장례 기일(期日)을 넘길 염려가 있으므로 변경해서는 안 된다는 것이었다. 이와 같은 논리는 현실적인 해결 방식이었다. 그러나 기자헌이 제시한 논리에 대하여 다음과 같이 반박을 하기도 하였다.

① 선왕이……오경(五經)과 사서(四書)에 의거 선비를 뽑게 하고 노장, 양묵, 신위, 석씨의 가르침은 모두 축출하여 시행하지 못하게 하였다.
② 산가(山家)에서는 『십구방서(十九方書)』만을 취택케 하고 모든 방문의 소설들은 축출하여 시행하지 못하게 한 것이 『대전(大典)』에 있다.
③ 『구룡집(九龍集)』을 보았는데 인본(印本)이 아니고 등초(謄草)한 단간(斷簡)이어서 그것이 참으로 이순풍의 저술인지의 여부에 대해서 믿을 수 없다.
④ 설사 진문(眞文)이라고 하더라도 이순풍의 논설은 묘운(妙運)에서 나온 것으로 애당초 전거할 만한 고경(古經)이 없다.[12]

이는 기자헌이 제시한 전거에 대한 근본적인 문제제기이면서 성리학적 명분론적 입장에서 논박한 것이었다.
또한 심회수도 이항복과 비슷한 논지로 기자헌의 주장을 반박하였는데 이를 요약하면 다음과 같다.

① 오음의 생극에 대한 이야기는 술관을 본업으로 하는 사람과 외방에서

11) 『광해군일기』 권3, 즉위년 3월 29일 丙辰.
12) 『광해군일기』 권3, 즉위년 3월 29일 丙辰.

지리를 아는 사람들이 모두 얻어본 적이 없다.

② 『구룡별집』이 무슨 까닭으로 200년이 지난 지금 나타나며 그 등본인 초책을 살펴보건대 낡고 떨어졌으며 문체도 당나라 사람들의 문체가 아니다.

③ 풍수가의 이야기는 본디 성현의 도가 아니며 이 술법은 요망하고 허탈한 가운데 유별나게 더 요망하고 허탄하다.

④ 그래서 이미 그 내용에 불길하다는 말이 있으니 누가 감히 그렇지 않다고 보장하겠는가.

⑤ 최철견의 말이 충직하고……수원은 멀고 일에 불편하다는 하교는 탄복할 만하다.

⑥ 그러나 허다한 술사들이 아름답다고 칭도하는 것이 여기에 있으니 끝내 확정하지 않을 수 없다.13)

이와 같이 그는 이항복의 의견대로 최철견의 이의 제기에 대해서 동의하면서 기자헌이 제시한 『구룡별집』에 대한 근본적인 문제제기와 함께 '풍수논리'를 성리학적 명분론에 입각하여 논박하였다. 그러나 한편 건원릉이 불길하다는 기자헌의 논리와 길지(吉地)라고 하는 술사(術士)들의 의견을 들어 유보적 입장을 표명하기도 하였다. 이에 대하여 이산해, 한응인, 이덕형 등은 병을 핑계로 의견을 내지 않았다.

이러한 상반된 주장이 있었기 때문에 광해군은 선조의 능침 선정 문제를 원점으로 돌렸다. 수원이 길지라는 점은 인정하였지만 이곳에 능침을 정할 경우, 산성 철거와 민호 이전의 문제점을 들어 건원릉 안의 제5강이나 임영대군 묘 중에서 정할 것을 명하였다.14)

그 후 4월 1일 예조에서 대신들이 논의한 내용을 임금에게 아뢰었는데

---

13) 『광해군일기』 권3, 즉위년 3월 29일 丙辰.
14) 『광해군일기』 권2, 즉위년 3월 29일 丙辰.

46

이산해와 심희수는 제5강을 지목하였다. 그 논리는 임영대군의 묘산은 면세(面勢)가 좁고『구룡집』의 내용은 미묘하고 황당하므로 건원릉 제5강이 적당하다는 것이었다.[15] 이러한 논리 역시 풍수논리로 대응한 것이었으며 구룡집의 내용을 황당한 것으로 보아 건원릉 제5강을 주장한 것이었다.

당시 이항복은 이에 대하여 다음과 같이 애매모호한 태도를 취하면서 자신의 논리를 개진하였다.

① 『예경』에 "살아서 사람에게 유익한 자는 죽어서도 해를 끼치지 않는다"고 하였기 때문에 군자들은 대개 경작하지 못하는 땅을 골라서 장사를 지낸다.
② 처음은 2강을, 두 번째는 5강을 버리는데 고민하였고 일을 시작한 지 절반도 못되어 중도에서 다시 저지하여 큰일을 어지럽게 만들까 깊이 염려해서 수원이 좋다는 것은 부득이하다.[16]

이러한 주장의 요지는 수원에는 읍치(邑治)가 있는 곳이므로 적당치 않지만 벌써 2번씩이나 바뀌어 결정된 수원의 능침 예정지를 또 다시 바꾼다는 것은 현실적으로 부적절하다는 것이다. 이에 대하여 예조에서는 능침 선정의 취사선택 여지는 오직 수원과 제5강뿐이라고 하였다.[17] 이러한 예조의 보고를 접하고 광해군은 논의대로 결정하라는 분부를 내리는 등 유약한 태도를 보였다.

당시 기자헌은 그의 매제인 이홍로가 '임해군 모반사건'과 관련되어 양사로부터 끊임없이 탄핵을 받고 있던 시점이었다.[18] 그리고 선조의 능

---

15) 『광해군일기』 권3, 즉위년 4월 1일 丁巳.
16) 『광해군일기』 권3, 즉위년 4월 1일 丁巳.
17) 위의 책, "去就者水原與五崗耳".

침 선정과 관련해서 전개된 논쟁에서 수원부를 지목한 그의 논리 주장에 긍정적이었던 것은 극히 소수에 불과했다. 그리하여 선조의 능침은 건원릉 제5강으로 결정되었다. 그리고 선조의 발인을 6월 11일에 하고 12일에 하관하였다. 결국 선조의 능침은 약 2개월에 걸친 산릉 선정 논쟁을 거쳐 4개월 여 만에 지금의 동구릉으로 일단락되었는데 그것이 바로 건원릉 오른 쪽에 있는 목릉(穆陵)이다.

2. 효종 능침 선정을 둘러싼 논쟁

효종이 1659년 5월 4일 사망하자, 효종의 사돈인 심지원(沈之源, 1593 ~1662)이 총호사에 임명되었다. 심지원은 풍수에 해박한 윤선도(尹善道, 1587~1671), 이원진(李元鎭, 1594~?)을 산릉 선정에 대동할 것을 청하여 윤허를 받았다.[19] 그 후 예조판서 윤강(尹絳, 1597~1667)과 관상감 제조 이응시 등이 다음과 같이 복명하였다.

여러 지관들이 홍제동(세종의 능침인 여주 능서면 왕대리 영릉지역) 산맥이 멀리서 왔고 힘이 차고 국이 크다고 말하나 신이 보기에는 그렇지 않은 점이 있습니다.……신이 가서 얻은 진혈로는 오직 임영대군산소와 헌릉 내의 한곳이 고를 만한 곳이었습니다. 홍제동과 그 두 곳 혈을 다시 살펴보게 하소서.[20]

---

18) 『광해군일기』 권4, 즉위년 5월 16일 辛丑.
19) 『현종개수실록』 권1, 즉위년 5월 16일 丙子. 윤선도·이원진은 같은 남인으로, 반계 유형원은 이원진의 생질이었다. 윤선도는 경사·백가를 읽었으며 의약·복서·음양·지리에 있어서도 연구하지 않은 것이 없었다고 한다(허목, 『국역 미수기언』 4, 민족문화추진회 편, 145쪽).
20) 『현종실록』 권1, 즉위년 5월 23일 癸未.

이에 따라 조정에서는 산 열 다섯 곳을 살펴보았다. 그 후 6월 15일 예조판서 윤강과 관상감 제조 이응시가 그동안 살펴본 곳을 현종에게 보고하면서 수원산이 가장 진선진미(盡善盡美)하고 천재일우(千載一遇)의 길지라고 하였고 기타 교하, 남양, 광주, 한강 북쪽의 산도 함께 보고하였다.21) 그러나 다음날 16일에 심지원과 윤강은 국릉으로 적당한 곳은 여주의 홍제동과 수원의 산 두 곳이라고 보고하였다. 이때 현종은 홍제동이 길지인 점은 인정하면서도 홍제동보다 수원 쪽에 의중이 있었다.22)

당시 송시열(宋時烈, 1607~1689)이 처음으로 수원에 능침을 선정하는 논의에 대하여 반대의견을 제기하였는데 그 이유는 다음과 같다.

① 수원은 국가의 관문(關門)이 되므로 선왕께서 일찍부터 유의하던 곳입니다. 그런데 하루 아침에 철거하여 군민으로 하여금 살 곳을 잃게 함은 아마도 선왕의 뜻이 아닐 듯 싶습니다.

② 주자의 산릉론에 의하면……"길지를 택하는 데에도 거리의 멀고 가까운 것에 구애되지 않았다"며 여러 신하가 홍제동이 가장 좋다고 합니다.

③ 수원의 형승이 지금은 비록 잠시 피폐하나 뒷날에는 관방이 될 것입니다. 정자(程子)가 오환(五患)을 논하는데 성곽을 가장 꺼리었습니다.23)

이와 같이 송시열은 수원에 능침을 선정했을 경우에 따른 폐단 세 가지를 들었다. 아울러 수원은 지리적으로 매우 중요한 곳이므로 후세에 관방

---

21) 『현종실록』 권1, 즉위년 6월 15일 甲辰.

22) 『현종실록』 권1, 즉위년 6월 16일 乙巳.

23) 『현종실록』 권1, 즉위년 6월 16일 乙巳, "水原爲國家關防 先王所嘗留意處也 一朝毀撤 使軍民流離失所 恐非先王平日之意也……朱子山陵論……不拘道里之遠近也 諸臣皆以弘濟洞爲最吉可用……水原形勝 今雖暫廢 終必爲關防 程子論五患而城郭爲最忌".

이 되었을 경우 능침이 전쟁의 피해를 입을 염려가 있다는 것이었다. 그리고 과거 선조의 능침 선정 과정에서 수원이 선정되었으나 폐기했던 이유를 드는 한편, 윤강이 홍제동 혈형(穴形)이 길다고 하여 흠으로 잡는 것을 공박하기도 하였다. 환언하면 송시열은 홍제동을 의중에 두었던 것이다.

그러나 이와는 반대로 정태화(鄭太和)는 민가를 이전하는 계획을 미리 강구할 것을 제의하여 수원 쪽으로 기울어 있었고, 심지원도 수원에는 본래 성곽이 없다며 수원을 능침으로 선정하는 쪽으로 기울어 있었다.

이러한 와중에 6월 19일 총호사 심지원과 예조판서 윤강 등이 재차 수원산을 살펴 보고 현종에게 복명하였는데, 이때 심지원은 "수원산에 있어 정혈을 지점한 곳이 윤선도와 이원진의 소견이 달라 판단하기가 어려웠습니다"라고 보고하였다.[24]

곧 이는 여러 사람들이 다시없는 길지라고 하였으나 윤선도와 이원진이 보는 정혈 지점이 각기 다르다는 것이었다. 환언하면 윤선도와 이원진이 수원산을 길지로 보는 점은 같은 입장이었으나 정혈 지점에서는 견해 차이가 있다는 내용이다.

그리고 윤선도는 산의 우열만으로 따지면 홍제동이 의당 제일이고 수원이 그 다음이고, 다음이 건원릉이라고 하면서 홍제동의 흠은 다만 거리가 먼 것뿐이라고 하였다.[25] 홍제동이 문제가 있다는 윤강의 주장에 반대 의견을 내었던 것이다. 이는 윤선도가 현종의 의중을 알아차리고 송시열의 의견에 상충되지 않는 선에서 발언한 것으로 보인다. 즉 홍제동이 제일이지만 거리가 멀다는 점에서 수원산을 선택하리라는 현종의 의중을 꿰뚫고 있었다고 보여진다.

---

24) 『현종실록』권1, 즉위년 6월 19일 戊申.
25) 『현종실록』권1, 즉위년 6월 19일 戊申.

　이러한 논의 끝에 현종은 수원이 가깝고 흉해가 없다며 효종의 능침을 수원으로 결정하였다.26) 심지원·윤강·정태화 등의 의견이 반영되었던 것이다. 송시열·심지원·윤강·정태화 등이 같은 서인(西人)이었지만 사안에 따라서는 그 의견이 동일하지 않았던 것으로 보인다.

　이로써 조정에서는 곧이어 500여 채의 가옥을 헐고 경작을 못하게 될 밭 700결의 문제와 읍치를 이전하는 일까지 논의하였는데, 심지원은 읍치를 북쪽 고등촌으로 옮겨야 한다고 주장하였다.27) 그러나 송시열은 수원이 '오환(五患)의 땅'임을 상기시키고 건원릉을 새로 천거하였다. 그 이유는 다음과 같다.

　　국초에 무학이 건원릉의 열두 산등성이가 모두 쓸 수 있다고 하였고 이항복이 일찍이 이것으로 의논드린 일이 있으니 다시 간심(看審)하지 않을 수 없습니다.28)

　송시열의 이러한 주장은 여주의 홍제동에서 다시 건원릉으로 입장이 바뀐 것이다. 수원으로 국릉이 정해진 후 송시열 계통에서 이를 반대하는 상소가 줄을 이어 올라왔다. 그 중 대표적인 것들을 살펴보면 먼저 다음과 같은 내용의 이상진(李尙眞)의 상소를 들 수 있다.

　　수원산은 행룡(行龍)이나 바닥의 혈이 느릿느릿하고 흐리터분하여 조금도 청수하거나 존귀한 기세가 없을 뿐만 아니라 국세(局勢)마저 아늑하고

---

26) 『현종실록』 권1, 즉위년 6월 19일 戊申.
27) 위의 책. 고등촌은 지금의 수원시 권선구 고등동으로 팔달산 서쪽 기슭이다. 이곳에 새로운 읍치가 선정되었으면 정조대 수원부 읍치가 팔달산 동쪽에 세워져 발전한 지금의 수원의 모습은 완전히 달라졌을 것이다.
28) 『현종개수실록』 권1, 즉위년 6월 19일 戊申.

제1장 화성 건설의 배경 51

야무진 곳이라고는 없는데, 거기가 어떻게 대장(大葬) 자리가 될 것입니까?[29]

이는 풍수 논리에 근거해서 수원산에 대해 정면으로 반박한 것이다. 다음으로 함릉군 이해도 상소하였는데, 그는 송시열이 제기한 '오환의 논리'에 근거하여 지리에 대한 윤강의 무지함을 지적하고 홍제동 길지론을 적극 펼쳤다. 상소문이 계속 답지함에 따라 현종은 풍수설을 모르는 자들의 상소문은 절대 받아들이지 말 것을 명하기도 하였다.[30] 그러나 수원산에 대하여 이의를 제기한 상소가 계속되었는데 그 중에서 이시백 (李時白, 1581~1660) 상소를 유의해 보면 다음과 같다.

　신이 일찍이 본부(本府 : 수원부 | 인용자)에 부임하여 6년 동안이나 있었습니다. 선유 및 지관의 말에 모두 초목이 무성한 곳이 좋다고 하였는데 관아의 뒤 산에 나무를 심었으나 끝내 수풀을 이루지 못하였습니다. 또 청룡과 백호 사이에 계란형의 사각(砂角)이 하나 있으니 이는 지가(地家) 들이 가장 꺼리는 바입니다.[31]

이 또한 풍수 논리로 수원산을 반대한 것이다. 이외에도 원두표(元斗杓), 장준(張浚), 송준길(宋俊吉), 이후원(李厚源) 등이 상소하여 수원의 능침 선정이 부당함을 지적하기도 하였다.[32] 더구나 수원산을 주장한 총호사 심지원도 상소·차자가 줄을 잇고 있으니 널리 의견을 수렴하여 진선

---

29) 『현종실록』 권1, 즉위년 6월 20일 己酉, "水原之山 行龍作穴 懶慢模糊 無一分淸秀尊貴之氣勢 且其局勢平低 實無關鎭緊固處 此何足爲大葬之地乎".

30) 『현종실록』 권1, 즉위년 6월 21일 庚戌.

31) 『현종실록』 권1, 즉위년 6월 22일 辛亥.

32) 『현종개수실록』 권1, 즉위년 6월 24일 癸丑 ; 6월 26일 乙卯.

52

진미한 곳을 고를 것을 건의하였다.[33] 더 나아가 송준길과 총호사 심지원은 수원에서 벌어지고 있는 산역을 잠시 중지할 것도 주장하였다. 이러한 여론은 당시 능침 선정 문제에 대한 의견을 서인 중심으로 모아간 것을 의미한다.

이러한 상황에서도 현종은 6월 30일 송시열을 만나 산릉의 일을 다시 논의하면서 26일에 산역을 그대로 계속할 것을 명하였다. 그러나 이후 현종은 송준길의 주장에 주의를 기울여 산릉 역사를 중지할 것을 명하였다.[34] 여기서 송시열은 '오환(五患)의 염려' 논리를 근거로 수원산의 부당함을 지적하고 건원릉 좌측 산등성이를 추천하였다.[35] 그러나 결국 7월 2일에 현종은 건원릉 서쪽 골짜기와 불암산 화접동 등을 살피도록 명함으로써 사태는 새로운 국면으로 접어들었다. 그러나 당시 윤선도는 신병을 이유로 산을 살피는 일을 사양하였다.[36]

이후 7월 7일에 건원릉에 대해 살펴본 결과를 가지고 논쟁이 벌어졌는데, 기중윤(奇重胤)이 찾아낸 언덕을 대상으로 이상진·윤선도·이최만 등은 반대하고, 윤강·이원진·기중윤 등은 찬성으로 의견이 갈리었다. 찬성한 논리를 살펴보면 심지원은 백성과 고을을 옮기는 폐단이 없다는 것이었고, 윤강은 새 언덕이 좋다고는 생각되지만 수원산이 좋다는 다른 사람들의 의견을 들면서 건원릉에 대한 찬성에 미온적인 태도를 보였다. 그러면서 심지원과 윤강은 송시열을 논박하였다.[37] 이후 7월 8일에 심지원은 현종에게 건원릉에 찬성하는 취지의 다음과 같은 내용의 건의를

33) 『현종실록』 권1, 즉위년 6월 24일 癸丑.
34) 『현종실록』 권1, 즉위년 6월 26일 乙卯 ; 6월 28일 丁巳.
35) 『현종개수실록』 권1, 즉위년 6월 30일 己未.
36) 『현종개수실록』 권1, 즉위년 7월 2일 辛酉.
37) 『현종개수실록』 권1, 즉위년 7월 7일 丙寅.

하였다.

> 용세(龍勢)와 형국(形局), 혈도(穴道)와 안대(案對)가 모두 격(格)에 합치
> 되었습니다. 안쪽 물 어귀가 엇갈려 잠기지 않는 것이 조금 흠이기는 하나
> 풍수에 밝은 사람들이 이미 해롭지 않다고 하였습니다.……수원산을 그대
> 로 쓴다면 여론이 더욱 격렬해질 것입니다. 널리 여러 대신 및 유신에게
> 물어 상의해 정하소서.[38]

이는 송시열을 중심으로 한 논리에 찬성하는 발언이었다.

또한 정태화와 송준길도 풍수 논리를 동원하여 능침을 건원릉으로 정
할 것을 적극 주장하였다. 정태화는 건원릉 안 건좌(乾坐) 언덕이 매우
아름답다고 주장하였으며,[39] 송준길도 건원릉 건좌의 산을 찾았고 중론
도 모두 수원보다 좋다고 하는데 억지로 수원을 취할 필요가 없다고 하여
건원릉으로 정할 것을 거듭 주장하였다.[40] 수원의 읍치(邑治)를 이전하는
등의 문제로 생기는 폐단보다는 새로 찾은 건원릉이 길지라는 풍수의
논리로 집요하게 현종을 설득하였다. 그러나 현종은 요지부동이었다. 이
에 이경석(李景奭, 1595~1671)과 이시백(李時白, 1581~1660)도 차자를
올려 다음과 같이 건원릉의 풍수상 장점을 논하였다.

> 건원릉 안에 길지를 얻었으므로……이는 큰 명당입니다. 웅위한 기상,
> 주봉(主峰)의 수려함, 용호(龍虎)의 둘러쌈, 조산이 마주하고 있음, 큰 강이
> 조산을 거슬러 흐름 등등이 구구절절이 법도에 맞다고 하며, 이른바 밖에
> 들이 펼쳐 있다는 것도 진룡(眞龍)이 크게 서려 있는 규모이므로 이를

---

38) 『현종개수실록』 권1, 즉위년 7월 8일 丁卯.
39) 『현종개수실록』 권1, 즉위년 7월 8일 丁卯.
40) 『현종개수실록』 권1, 즉위년 7월 8일 丁卯.

이유로 삼을 곳이 못 된다고 합니다.[41]

즉 건원릉은 풍수상 흠잡을 곳이 없는 천하 명당이라는 것이었다. 같은 날 윤강과 이후원, 이상진 등도 건원릉 안의 건좌 언덕이 수원보다 좋다고 주장하였다. 특히 이후원은 윤선도만이 수원산을 '천재일우(千載一遇)'라고 하였다고 하여 그를 비방하였다.[42] 이는 서인측이 논쟁의 핵심 대상을 윤선도로 상정하고 있었다는 것을 의미한다.

그러던 중 7월 11일 효종의 능지가 수원산에서 건원릉으로 바뀌면서 국면이 전환되었다. 이렇게 된 데에는 이조판서 송준길이 입시하여 다음과 같은 논리로 현종을 설득한 데 있는 것으로 추정된다.

여러 신하들이 반드시 수원을 쓰지 않고자 하는 것은 또 다른 깊은 뜻이 있는데, 소장이나 차자로 번거롭게 말하지 못하는 것입니다.……우리나라 비기(祕記)에 "나라에서 일이 있으면 수원에서 변이 일어나고 기보(畿輔)와 나라 안이 어지럽게 된다."는 말이 있는데 이 때문에 모두 걱정하는 마음을 품고 있는 것입니다.[43]

이 같은 내용은 『산수비기(山水祕記)』를 전거로 한 것인데 이는 앞으로의 '운명'에 대한 불안한 인간의 약점을 가장 잘 파고든 논리였다. 이를 접한 현종은 같은 날 양지당에 나아가 대신들과 산릉 문제를 논의하고 효종의 능침을 건원릉 건좌의 산으로 정하였다. 당시 입시했던 신료들로는 영돈녕부사 이경석, 영의정 정태화, 연양부원군 이시백, 좌의정 심지원, 완남부원군 이후원, 예조판서 윤강, 부호군 이상진・이원진, 대사성

41) 『현종개수실록』 권1, 즉위년 7월 8일 丁卯.
42) 『현종개수실록』 권1, 즉위년 7월 8일 丁卯.
43) 『현종개수실록』 권1, 즉위년 7월 11일 庚午.

유계(兪棨), 좌승지 강백년(姜柏年) 등이 있었다. 이들 중 처음 수원산을
주장했던 심지원·윤강·이원진마저 건원릉으로 대세가 흐르자 이에 동
조하였고 송시열과 송준길 등은 서인들의 여론을 주도해 온 장본인들이
었다. 이와 같이 건원릉으로 효종의 능침이 변경되었을 때는 이미 산릉
일을 벌여 놓아 수원의 읍치 근처의,집을 철거한 곳도 있었고 이곳으로
돌을 운반하기도 하는 등 산역(山役)이 어느 정도 진행되고 있던 때였다.
이로써 수원부 구읍치를 능침으로 선정하려 한 논의는 두 번이나 무위로
돌아갔다.

　그러나 현종은 수원산이 국릉의 장부에 편입되었음을 밝히며 다음과
같이 산세의 보존을 명하였다.

　　수원은 지금 비록 쓰지 않더라도 이미 원릉(園陵)의 장부에 편입시켰으
　니 혈도(穴道) 근처에 나무를 많이 심고, 또 개간하여 경작하는 것을 금하
　라. 그리고 관에서 다른 전답을 주어 산맥을 해치지 못하게 하라.[44]

　당시 사용치 않더라도 후대를 위해서 수원 일대의 산야를 보존하도록
당부하였던 것이다. 논쟁 초기에 현종의 입장은 홍제동은 멀어서 못쓰겠
다고 한 효종의 유시에 집착하여 수원산을 선호하고 있었다. 송시열 계통
의 끈질긴 논쟁과 반대상소에도 불구하고 현종의 의중은 수원산으로 기
울어져 있었다. 그러나 송준길이 『산수비기』에 전거하여 수원에서 변이
일어나 서울과 나라 안이 불안해질 것이라고 한 말에 현종의 태도가 돌변
하였던 것이다. 그리하여 5월초부터 시작된 산릉 선정 논쟁은 2개월 여
만인 7월 11일에 끝났다.

　이상에서 살펴본 바와 같이 효종의 능침을 어디로 할 것인가를 두고

___

44) 『현종개수실록』 권1, 원년 7월 11일 庚午.

당시 활발한 논쟁이 있었다. 또한 이후 계속해서 '복제'문제를 둘러싼 예송논쟁이 있었는데 송시열에 의한 기년설(朞年說)과 전(前)지평 윤휴(尹鑴)에 의한 삼년설(三年說)로 대립해 있었다. 그러나 영의정 정태화가 국제(國制)에 의거한 기년설을 결정함으로써 논쟁은 마무리되었다.[45] 그러다가 약 8개월 만인 1660년(현종 1) 3월 16일에 장령 허목의 상소를 시작으로 호군 윤선도의 상소 등으로 이어져 '복제논쟁'이 본격적으로 시작되었다.[46] 이러한 과정을 분석해 볼 때 효종의 능침 선정에 관한 논쟁은 복제(服制)를 어떻게 할 것인가를 둘러싼 기해예송(己亥禮訟) 이후 8개월 만에 벌어진 예송논쟁(禮訟論爭)[47]과 15년 후에 벌어진 갑인년 예송논쟁의 전초전 성격을 가진다고 볼 수 있다.

3. 장헌세자의 원침 천봉

1) 유형원의 양택풍수 논리

선조의 능침과 효종 능침 선정을 중심으로 전개되었던 수원부 구읍치에로의 능침 선정 논쟁은 이후 '복제' 중심의 '예송논쟁'으로 이어지면서 잠잠하게 되었다. 남인(南人)인 반계 유형원은 1670년에 완성한 그의 저서 『반계수록』 「보유(補遺)」에서 수원의 읍치를 북평(北坪)으로 옮기고 성지(城池)를 건축할 것을 주장하였다.[48] 이는 능침 선정과는 무관한 것이지만

---

45) 『현종실록』 권1, 원년 5월 5일 乙丑.

46) 『현종실록』 권1, 원년 3월 16일 辛未 ; 『현종실록』 권1, 원년 4월 18일 壬寅.

47) 기존의 예송논쟁은 일반적으로 己亥(1659년)·甲寅(1664년) 논쟁으로 정리되어 있다. 그러나 기해예송은 그 다음 해인 1660년 3월 허목과 윤선도의 상소에 의해서 본격적으로 전개되었다(이영춘, 『朝鮮後期 王位繼承 硏究』, 집문당, 1998 참조).

48) 柳馨遠, 『磻溪隨錄』(明文堂, 1994, 542쪽).

위에서 살펴본 바와 같이 선조의 능침 선정 과정에서 나온 이야기와 일맥 상통하는 면이 있다.

선조의 능침이 수원부 구읍치로 선정되었을 경우 읍치를 어디로 옮길 것인가라는 광해군의 물음에 본부(本府)의 북쪽 고등촌으로 옮길 수 있다는 심지원의 답변이 바로 그것이었다.[49] 이는 정조대 수원부 신읍치가 팔달산 동쪽 기슭에 건설된 것과 비교하면 팔달산 서쪽을 주장한 것이 다를 뿐이다. 그러나 팔달산 서쪽도 넓은 평야가 펼쳐지는 광활한 개활지였던 것은 마찬가지였다.

이후 1678년(숙종 4)에 『반계수록』의 전제(田制), 병제(兵制), 학제(學制) 등 7조목을 시행할 것을 청하는 배상유의 상소가 있었지만 받아들여지지 않았다.[50] 1741년(영조 17)에도 전 승지 양득중이 유형원의 『반계수록』을 반포해서 차례로 시행할 것을 청하였다. 이때 주목되는 양득중의 발언은 그의 스승 윤증의 집에서 그 책을 보았다는 부분이다.[51] 이는 남인인 유형원의 저서 『반계수록』이 소론계열에게도 널리 읽혀졌다는 것을 말해주며 남인과 소론(少論)의 연관성이 어느 정도였던가 하는 것을 추측할 수 있다. 9년 후인 1750년(영조 26)에도 좌참찬 권적이 『반계수록』은 삼대 이후 제일의 경국책이라 하여 중외에 반포하기를 청하는 상소를 올렸다.[52] 1751년(영조 27)에도 병조판서 홍계희가 '균역절목'의 변통을 건의하는 중에 『반계수록』 내용을 소개하였다. 『반계수록』은 주현을 합병해야 할 당위성을 강조하고, 구체적으로 분속하고 통합할 고을들을 언급하는 등 지획이 분명하므로 그 방책을 채용할 수 있을 것이라고 하였다.[53] 그리하

49) 『현종개수실록』 권1, 원년 6월 19일 戊申.
50) 『숙종실록』 권7, 4년 6월 20일 己丑.
51) 『영조실록』 권53, 17년 2월 23일 戊午.
52) 『영조실록』 권71, 26년 6월 19 庚寅.

58

여 드디어 1769년(영조 45)에 『반계수록』이 간행되었다.[54]

  정조는 일찍부터 『반계수록』을 탐독한 것으로 보인다. 이는 정조가 1778년(정조 2) 즉위한 지 얼마 되지 않아 군제 개편을 논하면서 처사 유형원의 논리를 따랐던 것을 통해 확인할 수 있다.[55] 그러한 사례는 그 후 점차 실행에 옮겼던 시책에서 드러난다. 실제로 1789년에 장헌세자의 원(園)을 수원부 구읍치로 옮기고 신읍치를 유형원의 주장대로 수원부 북쪽 팔달산 동쪽으로 옮겼다. 그리고 1794년부터 신읍치에 성곽을 축조하였으며 당시 화성(華城) 성제(城制)를 논의하면서 수원 읍치의 북평 이전을 제안한 혜안에 대해 다음과 같이 찬탄을 보냈다.

  유형원의 『반계수록』「보유」편에 수원의 읍치를 북평으로 옮기고 성지를 건축해야 한다는 논설이 있다. 100년 전에 마치 오늘의 이 역사를 본 것처럼 미리 이런 논설을 한 것은 참으로 기이한 일이다.[56]

  유형원의 『반계수록』에 대한 정조의 관심과 애정을 엿볼 수 있는 부분이다. 그리하여 1793년(정조 17)에는 유형원에게 이조참판 성균관 좨주(祭酒)를 증직하였다. 이는 수원부 구읍치로 장헌세자의 원을 옮기면서 거기에 있던 읍치와 읍민의 이전과 이주에 관한 계획을 130여 년 전인 1660년경에 발간한 『반계수록』이 해결해 주었기 때문이다.[57]

---

53) 『영조실록』 권74, 27년 6월 2일 丁酉.
54) 『영조실록』 권113, 45년 11월 11일 己丑.
55) 『정조실록』 권5, 2년 6월 13일 辛未.
56) 『정조실록』 권38, 17년 12월 8일 丁卯.
57) 유형원의 외삼촌은 이원진으로 효종 능침 선정과 관련하여 논쟁에 참여한 적이 있으며, 이원진은 이익의 당숙이다. 화성성역에서 핵심 또는 중심적 역할을 담당했던 채제공, 정약용 등은 바로 이익의 제자이다.

　정조대의 실학자라고 불리는 인물들의 풍수에 대한 인식을 보면, 음택
풍수에 대해서는 부정적이었고 양택풍수에 대해서는 긍정적이었다. 먼저
정상기(鄭尙驥)는 사람의 골육이 이미 갈라졌으므로 기맥이 서로 통하지
못한다고 하여 부정적으로 보았고,[58] 박제가(朴齊家)는 음택풍수설을 불
교나 노자학설의 해독보다 더욱 심하고 근거없다고 설파하였다.[59]

　이와 같은 맥락에서 이중환(李重煥)은 『택리지(擇里志)』에서 전통적인
양택풍수인 지리(地理)에다 생리(生利)·인심(人心)·산수(山水)의 중요
성을 강조하였다.[60] 정약용(丁若鏞)도 술수학(術數學)은 학문이 아니라
혹술(惑術)이라고 하였으며 아울러 「풍수론(風水論)」에서 음택풍수에 대
해서 부정적으로 설파하였다. 그러나 그는 「백제론(百濟論)」에서 백제가
망한 이유를 그 지리적 흠에 있다고 보고, 나라를 세우는 사람은 지세(地
勢)를 잘 살펴 도읍을 정해야 한다[61]고 하여 양택풍수에 대해서는 긍적적
으로 보았다.

2) 장헌세자의 원침 확정

　정조는 재위 13년 만에 왕권이 어느 정도 확립되자 척신인 박명원(朴明
源)의 상소를 계기로 당시 양주 배봉산에 있던 사도세자의 영우원을 옮기
기로 하였다. 박명원이 상소한 내용의 요지는 다음과 같다.

　　감히 스스로 숨길 수 없기에 감히 죽음을 무릅쓰고 아룁니다. 신은 본래
　　감여(堪輿)에 어두워 귀머거리나 소경과 일반이므로 다만 사람마다 쉽게

---

58) 정상기·이익성 옮김, 1992, 『農圃問答』, 한길사.
59) 박제가·이익성 옮김, 1992, 『北學義』, 한길사, 146~149쪽.
60) 이중환·이익성 옮김, 1992, 『擇里志』, 한길사.
61) 정약용, 『국역 다산시문집』, 민족문화추진회, 솔, 1996, 126·141~146·161쪽.

알고 쉽게 볼 수 있는 것만을 가지고 논하겠습니다. 첫째는 띠가 말라 죽는 것이고, 둘째는 청룡(靑龍)이 뚫린 것이고, 셋째는 뒤를 받치고 있는 곳에 물결이 심하게 부딪치는 것이고, 넷째는 뒤쪽 낭떠러지의 석축(石築) 이 천작(天作)이 아닌 것입니다. 이로써 볼 때 풍기(風氣)가 순하지 못하고 토성(土性)이 온전하지 못하고 지세가 좋지 않다는 것을 미루어 알 수 있습니다.

이 중에서 하나만 있어도 신민들의 지극한 애통스러움이 되는데, 더구 나 뱀 등속이 국내(局內) 가까운 곳에 또아리를 틀고 무리를 이루고 있으며 심지어 정자각(丁字閣) 기와에까지 그 틈새마다 서려 있는데 더 말할 것이 있겠습니까.……지극히 존엄한 곳까지 침범하지 않았다고 어찌 장담할 수 있겠습니까.……우리 성상께서……깊은 궁중에서 눈물을 뿌리신 것이 얼마인지 모르며……조회에 임해서도 자주 탄식하셨다는 것을 신이 여러 번 들었습니다.……아, 병오년 5월과 9월의 변고를 어찌 차마 말할 수 있겠습니까. 우리 성상께서 외로이 홀로 위에 계시며 해는 점점 서산으로 기울어가는데 아직까지 뒤를 이을 자손이 더디어지고 있습니다.……바라 건대 조정에 있는 신하들에게 널리 물으시고 지사(地師)들을 널리 불러 모아 길흉을 물으시어 신도(神道)를 편안하게 하시고 성상의 효성을 펴시 어 천추 만대의 원대한 계책이 되게 하소서.[62]

이 같은 박명원의 상소는 현재의 영우원이 초라하고 퇴락하였다는 것 과 형국이 풍수 논리로 보아 길지가 아님을 지적한 것이었다. 그런데 여기 서 주목할 것은 "병오년 5월과 9월의 변고(變故)"라는 대목이다. 이는 1786년(정조 10) 5월 5살난 왕세자가 병으로 사망하고, 9월 왕세자의 어머 니이기도 한 의빈성씨(宜嬪成氏)도 임신 중에 사망한 사건을 말하는 것이 다.[63] 이 사건은 35세였던 정조의 후대를 이을 후계자가 없음을 의미한다.

62) 『정조실록』 권27, 13년 7월 11일 乙未.
63) 『정조실록』 권21, 10년 5월 11일 癸丑 ; 『정조실록』 권22, 10년 9월 14일 甲申.

이에 따라 정조는 아버지의 원침(園寢)인 영우원의 지세와 전국의 산을
조사하여 길지(吉地)를 찾고자 노력한 것으로 보인다.

  정조는 이러한 상소에 즈음하여 대신과 여러 신하들에게 물어 결정하
겠다고 비답하였다.[64] 이어 대신·각신(閣臣)·예조 당상과 종친부·의
빈부·삼사의 2품 이상을 희정당으로 불러 접견하고 박명원의 주장을
소개하였다. 이에 대하여 대신과 예조 당상들이 한 목소리로 찬성하였
다.[65] 그리하여 정조는 영우원의 풍수지리상 문제점을 논하고 이미 오래
전부터 옮길 의지가 있었음을 다음과 같이 천명하였다.

  만약 禍福의 설에 현혹되어 갑자기 오래된 묘를 옮기는 것이라면 비록
閭巷의 서인의 집이라 하더라도 오히려 불가하다고 할 수 있는데 하물며
국가의 막중하고 막대한 일이겠는가.……內盤으로는 甲坐가 되고 外盤으
로는 卯坐가 되며 辛戌方 得水이고 亥方 得破이니, 갑·묘·해가 모두
木이다. 신술방의 물은 바로 이른바 黃泉得水로서 內明堂에 물이 없다.
그러나 한 쪽에 있는 물만이 나쁘다고 말할 수는 없다. 또 더구나 乙入首로
서 龍勢가 더욱 논할 만한 것이 없는 데이겠는가. 갑오년(1774년)에 省墓하
고 나서부터 옮겨 모셔야겠다고 계획하였으나 새로 정하는 자리가 지금의
자리보다 천만 배 나은 뒤에야 거의 여한이 없을 수 있을 것인데, 오늘날
行用하는 地師로서 누가 땅 속의 일을 분명히 알 수 있겠는가.……宿願을
이룰 수 있겠으니 어찌 하늘의 뜻이 아니겠는가.[66]

  정조는 어느 풍수가보다도 풍수에 대한 해박한 지식으로 영우원의 문
제점을 조목조목 지적하였다. 그리고 이와 같은 천봉의 일은 전국 여러

---

64) 『정조실록』 권27, 13년 7월 11일 乙未.
65) 『정조실록』 권27, 13년 7월 11일 乙未.
66) 『정조실록』 권27, 13년 7월 11일 乙未.

지역을 알아보고 치밀하게 준비하도록 하였다.[67] 정조는 그 중에서 유일하게 수원산을 다음과 같이 칭찬하고 있다.

오직 수원 읍내에 봉표해 둔 세 곳 중에서 관가(官家) 뒤에 있는 한 곳만이 전인(前人)들의 명확하고 적실한 증언이 많았을 뿐더러 옥룡자(玉龍子)가 이른바 반룡롱주(盤龍弄珠)의 형국이다.[68]

정조는 이미 수원의 산 중에서도 혈처(穴處)까지 지정하여 용이 여의주를 희롱하는 천하명당임을 지적하였다. 그러면서 그동안 보아왔던 책들을 열거하면서 천봉할 곳은 수원부 읍치라는 당위성을 다음과 같이 언급하였다.

수원의 묏자리에 대한 논의는 기해년『영릉의궤(寧陵儀軌)』에 실려 있는 윤강(尹絳)·유계(兪棨)·윤선도(尹善道) 등 여러 사람과 홍여박(洪汝博)·반호의(潘好義) 등 술사(術士)들의 말에서 보아 알 수 있다. 그러나 그 시말로 말하면 윤강의 장계(狀啓)와 윤선도의 문집 중에 실려 있는 산릉의(山陵議) 및 여총호사서(與摠護使書)보다 자세한 것이 없다. 내가 수원에 뜻을 둔 것이 이미 오래여서 널리 상고하고 자세히 살핀 것이 몇 년인지 모른다.……나의 뜻은 이미 수원으로 결정하였다. 지금 경 등을 대하여 속에 쌓아 두었던 말을 하게 되었으니, 이것은 하늘의 뜻이 음으로 돕고 신명(神明)이 묵묵히 도운 것이 아니겠는가.[69]

---

67) 정조가 그동안 점검해 본 자리만 해도 文義 兩星山 亥坐의 언덕, 長湍 白鶴山 아래의 세 곳, 光陵 좌우 산등성이 중의 한 곳, 龍仁, 獻陵 국내의 梨樹洞, 厚陵 국내의 두 곳, 康陵 白虎 쪽, 加平 등 여러 곳이었다. 위의 책.

68)『정조실록』권27, 13년 7월 11일 乙未.

69)『정조실록』권27, 13년 7월 11일 乙未.

이는 효종의 능침을 둘러싸고 벌인 논쟁 중에서 초기에 남인인 윤선도가 '천재일우'의 길지라고 한 주장과 윤강의 찬성론을 언급한 것이었다. 정조의 이러한 발언에 대해 신료들은 하나같이 찬성하였다. 반대 논리는 어디에도 없었다. 정조의 왕권은 재위 13년이 된 이 시점에서는 확고했던 것으로 생각된다.

정조는 고을을 옮길 계획을 의논하고 경기관찰사와 수원부사를 조정진(趙鼎鎭)과 김노영(金魯永)에서 정조의 적극적 지지자인 서유방(徐有防)과 당파가 없는 무관 조심태(趙心泰)로 교체하였다.[70] 조심태는 뒤에 있을 화성성역에서도 막중한 임무를 수행하게 된다.

이렇게 해서 수원부 읍치는 박명원의 상소에 따른 군신간의 논의를 거쳐 불과 4일만인 1789년(정조 13) 7월 15일 팔달산 동쪽 기슭으로 옮겨졌다.[71] 그리고 10월 7일 양주 배봉산(지금의 서울시립대 뒷산)에 있던 영우원의 천봉을 완료하고 그 명칭을 현륭원이라 지칭하였다.[72] 이상 살펴본 바와 같이 정조는 남인 계통의 인물들과 끊임없이 교류하고 그들의 논리와 주장을 받아들인 것으로 보여진다.

제2절 화성 건설의 정치사회적 배경

1. 유이민과 성과급제의 발생 배경

18세기 상품화폐경제의 발달과 유이민의 발생은 화성 건설의 전제가 되었고 신분제의 해체를 가져와 농토로부터 유리된 유이민들이 도시로

70) 『정조실록』 권27, 13년 7월 11일 乙未.
71) 『정조실록』 권27, 13년 7월 15 己亥.
72) 『정조실록』 권28, 13년 10월 7일 己未.

흘러 들어오게 되는 계기가 되었다. 이러한 유이민들은 신읍치를 이전할
때나 화성성역의 시작과 함께 일자리를 찾아 모여들었다.

이 무렵 각종 상업행위에 연계되어 있는 상인들이 특수한 정치적 지위
나 위세를 이용하거나 각 궁(宮)과 권문세족들과 연계하고 있었는데 이를
가늠할 수 있는 당시의 기록을 보면 다음과 같다.

근래에 각 궁의 노속(奴屬)들이 갖가지로 폐단을 일으키고 있습니다.
일전에 본부(本府)의 금리(禁吏)가 사사로이 도살을 했다는 죄인 한 명을
잡아왔는데 조사시켜 봤더니, 어의궁(於義宮)에서 무역하는 것이라 핑계
대고 싼 값에 현방(懸房)의 고기를 강제로 사서 몰래 스스로 팔다가 잡힌
자였습니다.73)

이러한 정황으로 보아 궁속의 노비들마저 궁의 위세를 이용하여 부정
한 상행위를 하고 있었음을 알 수 있다. 다음의 기록은 권문세족의 지위를
이용한 상행위를 나타내 주는 좋은 예이다.

임금이 청람계인(靑藍契人)이 낮은 값으로 사다가 높은 값으로 파는
행위를 엄히 신칙하였다. 청람계란 바로 준천(濬川)을 한 뒤에 홍봉한이
어의궁(於義宮)에다 창설하여 인가(人家)를 모아들이는 계획을 삼은 것인
데, 무뢰배들이 이것을 도고(都庫)로 삼음으로 해서 도성 백성들이 매우
시달렸다.74)

여기서 영조의 사돈으로 척리(戚里)인 홍봉한이 그 위세를 이용하여
청람계인(靑藍契人)이라는 계를 만들어 하수인들이 도고로 삼고 각종 상

73) 『정조실록』 권41, 18년 10월 7일 辛酉.
74) 『영조실록』 권95, 36년 6월 21일 癸巳.

업행위를 하는 모습을 볼 수 있다. 이러한 폐단은 도시나 지방을 막론하고 벌어졌다.

궁속으로써 특권을 이용하여 절수라는 명목으로 토지를 강점하거나 봉건적 권력을 이용하여 세금면제의 특혜를 받는 현상이 비일비재하였다.[75] 그리하여 18세기 중엽부터 난전(亂廛)·사상(私商)이 광범하게 전개되었고, 그 가운데 일부는 대규모로 상품을 독점하는 소위 도고(都賈)로까지 발전하였다. 정조대의 통공정책은 이러한 사상세력의 존재를 인정할 수밖에 없었던 불가피한 상황에서 나온 것이었다.[76] 따라서 봉건적 사회질서는 전반적으로 해체되면서 양반은 차츰 금력(金力) 앞에서 무력하게 되고, 도시 근교에서는 상업적 농업이 발달하고 보부상·객주·고리대금업자 등 상업자본이 형성되고 있었다.[77] 난전 역시 부례나 군문(軍門)과 결탁되어 점포를 갖고 있던 난전들이 어선이나 상선의 물건을 염가로 억매하여 독점함으로써 물가의 상승을 초래하고 시골 장사꾼의 난전을 방해함으로써 생겨난 폐단이었던 것이다.

따라서 1791년 채제공이 주도하면서 시행된 '신해통공'[78]은 육의전을 제외한 난전권(亂廛權)을 빙자하여 특권을 누리는 난전상인을 혁파하여 자유로운 상행위를 보장해주는 조치이자,[79] 중앙재정 수입을 늘리고 중

75) 『정조실록』 권32, 15년 1월 22일 丁酉.

76) 변광석, 2001, 『조선후기 시전상인 연구』, 혜안, 258~260쪽.

77) 송찬식, 1997, 『조선후기사회경제사의 연구』, 일조각, 682쪽.

78) 신해통공 후에도 육의전의 금난전권은 변동이 없었고 다른 시전의 금난전권도 되살아났으며 더구나 상업의 자유가 온 것이 아니라는 견해도 있다(송찬식, 1997, 『조선후기사회경제사의 연구』, 일조각, 587~588쪽).

79) 『정조실록』 권32, 15년 2월 12일 丁巳 ;『만기요람』 재용편5, 각전, 난전. 여기서 亂廛은 전인이 아니고서 사사로 매매하는 자는 전인이 법사에 잡아들일 것을 허하는 것을 말한다. "各廛物種之非 廛人 而私自賣買者 許令 廛人 捉 納法司 謂之亂廛".

앙으로 재정을 편입시키려는 조치로 보인다. 이와 비슷한 조치는 1771년
(영조 47) 채제공이 호조판서로 있을 때에도 제의되었는데 그 내용을 보면
다음과 같다.

    ……각 도의 은점을 캘 만한 곳은 각 아문이나 군문 또는 궁방에서
    절수한 바가 되어 있어 설령 개광할 데가 있더라도 탁지에 소속되지 않으
    니 이것이 어찌 예전의 사례이겠습니까? 지금 이후로 만일 새로 파는
    은광이 있을 경우 모두 본조에서 관장하도록 하는 것을 그만 둘 수 없을
    듯합니다.[80]

이것은 금난전권의 혁파는 물론이고 국가재정 수입에 막대한 손해를
끼치고 있었던 지방 권력기관의 폐단을 시정하고 상업행위로 생긴 부(富)
를 국가재정 기관인 호조로 일원화시키기 위한 채제공의 의지였다고 보
여진다. 난전은 정조대 이전부터 채소난전이나 어물난전 등이 번성하였
다. 금난전권의 폐해는 영조대에도 극심하였는데 그 정황을 알아보면 다
음과 같다.

    난전은 각 군문의 군졸과 세가의 호노가 세력을 끼고 함부로 어지럽혀
    이르지 않는 곳이 없으니 그 중 호위(扈衛) 삼청(三廳)이 가장 심하다.[81]

금난전권을 빙자하여 군문들이 권력을 끼고 횡포를 부리는 정황이 그
대로 드러난다.

이러한 사회경제적 변화로 전통사회의 계층분화가 촉진되었는데 오익

---

80) 『영조실록』 권116, 47년 4년 19일 己丑.
81) 『영조실록』 권66, 23년 11월 23일 己酉.

제1장 화성 건설의 배경 67

환은 그 폐단을 상소에서 다음과 같이 지적하였다.

……궁한 백성들이 도망해 흩어지니, 이는 고을의 대소가 다른데 액을
배정한 것이 공평하지 않은 폐단입니다. 반족(班族)임을 자칭하는 자들은
논할 것도 없고, 향리와 체결하여 해마다 뇌물을 주고 역을 피하는 자를
각청계방(各廳契房)이라 하고, 호강(豪強)에 의탁하여 가칭(假稱)해서 피
하는 자를 묘직낭저(墓直廊底)라 하고, 서도(胥徒)에게 많은 돈을 주고서
교묘하게 판적(版籍)에서 빠지는 자를 누호(漏戶)라 하고, 향교나 서원을
빙자해서 공공연하게 면하기를 꾀하는 자를 속칭 봉족(奉足)이라 합니다.
이보다 심한 것은 서원의 위세가 대단히 높아 재임(齋任)이 그 고장에서
무단(武斷)하기 때문에 서원 주변에 사는 백성들의 호수가 수백 호에 이르
더라도 수재(守宰)가 감히 첨액(簽額)하지 못합니다.……시노(寺奴)의 경
우에 있어서는 그 폐단이 양민의 역에 비해 더욱 심합니다. 공안(貢案)에
실린 노비가 이름만 실려 있을 뿐 실지로는 없습니다.[82]

위의 글을 정리하면, 첫째 반족임을 자칭하면서 신분적 특권을 누리는
계층, 둘째 신분적으로는 낮으나 그 지위와 직책상 실무를 담당함으로써
특권을 누리는 향리·서리와 같은 계층, 셋째 경제적 부를 이용하여 실무
자와 수령을 매수하여 탈세 및 피역하는 계층 등으로 나눌 수 있다. 그리
하여 이 세 부류들은 서로 공공연하게 결탁되어 있어 수령도 감히 어쩌지
못하는 정황을 보여주고 있다. 돈으로 신분이 상승되는 예는 다음 글로도
확인할 수 있다.

……지금은 비록 공장이나 상인의 아들뿐만 아니라 저 자신이 모리하는
자일지라도 사소한 돈만 바치면 곧 신역이 면제되고 벼슬은 통정대부나

---

82) 『정조실록』 권25, 12년 1월 23일 丙戌.

가선대부가 되는 자가 또한 많으니, 그 명분은 어떤 것인지……[83]

이러한 예들은 돈만 있으면 벼슬자리를 살 수 있는 사회 분위기와 신분제 해체 과정의 길로 가고 있는 상황을 보여주는 것이다. 정치 지배세력들은 상업과 수공업 종사자들을 신분적으로는 천시하였지만 '돈'을 천시하지는 않았다. '돈'이 되는 일에는 자신의 하복들과 거래하는 일이 흔했다. 복속된 '하부'들을 통해서 부를 축적하는 경우는 일반적이었다.

농촌의 이러한 정황을 강릉현감 이집두는 상소에서 다음과 같이 열거하고 있다.

……그러나 본 고을은 대도호부(大都護府)의 큰 고을로서 경향의 군안에 등록된 군액이 모두 3천 7백 60여 명이나 되는데, 계묘년과 갑진년의 큰 흉년을 겪고 난 후부터 절반 이상이 뿔뿔이 흩어졌고 지금 남아 있는 민호는 겨우 2천 5백 70여 호가 될 뿐입니다. 게다가 소위 반호(班戶)가 3분의 1은 되니, 한 사람의 신역을 대신 정하려 하여도 온 면리(面里)가 소란하고, 한 사람이 도망쳤거나 죽어도 이웃과 친척을 침해하게 됩니다.……어린 아이를 군적에 등록하고 죽은 사람에게 조세를 물리는데 대해서는 조정의 명령이 비록 엄격하지만 수령도 어찌할 수 없습니다. 만약 지금 당장 바로잡지 않는다면 결국 빈 고을이 되고 말까 염려됩니다. 이 어찌 민망한 일이 아니겠습니까.[84]

당시 군역의 실상을 적나라하게 보여주는 예로서 군액보다 적은 실호(實戶)의 문제, 도망치거나 죽어도 이를 이웃이나 친척이 고스란히 떠안는

---

83) 이수광, 『지봉유설』(상)(을유문화사, 1994, 120쪽), "今則非但工商之子 新爲牟利者 以些少納銀 輒許免役 除職爲通政嘉善者亦多 其如名分何".
84) 『정조실록』 권31, 14년 12월 25일 辛未.

인징(隣徵)이나 족징(族徵)의 폐해가 수령도 어찌할 수 없는 실상임을 말하고 있다.

하는 수 없이 농토를 떠나야 했던 유이민들은 일자리를 찾아 도시로 몰려들었다. 이들은 새로운 도시문제를 야기시키거나 노비로 투탁하거나 일자리를 찾아 공사판이나 은막 광산 등에 몰려들거나 도적질을 하는 수 밖에는 생계를 이어갈 방법이 없었다. 이러한 예들은 서북 지방의 유민 수십 명이 어가가 지나는 길 옆을 지나갈 때, 부역과 환곡을 면제해 주면서 돈과 베를 주고 진휼청에서 증명첩을 주어 호송하도록 명하였는데[85] 이러한 조치들은 곳곳에서 벌어졌다.

황해도 관찰사 이시수(李時秀)도 유랑민이 돌아와 안집(安集)한 것으로 치계하였는데, 도내 유랑민 9천 3백 45명 중 귀향하지 못한 자가 5천 2백 2명으로[86] 50% 이상이 안집하지 못한 것으로 보아 당시 사회적 두통거리는 바로 유랑민이었던 것이다. 이러한 유이민들은 순조대에 혁파한 내노비와 시노비의 수에서도 알 수 있다. 정조대에 농촌에서 이탈한 유이민들이 노비로 투탁한 규모는 1801년(순조 1)에 혁파된 노비 수에서 알 수 있다. 당시 혁파된 내수사와 각궁에 소속된 노비 수는 3만 6천 9백 74가구이고 노비안의 책수가 160권, 기타 종묘서·의정부 등 각사 노비가 도합 2만 9천 93가구와 책수 1천 2백 9권[87]이었다.

특히 화성신도시 건설이 1794년(정조 18) 1월부터 본격화되자 화성에는 이러한 유이민으로 추정되는 날품팔이들이 몰려들었는데 이들의 정황을 분석해 보면 다음과 같다.

---

85) 『정조실록』 권29, 14년 2월 11일 壬戌.
86) 『정조실록』 권30, 14년 6월 1일 庚戌.
87) 『순조실록』 권2, 1년 1월 28일 乙巳.

……공사에 투입된 품값은 날품으로 하지 말고 짐수로 따져 주되, 거리
의 멀고 가까운데 따라 차등을 두게 하면……이쯤 되면 품을 팔아서 자생
하는 사람들이 이 소문을 듣고 앞을 다투어 모여들 것이다. 이 사람들이
혹 움도 묻고 혹 가게도 지어 술도 빚어 넣고 밥도 지어서 팔아서 있는
것을 가지고 없는 것을 바꾸면, 누이 좋고 매부 좋은 격이 될 것이다.
……88)

화성성역에 수없이 몰려든 날품팔이들에 대한 임금지급 방식에 대한
논의인데 임금(賃金)도 날수로 주지 말고 원근과 짐수에 따라 차등 지급할
것을 건의한 것이다. 정조는 짐수와 거리에 따라 성과급제를 시행할 것을
지시하면서 화성성역이 품을 팔아 살아가는 사람들에 대한 생계 대책이
될 수 있음을 언급하였다. 이는 화성성역의 배경이 정치군사적 측면뿐만
아니라 성역으로 생겨나는 일자리 창출에도 있었음을 보여주는 예라고
할 수 있다.

이렇게 모인 날품팔이들의 성격을 수원부 유수 조심태가 올린 다음의
장계를 통해 알아보기로 하자.

모군배들도 말하기를, "우리네들은 모두가 무항산(無恒産)으로 이 품팔
이로 끼니를 잇는 무리들에 불과한데다가 이 공역(公役)에 일하러 온 지가
지금에 반년인데, 비록 흩어져 다른 데로 간다 하더라도 일반 지게꾼들은
역시 더위를 버리고 서늘한 데로 나갈 길은 없는 것이다. 그 위에 막을
짓고 처(妻)들을 데리고 와 사는 자들이 많으니 마치 고향 떠나기를 즐겨하
지 않는 것과 같은 형편이다. 하물며 지금의 절기의 차례가 이미 찬바람

88) 『화성성역의궤』 권1, 윤음 갑인년 11월 1일, "而方其役也 雇直不以日而以負立表
計遠近而差等 則强者優取百錢 弱者足庇一身 此豈特府民 往南北東西之不過 有
居備保資生者 皆可以聞風爭趨以或窖或肆爲酒爲食以其所有易其所無亦? 寡之
利".

들기가 멀지 않으니 지금 선뜻 결단을 내리지 못하고 머뭇거리면서 진퇴
를 기다리는 것 외는 다른 도리가 없을 것이다. 다만……만약 토석을 채취
하여 판다면 가히 조석의 끼니를 도모하는 방법은 될 것 같다"고 하였습니
다. 이러한 한 가지 말에 돌아가고자 하는 자는 심히 적어졌고, 대략 들어
서 계산해 보니 불과 3분의 1 안팎이라 하옵니다. 이들이 비록 모이고
흩어짐이 무상(無常)한 무리들이긴 하지만, 기왕에 돌아가기를 원치 않으
니 역시 민정(民情)에 관계되는 것은 실로 신중하게 생각할 일입니다.
지금 아직은 이들에게 일을 그대로 맡기는 것이 진휼에 해가 되지 않을
듯 합니다.……89)

품팔이로 끼니를 잇는 이들은 가족들까지 데리고 왔는데 돌아가기를
원치 않아 진휼의 차원에서 토석이라도 채취하게 해 주자는 의견인 것이
다.

그렇다면 화성성역이 벌어진 기간에 어느 정도의 인원이 참가했을까.
이는 여름 더위를 이길 수 있게 정조가 내려준 척서단의 수효에서 알
수 있다. 척서단은 총 4,000정을 나누어주었는데 그 내용은 다음과 같다.

감독 14원과 경·부패장 87원에게는 각 2정씩, 경·부서리 33인, 석수와
조수 합하여 871명, 목수 344명, 대장장이와 조수 합하여 267명, 벽돌장이
62명, 수레장이 15명, 조각장이 37명, 나막신장이 7명, 가톱장이 12명, 걸톱
장이 8명, 큰끌톱장이 50명, 작은 끌톱장이 18명, 배기술자 4명, 안자장이
2명, 화공, 5명, 부계장이 2명, 수레꾼 75명, 소치기 32명, 짐꾼 582명, 허드

89) 『화성성역의궤』 갑인년 7월 초8일, "募軍輩以爲矣 徒等俱無恒産不過是傭賃 糊
口之類 而赴此公役半年 于玆今雖散而之也 一般擔負亦武捨炎就凉之路 且結募
而契妻者 居多殆若安土重遷 況今節序已 晏凉生不遠 今姑遲回以竢 進退之外無
他道理 但絶此仰哺阻饑丁寧 如例立募 雖不敢望若 以土石取賣 則可爲朝夕謀食
之策 是如同然一辭願去者 甚少略緯計之不過爲三分一內外 是白如乎此 雖聚散
無常之徒 旣不願歸則亦關 民情實合商量 今姑任之不害爲軫恤之道是白遣".

레꾼 1,132명에게 각각 1정씩……[90]

여기서 동원된 인원의 수를 계수하면 3,673명이다. 그러니까 감독과 기술자 그리고 모군과 담군 등 약 4,000여 명이 공사에 참여하고 있었다. 그 중 수레꾼과 소치기, 짐꾼, 허드레꾼의 합계는 1,821명으로 이들은 화성으로 흘러들어 온 유이민들일 가능성이 농후하다. 또한 1794년 9월 16일 호궤한 기록에 의하면 짐꾼 497명, 허드레꾼 1,653명 등 총 3,824명에게 각각 흰떡 2가래, 수육 1근, 술 1그릇씩 나누어 주었다.[91]

그러니까 1794년 화성 축성 초기에 허드렛일을 하는 모군은 약 2,000여 명 가량이 운집하였다는 것을 알 수 있다. 이후 1795년 10월에는 약 1,130명, 화성성역이 거의 끝날 무렵인 1796년 8월에는 1,316명 정도에게 떡을 나누어 주고 있다. 이러한 유이민의 발생은 환곡의 고리대화와 정조대에 특히 심했던 가뭄과 홍수, 유행병 등의 요인에 의해서 촉진되었을 것으로 추정되며 봉건제도 하에서 토지를 바탕으로 살아갈 수 없는 조건에서 발생되었다.[92]

---

90) 『화성성역의궤』 권2, 반사, 갑인년 6월 25일, "監董十四員 京副牌將八十七員 各二錠 京府書吏三十三人 石手助役幷八百七十一名 木手三百四十四名 冶匠助役幷 二百六十七名 瓦甓匠六十二名 車匠十五名 雕刻匠三十七名 木鞋匠七名 歧鉅匠十二名 乫鉅匠八名 大引鉅匠五十名 小引鉅匠十八名 船匠四名 鞍子匠二名 畫工五名 浮械匠二名 車夫七十五名 牛直三十二名 擔連募軍五百八十二名 入役募軍一千一百三十二名 各一錠".

91) 『화성성역의궤』, 호궤, 갑인년 9월 16일.

92) 농민층 분해의 결과 유리민이 형성되어 상업이 발달한 도시로 몰려드는 현상에 대해서는 다음 연구들이 참고된다(이세영, 2002, 『조선후기 정치경제사』, 혜안, 253쪽 ; 윤용출, 1998, 『조선후기의 요역제와 고용노동』, 서울대학교 출판부, 248쪽). 윤용출은 華城役에서 당시 고용된 모군의 형태를 두 가지 부류로 분류하였다. 하나는 성역 등을 찾아다니며 품팔이로서 일을 삼는 이른바 '賃傭爲業之類'이고, 또 다른 하나는 이러한 노역에 전문적으로 고용되지는 않는다 하더라도

이상 살펴본 바와 같이 상품화폐경제의 발달과 유이민의 발생은 화성
축성과정에서 '성과급제' 시행의 전제였다. 실제 세종 연간의 한양성 축
조93)나 기타 능역의 경우 강제 부역이 일반화되었다. 특히 화성 축성과정
에서도 승병의 동원과 강제 부역 문제가 논의되었으나 정조는 끝내 이에
동의하지 않았다.94) 이는 정조가 '어진 정치'를 표방한 점에도 그 뜻이
있었으나 당시 화폐경제의 발달에서 오는 사회경제적 생산관계의 변화에
서 그 의미를 찾아야 할 것이다.

2. '임오의리'의 공론화와 채제공의 중용

1) 임오의리(壬午義理)의 공론화

장헌세자의 죽음에 대한 평가는 지금도 다양하지만 당시에도 정가는
물론이고 항간에서도 초미의 관심사였으며 당파에 따라 그 평가도 달랐
다. 정약용은 장헌세자의 죽음에 대한 평가를 다음과 같이 소개하고 있다.

임오년에 사도세자가 죽으니 세상에는 두 설이 있었다. 하나는 그 당시
투서한 것을 '간쟁(諫爭)'이라 하는 설이고 또 하나는 터무니없는 말을
꾸며 남를 해쳤다는 '주장(譸張)'의 설인데, 이를 주장하는 사람들은 모두
자신들의 말이 바로 임오년의 의리라고 하였다. 정종(正宗) 때에는 집에
있는 자나 벼슬에 나온 자를 막론하고 이상 두 설 중 반드시 한 설을
주장……95)

___

품삯을 받아 호구에 보태는 자들이다.
93) 『세종실록』 권15, 4년 1월 5일 癸亥.
94) 『정조실록』 권40, 18년 5월 22일 戊申.
95) 정약용, 『여유당전서』 시문집, 「복암 이기양 묘지명」, "莊獻世子 薨於壬午 世有
二議 其一議當時投書者 爲諫爭 其一議爲譸張 皆謂之某年義理 凡在正宗之朝者
其居家立朝 必有一所主……".

74

여기서 장헌세자의 아들인 정조가 1776년 즉위하면서 '임오의리'에 대한 문제가 정가 최대의 쟁점으로 떠올랐다. 정조는 즉위하자마자 정국의 안정을 위해 다음과 같이 윤음을 내렸다.

아! 과인은 사도세자(思悼世子)의 아들이다. 선대왕께서 종통(宗統)의 중요함을 위하여 나에게 효장세자(孝章世子)를 이어받도록 명하셨거니와,……예(禮)는 비록 엄격하게 하지 않을 수 없는 것이나, 인정도 또한 펴지 않을 수 없는 것이니, 향사(饗祀)하는 절차는 마땅히 대부(大夫)로서 제사하는 예법에 따라야 하고, 태묘(太廟)에서와 같이 할 수는 없다.…… 불령한 무리들이 이를 빙자하여 추숭(追崇)하자는 의논을 한다면 선대왕께서 유언하신 분부가 있으니, 마땅히 형률로써 논죄하고 선왕의 영령(英靈)께도 고하겠다.[96]

이것은 영조에 의해 효장세자의 후사로 왕위를 이은 정조의 솔직한 심경을 토로한 것으로 선대왕인 영조가 절대로 재언급하지 말 것을 유언한 부분을 강조하면서 생부 장헌세자에 대한 '인정' 차원에서 향사절차를 예법에 따르도록 한 것이다. 즉위 초기에는 노골적으로 언급하지는 못했지만 어느 정도 왕권이 안정되면서 본심을 드러내었다. 아버지 장헌세자의 원침을 천봉한 후인 1792년(정조 16)에 정조는 대신과 각신들을 모아놓고 자신의 본심을 다음과 같이 토로하였다.

……마땅히 해야 할 일을 하지 않은 채 원통함을 삼키면서 30년을 하루

---

96)『정조실록』권1, 즉위년 3월 10일 辛巳, "……嗚呼 寡人 思悼世子之子也 先代王爲宗統之重 命予嗣孝章世子……禮雖不可不嚴 情亦不可不伸 饗祀之節 宜從祭以大夫之禮 而不可與太廟同……怪鬼不逞之徒 藉此而有追崇之論……則先代王遺敎在焉 當以當律論 以告先王之靈……".

처럼 지낸 사람이 있는가.……내가 등극한 이후에 모년(某年)의 의리에 대해 감히 한 번도 분명한 말로 유시하지 못했고, 그들을 주륙(誅戮)한 것도 다른 일로 인해서였으며, 그들을 성토한 것도 다른 조항에 의탁해서 하였다. 화가 났지만 감히 말을 하지 않았고 말을 하고자 했으나……이는 다름이 아니다. 선대왕께서 숱하게 내리신 정녕한 유시와 엄격한 하교는……중요한 것은 갑신년 2월 20일에 대신과 여러 신하를 진전(眞殿) 문 밖에 불러놓고 어필(御筆)로 손수 쓴 글과 구주(口奏)한 긴 문자를 반시(頒示)한 일이다.……또 더구나 성교(聖敎) 가운데 있는 '통석'이란 두 글자는 바로 후회하신 성의(聖意)여서……그러나 억제할 수 없는 것은 지극한 통분이며 막을 수 없는 것은 지극한 정(情)이다.……지금 비록 1백 번 책을 편찬하고 1만 번 선양(宣揚)하려 해도 어찌 선대왕의 갑신년 하교와 병신년 세초하라는 명보다 더하겠는가. 이것이 선조의 본의의 대략이다.[97]

이러한 정조의 통석의 회한을 들은 채제공은 자신이 정조에게 윤음을 내릴 것을 간한 이유가 정조의 하교를 얻기 위해서였으며 영남유생 또한 같다고 하여 장헌세자의 죽음에 관련된 인물에 대한 응징과 장헌세자의 복권을 주청하였다.

임오년의 의리문제는 정조의 본심으로 선대왕인 영조와 직접 관련된 문제로서 명분은 선대왕(先代王)의 처분에 저촉하지 않는 것이었다. 이로써 조정은 정조가 정국운영의 기본틀이며 화두인 '임오의리'문제를 어떻게 재평가할 것인가에 집중되었다.[98] 그리하여 임오년의 의리문제는 사

---

97) 『정조실록』 권35, 16년 5월 22일 己未.

98) 정조대 기존의 연구 초점은 '탕평'이었다. 그러나 '탕평'은 정국 운영 논리일뿐 '정국운영의 목표'는 아니었던 것으로 보인다. 기존 연구의 문제점은 '탕평'을 마치 최종의 목표로 본 것이다. 왜 탕평의 논리가 필요했는가에 대한 천착은 부족했다고 보여진다. 이는 정조 재위 24년 간의 정치운영 논리를 분석하는 데서 정조 자신에 의해서 언급되고 표방한 '언어'를 그대로 정국운영 논리로

도세자의 존호를 '장헌(莊獻)'이라 하고 '수은묘'를 '영우원(永祐園)'으로, 묘호를 '경모궁(景慕宮)'99)으로 정하고 단계적으로 장헌세자 죽음에 관련 되었던 인물들에 대한 치죄가 시작되었다. 김상로의 관작 추탈, 숙의 문씨 의 작호를 삭탈100)하는 한편 홍인한과 정후겸을 사사하였다.101) 홍계희의 관작을 추탈하고 그의 후손들인 홍술해, 홍지해, 홍지해의 삼촌 홍찬해, 홍상범 등을 귀양보내고102) 정순왕후의 오빠 김귀주를 흑산도로 귀양보 냈다.103) 그렇지만 장헌세자 죽음에 대해 수수방관 또는 방조한 것으로 알려진 홍봉한에 대해서는 어떠한 조치도 취하지 못하였다. 어머니 혜경 궁 홍씨에 대한 배려 때문이었다. 이러한 응징의 성격은 척리를 배척하려 는 데 있었던 것이 아니라 자신의 왕권에 저해가 된 세력을 응징한 것이 다. 척리인 박명원을 통하여 장헌세자의 원침을 천봉하는데 활용한 것이 그 일례다.

이후 정조는 '명의록(明義錄)'으로 충(忠)과 불충(不忠)을 정리하였다. 명의록은 '의를 밝힌다'는 뜻으로 정조 통치행위의 기본 전범이 되었다.

이런 와중에서도 '임오의리'에 대한 재평가를 요구하는 영남유생 이응 원의 상소104)가 이어졌다. 따라서 정조대 이에 대한 재론은 전 기간에 걸쳐 정치적 쟁점이 되었으며 각 당파들에게는 사활이 걸린 문제가 되었 다. 같은 '친위세력' 중에서도 정조의 통치행위에만 동의하고 사안에 따

적용하는 오류 때문이라고 생각된다.
99)『정조실록』권1, 즉위년 3월 20일 辛卯.
100)『정조실록』권1, 즉위년 3월 30일 辛丑.
101)『정조실록』권1, 즉위년 7월 5일 甲戌.
102)『정조실록』권3, 1년 8월 23일 丙辰.
103)『정조실록』권2, 즉위년 9월 9일 丁丑.
104)『정조실록』권2, 즉위년 8월 6일 乙巳.

라 입장과 대책은 사뭇 달랐다. '청명당' 계열의 김종수[105]나 남인들의
입지에 결정적 영향을 미치는 것이기 때문이었다. 영남남인들은 1694년
갑술환국(숙종 20) 이후 재야세력으로 전락했고 영남의 일부 세력이 1728
년(영조 4) 무신란(戊申亂)에 가담한 것으로 파악된 이후 정치적 침체기를
맞게 되었다.[106]

1788년(정조 12) 11월 영남유생들은 무신란 때 영남에서 창의(倡義)한
사실을 기록한『무신창의록(戊申倡義錄)』을 작성하여 정조에게 올린 바
있으며,[107] 곧바로 정조는 영남인 조덕린·황익재를 복권하였다.[108] 이후
장헌세자의 서거 30주년에 즈음하여 1792년 윤4월 1만 57인의 선비들이
연명한 만언소를 올리고 세자를 죽음에 이르게 한 세력에 대해 처벌을
분명히 하여 의리를 밝혀야 한다고 주장하였다.[109]

이러한 정조의 처사는 영남남인들에게 중요한 의미를 갖는 것이었다.
이 과정에서 영의정 김치인과 좌의정 이성원이 복권에 반대하고 윤시동,
이민채, 김조순 등 노론계 인사들도 반발하였다. 그렇지만 이러한 복권은
영남남인들의 사기를 진작시키는 정치적 효과를 가져오고, 채제공을 영
수로 하는 기호남인계와 긴밀한 협조가 이루어지는 계기가 되었으며, 노
론계 내부에서 시파·벽파의 대결이 본격화하는 계기가 되었던 것이
다.[110]

이러한 정치적 배경 하에 화성을 건설한 정조는 10년이 지난 뒤 거기서

---

105) 박광용, 1994,『조선후기「탕평」연구』, 서울대학교 박사학위논문, 184쪽.
106) 김문식, 2001,「『교남빈흥록』을 통해 본 정조의 대영남정책」,『퇴계학보』제110
    집, 퇴계학연구원.
107)『정조실록』권26, 12년 11월 8일 丙寅.
108)『정조실록』권26, 12년 11월 10일 戊辰.
109) 김문식, 앞의 책, 430, 453쪽.
110) 김문식, 위의 책, 431, 454쪽.

노년을 보내기 위해서 화성에 노래당(老來堂)을 지었다고 하였다. 화성행궁 후원에 있는 미로한정(未老閒亭) 등의 명칭도 이러한 은밀한 뜻을 의도한 것이다.[111]

이러한 모든 정조의 행위는 1804년(순조 4) 왕위를 물려주고 노후를 보내기 위한 기지 건설을 염두에 둔 것으로 천도[112]라기보다는 정계 은퇴후 순조에 의해 사도세자를 추숭하고 상왕으로 화성에 머물며 정치적 막후조정을 꾀하고자 했던 것이다.

그렇지만 정조는 1800년(정조 24) 사망함으로써 이를 실현하지 못하였다. 정조가 이루고자 했던 사도세자의 추숭은 약 100년이 지난 고종대에 와서나 이루어졌다. 고종은 1899년 9월 1일(양력) 장헌세자를 장종(莊宗)으로, 능호를 융릉(隆陵)으로 추숭하였으며, 이후 11월 17일(음력)에 장종을 장조(莊祖)로, 정종(正宗)을 정조(正祖)로 높이면서 황제 칭호로 고쳤다.[113]

이와 같이 화성 건설의 배경이 되는 '임오의리'를 공론화시키기 위한 인물로서 채제공이 선택되었다. 이에 대해서는 다음 항에서 알아보도록 하겠다.

---

111) 『여유당전서』 시문집 권15, 「정헌 묘지명」 ; 『정조실록』 부록.
112) 유봉학, 1996, 『꿈의 문화유산 화성』, 신구문화사, 70쪽.
그동안 화성 건설이 천도를 위한 것이었다는 천도설의 근거는 "수원성의 북문이 천(장 : 필자 교정)안문이요 남문이 팔달문"인 점, "화성은 老來의 堂이다"라고 한 점을 들어 연구한 정석종 교수에 의한 것이다(鄭奭種, 1994, 「정약용과 정·순조연간의 정국」, 『朝鮮後期의 政治와 思想』, 한길사, 333~334쪽). 초기에 천도설을 주장하였던 김성윤은 "처음 천도설은 오히려 그것에 큰 위기를 느낀 노론 벽파 쪽에서 상정한 하나의 가설이고, 화성에 관한 정조 자신의 직접적인 언급(풍패지향·노래당)은 오히려 배후거점설에 가깝다."고 수정하였다(김성윤, 1997, 『조선후기 탕평정치 연구』, 지식산업사, 252쪽).
113) 『고종실록』 권39, 36년 9월 1일 ; 『고종실록』 권39, 36년 12월 23일.

2) 채제공의 중용과 남인의 등용

1789년(정조 13) 7월 수원부 구읍치로의 장헌세자 원침 천봉을 결정할 때의 정황을 보면 표면적으로는 그 누구도 반대하는 사람들이 없었다. 그것은 앞에서 살펴본 대로 "병오년 5월과 9월의 변고" 즉 왕세자와 의빈 성씨의 갑작스런 죽음을 거론하며 천봉을 주장한 박명원의 상소에 대해 감히 반대할 명분이 없었기 때문이었다.

당시는 남인인 채제공이 우의정으로, 소론인 이성원이 좌의정으로 있었고, 천봉을 결정한 그날 노론 벽파인 김익을 영의정으로 임명하는 한편 총호사 천원도감·원소도감 도제조를 겸하게[114] 하여 천봉을 위한 과업을 진행시키는데 3개 정파를 모두 참여시키는 조치를 취했다.

당시 채제공은 남인으로서는 유일하게 1788년(정조 12) 2월 11일에 우의정에 제수된 이후 좌의정, 영의정을 차례로 거치고, 그 후 다시 1795년(정조 19)부터 우의정에 제수된 이래 1798년(정조 22) 좌의정으로 관직생활을 마감하였다. 1793년부터 1794년 사이에도 화성 축성 총리사(摠理使)로 중책을 맡고 있었다.

그렇다면 채제공의 중용은 어떤 의미를 갖고 있는가? 정조 재위 24년간 정승급 이상의 인물들을 살펴보면 다음과 같다.

---

114) 『정조실록』 권27, 7월 11일 乙未.

<표 1-0> 정조대 영의정 정승급 인물들

성명	생몰년 (재직기간)	직위	당색	비고(본관 친인척 관계)
김양택	1712~1777 (76.03~76.08)	영의정	노론 벽파	광산, 김장생의 5세손, 예판 진규의 자, 아들 김하재가 대역부도인으로 몰려 장살
김상철	1712~1791 (76.03~81.01)	좌→영의정	소론 시파	강릉, 판돈령부사 시혁의 자, 아들 김우진, 홍국영 사건과 연루
정존겸	1722~1794 (76.03~78.06)	우→좌→영의정	노론 벽파	동래, 정유길의 8대손, 홍인한 탄핵
서명선	1728~1791 (77.05~83.01)	우→좌→영의정	소론 시파	달성, 이판 종옥의 자, 서명응의 아우, 홍인한 탄핵
홍낙성	1718~1798 (82.01~86.02) (83.06~97.05)	좌의정→ 영의정	노론 시파	풍산, 예판 상한의 자, 홍주원의 현손
김 익	1723~1790 (84.01~84.07) (86.07~87.01) (89.07~90.03)	우의정→ 우의정→ 영의정	노론 벽파	연안, 김제남의 5대손, 세자시강원 겸 필선
김치인	1716~1790 (86.10~89.01)	좌→영의정	노론 벽파	청풍, 김재로의 아들, 명의록 작성
이재협	1731~1789 (87.02~89.11)	좌→영의정	소론 시파	용인, 병판 경호의 자, 세자시강원 필선
채제공	1720~1799 (88.02~93.06) (95.02~98.06)	우→좌→영의정	남인 시파	평강, 오광운의 제자
이병모	1742~1806 (94.04~00.06)	우→좌→영의정	노론 벽파	덕수, 이식의 후손, 김상로 죄 탄핵

* 직위는 최종직위
* 짧은 기간 파직되었다가 복직된 기간은 재직기간에 포함

<표 1-1> 정조대 우·좌의정 명단

성명	생몰년 (재직기간)	직위	당색	비고(본관, 친인척 관계)
정홍순	1720~1784 (78.06~79.01)	우의정	소론 시파	동래, 참판 석산의 자, 태화의 후손, 사도세자의 장의 주관
홍낙순	1723~? (78.09~79.01)	우→좌의정	노론 시파	풍산, 관찰사 창한의 자, 홍국영의 숙부
이 은	1722~1781 (80.01~80.05)	좌의정	소론 시파	덕수, 판서 주진의 아들, 좌의정 이집의 손자, 서명선 지지
이휘지	1715~1785 (80.02~82.01)	우의정	노론 시파	전주, 좌의정 관명의 자, 규장각 제학
이복원	1719~1792 (82.01~86.02)	좌의정	소론 시파	연안, 이정귀의 6대손, 철보의 자, 규장각 제학
조경	1727~1787 (87.02~89.11)	우의정	노론 시파	풍양, 목사 상기의 자
유언호	1730~1796 (87.02~88.02) (95.01~95.12)	우의정→ 좌의정	노론 벽파	기계, 유척기의 족질, 춘궁관
이성원	1725~1790 (88.02~89.07)	우→좌의정	소론 시파	연안, 득보의 자, 이복원 종제, 규장각 직제학
김종수	1728~1799 (89.09~93.06)	우→좌의정	노론 벽파	청풍, 김구의 증손, 세자시강원필선
박종악	1735~1795 (92.01~92.05)	우의정	노론 시파	반남, 진사 홍원의 자, 척신 박명원의 조카
김이소	1735~1798 (92.10~95.01)	우→좌의정	노론 시파	안동, 김창집의 증손, 홍국영 관작 삭탈 주청
김희	1729~1800 (93.06~94.02)	우의정	노론 시파	광산, 김장생의 후손, 규장각 직각
윤시동	1729~1797 (95.12~97.02)	우의정	노론 벽파	해평, 윤급의 종손, 척신 규탄
심환지	1730~1802 (98.08~00.06)	좌의정	노론 벽파	청송, 심강의 후손, 규장각 제학
이시수	1745~1821 (99.04~00.06)	우의정	소론 시파	연안, 복원의 자, 이만수의 형

* 직위는 최종직위

82

　<표 1-0~1>은 정조 재위 24년간 정승급 인물들을 정리한 것이다. 당색으로는 총 25명 중 노론 16명, 소론 8명, 남인 1명이다. 시파(時派)와 벽파(僻派)로 나눈다면 19대 6으로 압도적으로 시파가 우세하다. 그러나 당색을 기준으로 구분하는 것은 별 의미가 없어 보인다. 대부분 사도세자의 죽음과 관련하여 동정적인 입장에 있거나 규장각 또는 세자시강원 출신으로 정조와 개인적 인연이 돈독한 인물들이었으며 누대에 걸친 고가(故家)의 집안들인 것이다.[115]

　정조대 전 기간을 통해서 보면 즉위하면서부터 화성 건설을 위한 원침 천봉 이전까지의 시기인 1776년부터 1789년 7월 이전까지의 시기는 노론과 소론이 대등하게 등용되고 있었다. 그렇지만 1789년 7월부터는 소론인 이재협과 이성원 그리고 남인 채제공을 제외하고는 대부분 노론이었다. 이들은 당색을 뛰어넘는 정조의 '친위세력'[116]으로 정조대 정국을 주도하였다.

　따라서 '탕평'은 노론 주도의 정국을 타개하기 위한 최고통치권자인 '왕'의 주장이었을 뿐 '탕평' 그 자체가 목표가 아니었다. 왕에게 충성을 바치는 자, 왕의 통치철학을 이해하고 이를 뒷받침할 수 있는 자들의 등용

---

115) 박광용, 1994, 『조선후기 '탕평' 연구』, 서울대 박사학위논문, 184쪽. 박광용은 이러한 정국운영을 정조가 척신정치로 흘러갔던 탕평정국을 개혁하기 위하여, 영조 말년부터 척신당과 대항했던 김종수·유언호·홍국영 등 노론 淸明黨계 인사들을 중심으로 즉위 직후부터 과감한 정치세력의 재편성 작업을 시도한 것으로 보았다. 정조 연간에 상신으로 기용된 김치인·정존겸·김종수·홍낙성·김익·조경·유언호·윤시동·이병모·심환지·이휘지와 정조의 측근으로 중용된 정민시·이명식·서유린 등 노론 출신은 모두 '청명류', '청명당'이라고 불렸던, 영조 48년 드러난 정치결사에 깊게 관련되어 있었다고 보았다.

116) 정조의 즉위를 도왔던 측근들의 모임인 同德會의 소론계 서명선, 노론계 김종수, 정민시, 홍국영 등과 척신인 박명원과 그의 조카인 박종악, 남인계의 채제공 등이었다(『정조실록』 권33, 15년 9월 13일 乙酉).

이었던 것이다.

그렇지만 정조 연간에 등용된 '친위세력' 내에서도 역사에 대한 인식에서는 커다란 차별성이 있었다. 그것은 60여 년 전에 일어난 '무신란(戊申亂)'에 대한 인식의 차이였다. 이는 바로 현재의 자신들과 각 당색을 규정하는 사안이었으며 그 연장선상에 있는 '사도세자의 죽음'에 대한 태도 역시 자신을 규정하는 기본문제였기 때문이었다.

각 당색간의 뿌리 깊은 알력과 불신의 뿌리는 이미 영조대에 태동되었던 것이다. 영조 재위 52년 전 기간 동안 노론 집권당은 1728년(영조 4)의 이른바 '이인좌의 난'과 관련지어 남인·소론 등 반대 당색을 철저히 제거하였다. 정조 연간도 그 같은 영조 연간의 정치적 성격의 연장선상에서 이해되어야 한다. 또한 노론의 경우에도 시·벽 양파로 나뉘었고 남인의 경우에도 정조 14년경 양파로 나뉘었다.117)

주목할 것은 특히 노론과 남인은 모자의 모양에서도 다를 정도였다는 점이다.

한 조정에 있으면서 건복(巾服)이 다른 것은 큰 잘못이다. 채좌상, 이가환, 이기양, 정약용 네 사람이 복건을 쓰면 모든 남인들이 다 복건을 쓸 것이다.……그리하여 노론의 흩복건을 쓰니 노론들이 매우 좋아하였다.118)

이는 정약용의 문집에 기술된 내용으로 정조가 남인의 지도자 4인을 회유하는 모습을 보여주는 것이다.

117) 정석종, 1994, 『조선후기의 정치와 사상』, 한길사, 321~322, 324쪽.
118) 정약용, 『여유당전서』 제1집 시문집, 「李基讓墓誌銘」, "同在一廷 巾服殊制 大非也 蔡左相 李家煥李基讓丁若鏞四人著之 則南人必皆著之 明日四人 適皆入闕 並令著幅巾 到金虎門外 乃脫之 於是 四家罔夜買皂緞".

84

　그렇지만 채제공에 대한 정조의 총애는 남다른 것이었다. 정조가 왕세
손이었을 때 채제공에게 마음에 기대할 만한 일이 있을 것이라며 신임하
고 있음을 토로하는 언급을 하기도 하였다.[119]

　그렇지만 채제공에 대한 노론의 정치적 공격은 1781년(정조 5) 김문순
의 상소에서부터 본격적으로 시작되어[120] 1786년(정조 10)까지 계속되었
다. 공격의 주요 내용은 다음과 같다. 첫째 국초(鞫招)로, 병신년(정조 즉
위) 봄 옥사와 관련된 것으로 환관의 공초와 흉적들의 공초에 거론되었다
는 것이며, 둘째 흉언(凶言)으로, 임금을 두고 흉악한 말을 했다는 것이며,
셋째 가인(家人)의 설로, 역적으로 죽은 홍국영과 친했다는 것이었다.[121]

　여기에는 사간 이현영, 영의정 서명선, 우의정 이휘지, 대사헌 이갑,
이조판서 김종수, 대사헌 이명식, 좌의정 홍낙성 등이 참여하여 삭직은
물론 찬배와 유배를 주장하였다.[122] 채제공을 비호한 것은 사간원 정언
이익운에 불과했다.[123] 이는 당시 조정의 대다수는 노론을 중심으로 하는
반 채제공파들에 의해 장악된 것을 보여주는 동시에 소론의 영수인 서명
선마저 반채제공파인 것을 말해주고 있다.

　채제공에 대한 반채제공파의 공격은 계속되었는데 장헌세자의 죽음을
정당하게 생각하고 정조의 탕평책에 찬성하는 부류를 '시의(時宜)'를 좇

119)『영조실록』권127, 52년 1월 11일 癸未.
120)『정조실록』권12, 5년 7월 20일 庚申.
121)『정조실록』권22, 10년 9월 12일 壬午 ; 권25, 12년 2월 15일 戊申, "……第一件事
　　卽丙申春獄于連事……至於第二件事 卽所謂凶言一節也……至於第三件事 卽國
　　榮家人之說也……".
122)『정조실록』권12, 5년 7월 21일 辛酉 ;『정조실록』권12 5년 7월 25일 乙丑 ;『정
　　조실록』권13, 6년 1월 5일 壬寅 ;『정조실록』권13, 6년 1월 7일 甲辰 ;『정조실
　　록』권13, 6년 1월 9일 丙午 ;『정조실록』권13, 6년 1월 30일 丁卯.
123)『정조실록』권13, 6년 3월 19일 丙辰.

는 무리라고 강력 비판하는 홍문관 응교 이노춘의 상소가 이어졌고 1784
년에도 계속 이어졌다. 영의정 정존겸, 좌의정 이복원, 우의정 김익, 비국
당상 김화진·서유린·서유경·엄수·이갑·이재간·김이소·서유녕
·이주국·이창운·서유대·서유방·심풍지 등이 연명으로 채제공의
죄를 성토하였다.[124]

이러한 논의들은 제도의 개선이나 정책에 대한 찬반 토론이 아니라
대부분 서로 당색을 달리하는 상대편에 대한 인신공격성 주장이거나 풍
문으로 떠도는 내용을 바탕으로 공격하는 것이 대부분이었다. 서학(西學)
에 대한 사학(邪學)시비도 채제공이 1790년 이후 좌의정으로 정치를 독점
할 때 반대파에 의해 의도적으로 벌인 정치적 공격의 성격으로 보아야
할 것이다. 이는 1791년(정조 15)부터 권상연과 윤지충의 일로 채제공과
서학의 연계성을 주장하면서 대두되었다.[125]

그렇지만 1786년 채제공은 비록 외직이었지만 평안도 병마절도사에
제수되었으며 정조는 채제공과 관련된 세 가지 혐의를 모두 벗겨주고,
1788년에는 정식으로 윤음을 내려 백관에게 반포하라고 명하였다.[126]

이후 채제공은 1788년(정조 12) 2월에 우의정에 임명되었고[127] 1728년
에 일어난 무신란 60주년을 맞이하여 영남지역에서 창의해 의병을 일으
킨 인물들에 대한 포상과 녹공을 청하였다.[128] 이는 자파 세력에 대한
등용과 영남출신 인물 천거를 위한 기반을 마련하기 위한 것으로 영남유

---

124) 『정조실록』 권17, 8년 6월 6일 己丑 ; 『정조실록』 권17, 8년 6월 20일 癸卯.
125) 『정조실록』 권33, 15년 10월 20일 辛酉.
126) 『정조실록』 권22, 10년 9월 7일 丁丑 ; 『정조실록』 권22, 10년 9월 12일 壬午 ; 『정
    조실록』 권25, 12년 2월 15일 戊申.
127) 『정조실록』 권25, 12년 2월 11일 甲辰.
128) 『정조실록』 권25, 12년 4월 5일 丁酉.

86

생들이 올린 『무신창의록』의 간행에 대해 논의하였다.129)

　1790년(정조 14)에는 좌의정에 임명되어 독상을 3년 간 지낸 뒤 1793년
에는 영의정에 임명된 후130) 장헌세자의 의리론을 천명하는 상소를 올리
고 영의정을 사임하였다. 이 사건으로 정조는 '금등'을 공개하여 채제공
에게 반역의 혐의가 없음을 밝혀주었다. 이후 화성 축성의 총리대신으로
정조 최대의 숙원사업을 펼치게 되는 것이다.

　채제공의 중용과 아울러 남인들도 등용되었다. 윤선도의 후손인 윤지
눌을 등용한 예131)에서 그 일단을 알 수 있다. 특히 시권(試券)에 등록된
윤지운(尹持運)·윤지섬(尹持暹)·윤지홍(尹持弘)·윤지익(尹持翼)·윤
지식(尹持軾)·윤지상(尹持常)·윤지민(尹持敏) 등은 해남에서 올라온 해
남 윤씨들이었다. 이들에게는 1천냥을 특별 지급하도록 명령하고 있
다.132)

　남인들의 등용은133) 장헌세자가 새로 묻힌 자리를 천하명당으로 지목
한 고산 윤선도, 수원의 읍치를 북쪽으로 옮겨야 한다고 주장했던 반계
유형원, 그리고 화성축성을 총괄한 채제공, 화성을 기본설계한 정약용
등으로 이어지는 남인계통의 의견 수렴을 반영한 결과였다.

　화성 건설은 정조가 아버지 장헌세자의 원침을 천하명당으로 옮기고
이에 수반하는 새로운 화성신도시의 건설, 그리고 노후에 이곳에 머물며

---

129) 『정조실록』 권26, 12년 11월 8일 丙寅.

130) 『정조실록』 권37, 17년 5월 25일 丙辰.

131) 『정조실록』 권28, 13년 8월 7일 庚申 ; 『정조실록』 권29, 14년 2월 26일 丁丑.

132) 『정조실록』 권31, 14년 12월 8일 甲寅.

133) 화성 건설과 신읍치 이전 사업과 관련 팔달산 아래에 살고 있던 여주이씨 이고의
　　후손들의 다섯 분묘가 한꺼번에 옮겨지게 됨으로 그에 대한 보답의 형식을 띠어
　　이운행을 비롯한 이석조(1713~1796)와 이헌조(1760~1820)가 등용되었다. 이들
　　여주이씨 수원파는 소론에서 노론으로 전향한 파인 것으로 추정된다.

아들 순조로 하여금 장헌세자를 추숭하고자 하는 꿈들이 어우러진 결과
였던 것이다.

3. 실학과 북학의 대두

18세기는 상품화폐경제의 발달과 아울러 기존의 '봉건적 인식'에 충격
이 가해지는 시기였다. 정조는 즉위하자마자 가장 먼저 중국의 백과전서
인 『고금도집성(古今圖書集成)』 5천 20권을 은자 2천 1백 50냥을 지급하
고 수입하였다.[134]

이 『고금도서집성』에는 도르래의 원리라든지 각종 과학지식, 각종 성
제 및 군제와 함께 「기기도설」 등 실용적인 지식이 망라되어 있었다.

정조시대는 도로에 대한 적극적인 인식과 지리정보에 대한 축적이 이
루어지면서 동아시아에 대한 과학적 인식이 싹 트고 있었다.[135] 그리고
북학론도 대두되었는데 북학론의 근거는 청조의 제도와 문물 속에는 중
화문화의 유제를 그대로 간직하고 있었다는 점에 있었다. 따라서 법이
좋고 아름다우면 오랑캐의 것이라도 배울 수 있다는 것이다.[136]

정약용은 규장각에서 위와 같은 자료들을 섭렵하여 거중기를 고안해
내었다. 이는 실제 화성 축성과정에서 1좌가 제작되어 이용되었다. 이러
한 실용적 사고는 좌우로 움직일 수 있고 돌을 나르는데 유용하게 활용된
유형거라는 독특한 수레의 고안에도 도움을 주었다.

특히 당시 북경에 다녀오는 사신들은 벽돌과 수레의 사용을 적극 건의

---

134) 『정조실록』 권1, 1년 2월 24일 庚申.
135) 배우성, 1999, 「정조시대 동아시아 인식의 새로운 경향」, 『한국학보』 94.
136) 노대환, 1999, 「정조대의 서기수용 논의」, 『한국학보』 94, 143쪽. 西器수용의 논리
    가 가능했던 것은 서양과학이 고대 중국의 것을 전수받아 발전시켰다는 '중국원
    류설'이었다.

하였다. 대사헌 홍양호는 연경과 계주를 다녀와서 그들이 이용과 후생에 대한 법도가 있음을 역설하고, 벽돌의 장점으로 장단과 관후가 균일하고 방정하여 천층 만층을 쌓더라도 착착 들어맞게 됨을 설명하고 성곽과 창고 등을 벽돌로 지을 것을 건의하였다.

또한 당나귀를 사용하여 인간의 노력을 분담하자는 의견을 내놓거나, 양의 목축을 주장하기도 하였다. 뿐만 아니라 도로의 수치를 위한 방편을 중국에서 배워오자는 주장까지 하였다.[137)

당시 청조 문물의 우수성을 직시하면서 실용성과 관련하여 차제(車制)의 시행을 주장하는 연암 박지원과 같은 북학사상(北學思想)의 발달은 화성 축성의 배경과도 무관한 것은 아니었다. 북학파로 불린 홍대용·박지원·이재성, 이서구·김매순·이덕무·박제가·유득공 등의 경화학계는 이용휴·정철조·정약용·서유구 등과 같은 남인·소론계 지식인들과도 교류하고 있었다.[138)

이들 실학자들의 축성론을 살펴보면 먼저 성호 이익(李瀷)은 왜성(倭城)의 우수성을 다음과 같이 지적하였다.

성을 쌓은 것이 밑이 넓고 윗쪽은 좁은데, 부여잡고 올라오지 못하도록 되어 있다. 비록 충격을 주어도 무너뜨릴 수가 없어서, 우리나라 성이 가파르게 솟았으나 쉽게 무너지는 것과 비교할 것이 아니다.[139)

왜성에서 체성이 비스듬히 물매를 주는 방식으로 축조된 부분을 강조

---

137) 『정조실록』 권16, 7년 7월 18일 丁未.

138) 유봉학, 2000, 『연암일파 북학사상의 연구』, 일지사, 40~42, 118쪽.

139) 李瀷, 『星湖僿說』, 倭知守城, "……其等城也 下廣上殺使不得緣 而已雖有衝擊不可毁圮也 不比我城之阤起易崩也 故攻之實難 而自古無被兵之患也……".

한 것이다. 이러한 방식이 그대로 화성에 적용되지는 않았지만 화성의 '규(圭)'형 성벽에 일정 부분 반영되었다고 보여진다. 한편 박제가는 용거(用車)와 용벽(用甓)의 이점을 다음과 같이 주장하였다.

군비와 기술과 생산력은 표리관계를 이루니 수레를 사용하면 수레는 병기가 아니로되 자연 보급의 편리함이 마련되고, 벽돌을 쓰면 자연 견고한 성벽이 마련된다.[140]

이와 같은 제의는 화성 건설에서 각종 재료의 운반과 돌을 나르는 대거(大車)·평거(平車)·발거(發車)·동거(童車)·유형거(游衡車) 등의 운반 수레 고안에 원용된 것으로 판단되며 벽돌의 사용은 화성 축성에 반영되었다.

한편 연암 박지원은 중국을 다녀온 후 제일 장관은 기와의 사용에 있다며, 기와를 마주 합해서 파도 문양을 만들어 집 안쪽에서 보면 그 구멍진 곳들이 영롱(玲瓏)하게 아롱거린다고 하였다.[141] 이는 동장대의 영롱장(玲瓏墻)에 반영된 것으로 추정된다.

특히 박제가는 중국의 건축물 중 누대(樓臺)·성곽(城郭)·원장(垣墻)·교량(橋樑)·분묘(墳墓)·구거(溝渠)·제언(堤堰) 등이 모두 벽돌로 되어 있다며 벽돌은 물과 불에 대한 근심, 도적에 대한 근심, 썩고 습한 것에 대한 근심, 기울어지고 무너지는 것에 대한 근심을 없게 하는 것이라며 이의 사용을 적극 주장하였다.[142]

---

140) 박제가, 『北學議』, 兵論, "兵必寓於民生日用之內 而後豫而不費車非爲兵也 而用車則自然之輜重行焉 甓非爲兵也 而用甓則萬民之城郭具焉……".
141) 박지원, 『연암집』, 駟汎隨筆.
142) 朴濟家, 『北學議』, 甓.

또한 화성신도시 건설과정에서 높은 고개를 넘어야 하는 남태령과 과천을 이용하는 길을 혜경궁 홍씨의 회갑연을 펼친 1795년부터는 평평한 시흥길로 바꾸었다.[143] 신작로에는 돌로 만든 다리, 거리 표지석이 설치되고 도로 가에 나무를 심어 새로운 유형의 도로가 만들어졌다.[144] 이것이 우리나라 1번 국도의 원형이 되었다.

이는 물산의 집산을 고려하고 교통의 편리함을 도모하기 위한 실용적 발상이었다. 또한 수원의 읍치 이전 자체가 구읍치의 좁고 막힌 '봉건적 지형'에서 교통이 편리하고 개활지인 '근대적 지형'으로의 이동을 뜻하는 것이었다. 이는 정조대보다 130여 년 전에 살았던 반계 유형원의 실용적 제안에 따른 것이었다.

또한 화성신도시를 건설하면서 저수지를 이용한 둔전 경영[145]과 새로운 상업도시를 건설하기 위한 방안 등은 서울 남부의 길목 또는 삼남의 길목으로서의 수원의 중요성을 인식한 실용적 제안들인 것이다.

---

143) 수원으로 오는 길이 시흥길로 옮겨진 것이 과천 근처의 찬우물에 있는 김약로의 묘 때문이라는 설도 있다. 정조는 사도세자 죽음과 관련된 김상로의 형인 김약로의 묘조차도 보기 싫어했기 때문이라는 것이다.

144) 이것이 우리나라 1번 국도의 원형이 되었다.

145) 『정조실록』 권43, 19년 11월 7일 甲寅.

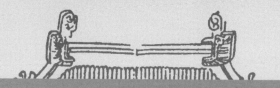

제2장
화성 건설의 과정

제1절 화성 건설의 노동력 동원과 노동조건

1. 노동력 동원

1) 관리 분야

정조는 1793년 12월 6일에 영의정을 역임한 채제공(蔡濟恭)을 총리대신으로,[1] 훈련대장을 역임한 조심태(趙心泰)를 감동당상으로 임명하면서[2] 화성 건설을 본격화하였다. 이어 12월 8일에 화성성역소를 설치하고 낭관(郎官)의 우두머리인 도청에 이유경(李儒敬)[3]을 임명하였다. 그 하위단위는 작업관리 및 현장감독 분야와 사무관리 및 지원부서로 나누었다. 먼저 작업관리 및 현장감독 분야는 별감동 10명, 감동 12명, 별간역 2명, 간역 4명, 경패장 40명, 부패장 120명 등이 편제되었다. 사무관리 및 지원부서에는 책응도청 1명, 경감관 7명, 부감관 5명 등이 배치되었다.[4] 그 하부조직은 문서기록과 수발을 담당하는 경서리 5명, 부서리 50명, 글씨

---

1) 채제공은 1788년 2월 12일 우의정에 임명되었고 이후 1789년 9월 27일 좌의정으로 승진되면서 장헌세자의 천봉 총책임자인 총호사에 임명되었다. 정조는 1793년 1월 12일 수원부를 수원유수부로 승격시키는 한편 좌의정을 역임한 채제공을 수원유수로 임명하였다. 채제공은 이때부터 화성 건설을 치밀하게 조사 준비하고 5월 25일 영의정에 임명되면서부터 화성 축성 방략에 대해 정조에게 보고하였다.

2) 조심태는 1789년 7월 11일 금성위 박명원의 상소로 사도세자 영우원 천장(遷葬)이 결정되자 수원부사에 임명되었다. 그는 1791년 1월까지 수원의 신도시 진흥정책을 수행하였다.

3) 이유경은 1791년 1월 종2품 禁衛 중군으로 한강 주교를 건설한 경험이 있었다.

4) 『의궤』에는 조직된 관료와 상·하 관리직 그리고 기술자들의 동원된 숫자 '명칭'에 대해 명확히 구분하고 있다. 이는 봉건적 신분질서가 의연히 남아 있는 것을 보여주는 징표이다. 기술 및 현장 감독 京·府 패장과 관리 및 지원 부서의 부감관까지는 員으로, 경·부서리는 人으로, 그 이하 기술자 및 짐꾼, 헤드레군은 名으로 호칭하고 있다.

를 쓰는 부서사 3명, 창고를 지키는 고직 1명, 심부름 하는 경사령 4명, 기로 신호하는 부기수 54명, 문서를 처리하는 경문서직 2명, 부문서직 2명, 부사환군 4명, 경포졸 5명, 부포졸 18명 등을 편제하였다.

이를 표로 작성하면 다음과 같다.

<표 2-1> 관리분야 편제

직 책	성 명	기 간
총리대신(摠理大臣)	채제공	1793. 12.06~
감동당상(監董堂上)	조심태(수원부 유수)	1793. 12.06~
도청(都廳)	이유경	1793. 12.08~

작업관리·감독			사무관리·지원		
직책	성명	비고	직책	성명	비고
별감동 (別監董)	전 부사 양훈 등 10명	경기 중군 김후 실사 886일	책응도청	수원부 판관 김노성→정동협→홍원섭	홍원섭은 1795년 윤2월 2일부터
감동 (監董)	전 목사 이백연 등 12명	참봉 황정언 530일 실사	경감관	전 동지 김명우 등 7명	김명우 930일 실사
별간역 (別看役)	전 현감 정우태 등 2명	한량 김계중 795일 실사	부감관	전 별장 이원영 등 5명	가의 이위 918일 실사
간역 (看役)	전 오위장 이종범 등 4명		경서리	임치우 등 5명	
경패장 (京牌將)	가선 이도문 등 40명	박충수 889일	부서리	이완수 등 50명	
부패장 (府牌將)	가의 박진황 등 122명		부서사	박인수 등 3명	
			경고직	조원진 1명	
			경사령	김봉문 등 4명	
			부기수	민춘득 등 54명	
			경문서직	손성득 등 2명	
			부문서직	윤한동 등 2명	
			부사환군	진칠용 등 4명	
			경포졸	황기린쇠 등 5명	
			부포졸	조만성 등 18명	

<표 2-2> 시설물별 작업 관리 및 현장 감독자

장소 및 시설물	별감동 (작업일수)	감동 (작업일수)	별간역 (작업일수)	간역 (작업일수)
부석소	양 훈(129) 조운상(313) 황기정(250) 이태협(256)			
사근 와소	신백록(283)			
왕륜 와벽소		홍채주(236)		
동쪽 벽소		황정언(530)		
서봉동 벽소		황정언(530)		
안면도 벌목	김처한(585)			
왕륜 벌목	황기정(250)	홍채주(236)		
남양 벌목	신백록(283)			
구포 제재소	김처한(585) 최명건(323)			
양우소		정호남(453)		김보명(243)
도소 잡물	김후(886)			
개울 파내기	김후 (886)			
수렛길 공사	신백록(283)			
구천방 흙채우기	김후 (886)	김혁(282)		
잡부석소, 매향동정리, 성안퓨식목, 내포사				이종범(382)
하동지		서유건(379)		
북성	양 훈(129) 김처한(585) 조운상(313)	이백연(416) 윤예기(476) 서유건(379)		
동북성	김후(886)	윤예기(476) 서유건(379) 조학신(202)		
동성	김처한(585) 최명건(323)	이백연(416) 김낙순(485) 서유건(379) 김혁(282) 정호남(453) 조학신(202)		

동성여장		김낙순(485)		이성연 (179)
서성	김처한(585) 조운상(313) 이방운(356)	김혁(282)		서택성 (79)
남성	조한진(345) 최명건(323)	이백연(416) 김낙순(485)		
남서성	조운상(313) 이방운(356) 최명건(323)	윤예기(476) 김혁(282)		서택성 (79)
벽성	최명건(323)			
장안문	양 훈(129)	이백연(416)	정우태(206) 김계중(795)	
팔달문	이방운(356)	이백연(416) 김낙순(485)		
화서문	김처한(585)			
창룡문		김기승(140)		
서포루	김처한(585)	김 혁(282)		
북서포루		서유건(379)		
동포루, 동북노대, 서북공심돈, 봉돈				이성연 (179)
남포루	최명건(323)			
북동포루		윤예기(476)		
북포(鋪)루	조운상(313)			
동북포루		윤예기(476)		
남수문	조운상(313)	김 혁(282)		
북수문	김 후(886)			
서장대	조운상(313)		정우태(206)	
동장대	김 후(886)		김계중(795)	
서노대	조운상(313)			
동북노대		윤예기(476)		
서암문	조운상(313)			
남암문	조한진(345)			
북암문	최명건(323)			
동암문		윤예기(476)		
동북각루	김 후(886)		정우태(206)	
화양루		김낙순(485)		
동북공심돈		윤예기(476)		이성연(179)
서옹성	조운상(313)			

북옹성		윤예기(476)		
남옹성		정호남(453)		
동옹성		정호남(453)		
남동적대	조한진(345)			
남서적대		김낙순(485)		
북동적대		이백연(416)		
용도		김낙순(485)		
장락당			김계중(795)	
경룡관			김계중(795)	
낙남헌		신 섬(105)	정우태(206)	
노래당			김계중(795)	
득중정			김계중(795)	
복내당행각			김계중(795)	
봉수당행각			김계중(795)	
유여택행각			김계중(795)	
낙남헌동쪽행각				서택성(79)
정리대청			김계중(795)	
남북군영		김백빈(60)		
강무당 뒤 행각		김 혁(282)		

관리분야 편제표(<표 2-1>)를 살펴보면, 별감동은 전체 공사기간 동안에 10명이 배치되었으나 300일 이상 일한 별감동은 김후(886일), 김처한(585일), 이방운(356일), 조한진(345일), 최명건(323일), 조운상(313일)으로 6명이다. 이들은 부석소, 각 지역의 벌목, 제재소, 성벽 쌓기 등에 집중투입되었다. 그러나 별감동들에게 탈이 많았다는 기록으로 보아 이들 모두가 전체 공사기간 중에 원만하게 직무에 충실한 것 같지는 않아 보인다.[5] 감동의 경우는 총 12명으로 300일 이상 감독한 인물은 윤예기(476일), 정호남(453일), 이백연(416일), 서유건(379일) 4명으로 각 시설물별로 하나

---

5) 별감동 중에 탈이 있는 자들이 많아 북쪽 성 쌓는 일을 삼화부사 별감동 김처한에 게 더 하도록 지시한 대목에서 그 탈이 무엇인지는 정확치 않으나 문제가 많았음을 짐작할 수 있다(『화성성역의궤』 권3, 장계, 갑인년 7월 초8일. 이하 의궤(儀軌)).

의 공사가 끝나면 다른 시설물로 이동하여 감독하고 양우소, 성벽 쌓기 등에 집중 투입되었다. 별간역 2명 중 김계중은 795일을 일하면서 주로 화성행궁 증축에 집중 투입되었다.

경패장은 40명이 배치되었는데 박충수가 889일 동안 일하였고, 300일 이상 일한 사람은 11명뿐이었다. 이들은 대부분 현장 2~3군데서 일을 하고, 일을 마치면 다른 곳으로 이동하여 임무를 수행하였다. 채석장, 돌다듬기, 돌 운반, 개울파기, 벌목, 숯 조달, 석회 조달, 소 조달, 재목 운송은 물론 각 시설물에 배치되어 작업관리 및 감독을 맡았다.

부패장은 총 122명이 동원되었는데 주목되는 인물로는 박진황이 있다. 그는 대장간에서만 939일을 종사했다. 이정은 구포제재소와 잡물소에서 826일, 최호빈은 왕륜와벽소에서 739일, 박종간은 왕륜의 벌목 및 와벽소에서 838일, 이경배는 장안문·북성·북서적대·본부 벌목·왕륜 벌목 및 와벽소에서 791일, 홍명룡은 채석장과 화서문에서 708일, 이광현은 돌 운반·북성·동북성·동북노대·서포루·봉돈 등에서 773일, 유광춘은 단청일에 676일 동안 종사했다. 이들은 돌 운반, 석회 제조, 흙 조달, 개울 파내기 등에 집중 투입되어 작업관리 및 감독 임무를 수행하였다. 한편으로 부패장은 현장감독으로서 곤장(棍杖)으로 임부를 다스리기도 하고 노동의 성과에 대한 판단을 내리고 그 결과를 결정하는 역할을 수행하였다.

사무관리 및 지원 부서에는 수원부판관이 책응도청을 겸하여 김노성, 정동협, 홍원섭[6]이 역임하였다. 경감관은 총 7명으로, 김명우는 930일, 구석하는 354일, 정영은 552일 동안 일했고, 이해승은 회계소에서 200일,

---

6) 순조 1년 『화성성역의궤』의 刊印 감독과 찬집하는 데 종사하였다(『순조실록』 권3, 1년 9월 18일 壬辰).

나동욱은 도소에서 354일, 심이진은 책응소에서 354일, 한명철은 경책응소에서 419일을 일했으며, 부감관은 5명이 종사했는데 이원영은 도소에서 434일, 권치명은 책응소에서 434일, 최윤익은 잡물소에서 434일, 이위는 구포제재소와 잡물소 등지에서 918일, 황치욱은 북동포루와 책응소에서 609일을 일했다. 부서리(府書吏) 50명은 도소(都所), 책응소, 양우소, 채석장, 잡물소, 대장간, 와벽소 및 화성 각 시설물에 분산 배치되었다. 바로 이 50명이 현장의 패장들과 함께 자재의 수발과 기술자 모군들에게 품삯을 주는 등 실무적인 일을 처리했을 것이다. 주목되는 것은 부기수(府旗手) 54명인데, 이들은 각 현장과 현장 사이에 깃발로 각종 연락을 담당하는 임무를 수행했던 것으로 보인다. 또한 경포졸 5명과 부포졸 18명은 돌 도난, 기율 세우기 등과 같은 범법자를 체포, 응징하는 역할을 담당했을 것으로 추정된다.

이외에도 비변사, 호조, 예조, 공조, 병조, 한성부, 균역청, 금위영, 선혜청, 군기시, 장용내영, 장용외영, 훈련도감, 좌우포청, 좌우순청, 금위영, 어영청, 수어청, 용호영, 총융청, 내수사, 선공감, 상의원, 와서, 사복시, 제용감 등 중앙부서와 경기관찰사(칡), 충청도 관찰사(철물), 경상도 관찰사, 전라도 관찰사(괴목, 잡목), 강원도 관찰사(숙마 재목), 황해도 관찰사(철물 숙마), 평안도 관찰사(석수), 전라좌·우수사(재목), 충청수사(재목), 황해수사(재목), 황해병사(돈), 강화부(석수), 개성부(석수) , 광주부(번와소), 영흥부(흑토), 함흥부(벽돌장이), 풍천부(수레), 장연부(수레), 남양부(재목), 풍덕부(구운회), 영월부(철물), 성주목(철엽), 금천군(석회), 양성현(곡물), 평신진(석회), 연일현(숫돌), 단성현(숫돌) 등의 현직 지방수령들도 화성 건설의 인원 및 자재 동원에 총력을 기울였다. 정조는 선전관을 파견하여 자재 수급과정에서 각종 폐단과 민정을 시찰하기도 하였다.

2) 기술자

화성성역에 동원된 기술자는 석수, 목수, 미장이, 와벽장이, 대장장이, 개와장이, 수레장이, 화공, 가칠장이, 큰 끌톱장이, 작은 끌톱장이, 기거장이, 걸톱장이, 조각장이, 마조장이, 선장, 나막신장이, 안자장이, 병풍장이, 박배장이, 부계장이, 회장이 등 549명이었다.

기술자들 동원과정은 먼저 1793년 12월 6일 각 지역에 거주하는 기술자의 이름과 거주지를 책자로 작성하여 보고할 것을 공문으로 발송하고,[7] 다음은 훈련도감, 수어청, 총융청, 용호영, 내수사, 선공감 등의 석수·목수·대장장이들의 본래 일을 면제하고 화성성역소로 올려 보낼 것을 지시하는 것이었다.[8] 이는 기술자의 경우 강제로 부역토록 하였다는 것을 보여주는 것이다. 따라서 숙련된 기술자들의 경우 화성성역에 부역 동원되는 것이 불이익이 될 때에는 응하지 않는 경우가 많았던 것으로 추정된다. 이는 화성성역이 7개월이나 지난 시점인 1794년 7월에 화성성역소에 숙련된 기술자를 차출하도록 각 지역 관청에 당부하면서 이름을 바꾸어서 대신 세우는 폐단이 없애라는 지시를 내린 공문에서도 확인할 수 있다.[9] 숙련된 기술자들을 제 때에 동원하고자, 각 지역 관청에서는 노자돈을 주어 평안도 지역에서 수원까지 5일 안에 도착하도록 격려하기도 하는 등 노력을 기울이고 있다.

---

7) 『의궤』 부편2, 감결, 계축년 12월 6일.

8) 『의궤』 부편2, 감결, 갑인년 1월 7일. 이러한 정황은 1759년(영조 35) 영조와 정순왕후의 혼인 의식을 기록한 『嘉禮都監儀軌』의 「도감사목」중 "부역에 응해야 할 匠人이 회피하거나 각사의 하인으로서 令을 어기는 자는 즉시 잡아가두고 笞刑으로 벌한다."는 조목과 같은 조건일 것으로 보인다. 이러한 봉건적 관행인 태형의 형태는 일제시대를 거쳐 1960·70년대까지도 잔존하고 있었다.

9) 『의궤』 부편2, 내관, 갑인년 7월 21일.

(1) 석수

석수는 돌을 떼 내는 일, 다듬는 일, 조각하는 일을 맡았다. 이들은 일을 보조해주는 조역 1명과 함께 2명이 1패가 되었다. 조역에는 어린 아이들까지 동원되었다. 석수의 경우 공장(工匠)의 제1순위로 꼽는 것이나 가장 많은 인원이 동원되었다는 것은 성곽의 대부분이 돌로 건설된다는 사정과 관련이 있다. 때문에 가장 중요한 자리를 차지할 수밖에 없으며, 성곽축조를 위해 돌 뜨는 일이 급선무였다. 따라서 경아문의 석수만으로는 모자라 우선 급한 대로 도편수 2명을 1793년 12월 23일까지 올려 보내도록 개성과 강화부에 지시하였다.10) 더 나아가 도내 각 읍소재 공·사(公·私) 석공을 1794년 1월 10일까지 올려 보낼 것을 지시하기도 하였다.11)

그러나 석수도 부역에 쉽게 응하지 않았다. 각 도의 읍에서 올린 사람들은 주로 늙은이나 초보자가 다수였고, 사람도 다른 사람으로 바꿔 보내기도 하였다. 따라서 성역이 시작되어 7개월이나 지난 시점인 1794년 7월에 전국에 공문을 보내 제대로 된 석수를 탐문하여 석수의 성명, 나이, 얼굴 모양, 흉터, 거주지를 책자로 재작성하여 보낼 것을 지시하고 있다.12) 이는 기술자의 경우 국가에서 처음 의도한 대로 뛰어난 기술자들이 동원되지 않았음을 보여주는 것이다. 화성 건설의 경우 임금지불에서 특별대우로 인해 노동력 동원이 비교적 쉬웠을 것으로 추정되지만, 위와 같은 예를 보면 장인등록제는 명목만 남아 있었다는 단초를 보여준다. 이러한 현상들은 '경제외적 지배'에서 '경제적 지배'로 바뀌어 가는 현상들을 나타내주는 지표라고 생각된다.

---

10) 『의궤』 권3, 이문, 계축년 12월 17일.

11) 『의궤』 권3, 이문 계축년 12월 22일.

12) 『의궤』 권3, 이문 갑인 7월 초2일.

화성성역에 동원된 석수의 출신 지역, 작업일수 및 작업장을 표로 작성
하면 다음과 같다.

<표 2-3> 석수별 세부 관련 내역

성명(명)	지역	작업일수	소속	작업장 공문 (내관 접수일)
한시웅	서울	782	내수사	부석소, 장안문, 북성, 남성, 북옹성, 북동적대, 북동치, 서성, 창룡문, 화서문, 남수문
송도항	서울	761	〃	부석소, 북성, 북동포루, 남공심돈, 동북성, 동성, 남수문, 동1포루, 동북공심돈, 동1치
김상득	서울	645	〃	부석소 팔달문, 북성, 남성, 남서적대, 남옹성, 서성, 동성, 동장대, 동암문, 서암문, 서포루
김차봉	서울	514.5	〃	부석소, 장안문, 화홍문, 방화수류정, 북동적대, 남수문
김중세		296	〃	부석소, 남수문, 남성, 남동적대
박상길		152	〃	부석소, 장안문, 북성, 남성, 북옹성, 화서문, 북암문, 서성, 서암문, 서1치, 서2치, 남포루, 남치, 서남암문, 용도
김계익 등 40명	서울		내수사	
박복득		329	장용영	
김중일		541		부석소, 북성, 남성, 북서포루, 북포루, 붓서적대, 서성, 동암문, 북암문, 서암문, 남포루, 서3치
김홍엽 등 16명		720등	훈련도감	
박완석		649	금위영	부석소, 장안문, 남성, 북옹성, 동성, 서성, 북암문, 서남암문, 서포루, 용도
방순태 등 5명		742등	금위영	
박복상 등 2명		393등	어영청	
이택보		88	수어청	
최창복 등 2명		365	용호영	
최유토리		433	선공감	부석소, 팔달문, 남성, 남암문, 남동적대, 남공심돈, 동성
장막쇠 등 77명		755등	선공감	

박복돌		380	경기감영	
최흥세		481	무소속	부석소, 팔달문, 남성, 남수문, 남옹성, 동성, 동북노대, 봉돈, 동2포루, 동포루, 동2치, 동3치, 동북공심돈, 동남각루
유보한		418	무소속	부석소, 남성, 낙남헌, 동북성, 동암문, 동성, 동1치, 동1포루
김시대		393	무소속	부석소, 장안문, 남수문, 서성, 남치
최귀득		341	무소속	부석소, 북성, 화홍문, 방화수류정, 북동포루
황석기		223	무소속	부석소, 팔달문, 남성, 남동적대, 남옹성
조귀남 등 50명		605등	무소속	
소계 209명				
박삼득 등 9명	수원부	556등		
고복인 (편수)	개성부	752		부석소, 북성, 북동포루, 북동적대, 북동치, 서성, 동성(1793.12.21)
김백이 (편수)	개성부	560		부석소, 동장대, 남수문, 화서문, 서성, 서북공심돈(1793.12.21)
조호명 등 38명	개성부	726등		
차언노미 등 40명	강화부	754등		편수로 이복기, 이기엽 보냄(1793.12.22)
송복남	광주부	577.5		
정수대 등 58명	경기	694등		
김순노미 등 53명	충청도	168등		
이장쇠 등 17명	강원도	464등		
이성득 등 74명	황해도	433등		
김성손 등 41명	전라도	485등		
서귀삼 등 23명	경상도	146등		
김덕언 등 52명	평안도	291등		
총 642명				

<표 2-4> 작업장별 석수 명단

작업장	성 명
부석소	한시웅, 송도항, 김상득, 김차봉, 김중세, 김중일, 박완석, 최유토리, 최홍세, 유보한, 김시대, 최귀득, 황석기, 고복인, 김백이(15명)
동성	한시웅, 김상득, 김중세, 박상길, 김중일, 박완석, 최유토리, 송도항, 최홍세, 고복인, 유보한(11명)
남성	한시웅, 김상득, 김중세, 박상길, 김중일, 박완석, 최유토리, 최홍세, 유보한, 황석기(10명)
서성	한시웅, 김상득, 박상길, 김중일, 박완석, 고복인, 김시대, 김백이(8명)
북성	한시웅, 송도항, 김상득, 박상길, 김중일, 최귀득, 고복인(7명)
남수문	한시웅, 송도항, 김차봉, 김중세, 최홍세, 김시대, 김백이(7명)
장안문	한시웅, 김차봉, 박상길, 박완석, 김시대
팔달문	김상득, 최유토리, 최홍세, 황석기
북동포루	송도항, 고복인, 최귀득, 황석기
서암문	김상득, 박상길, 김중일
북암문	박상길, 박완석, 김중일
동암문	김상득, 유보한, 김중일
화서문	한시웅, 박상길, 김백이
북옹성	한시웅, 박상길, 박완석
남옹성	김상득, 최홍세, 황석기
북동적대	한시웅, 김차봉, 고복인
남동적대	김중세, 황석기, 최유토리
남공심돈	송도항, 최유토리
동장대	김상득, 김백이
화홍문	김차봉, 황석기
동북공심돈	송도항, 최홍쇠
동북각루	김차봉, 황석기
서남암문	박상길, 박완석
동일포루	송도항, 유보한
용도	박상길, 박완석
동북성, 동1치	송도항, 유보한
서포루	김상득, 박완석
남포루	박상길, 김중일
동1치	송도항, 유보한
동2포루, 봉돈, 동북노대, 동2,3치, 동남각루, 동포루	최홍쇠

북서적대, 서3치, 북서포루, 북포루	김중일
서포루, 남서적대	김상득
서1,2치, 남치	박상길
창룡문	한시웅
서북공심돈	김백이
북동치	고복인
남치	김시대
남암문	최유토리

석수들은 부석소에 가장 많이 파견되었고 다음은 동성, 남성, 서성, 북성, 남수문, 장안문 순이다. 부석소에서 돌을 떠내고 그 돌을 다듬는 일과 특히 돌이 가장 많이 소요되는 동서남북의 체성과 남수문, 장안문의 돌쌓기에 석수들이 집중 투입되었다.

<표 2-3>에서 보는 바와 같이 대표되는 석수는 내수사 소속의 한시웅이다. 그는 석수 중 가장 오랜 782일을 작업하면서 부석소 및 장안문, 북성, 남성 등 모든 시설물 건축에 관여하였다. 이외에도 내수사 소속 편수 송도항, 김상득, 박상길, 김차봉, 지방 편수 강화부의 차언노미, 개성부 고복인, 청주의 강아지, 안협의 김영대, 전주의 김성손, 대구의 서귀삼, 해주의 한복기, 곽산의 이정빈 등이 주요 시설물에서 활약하였다.13)

주목되는 것은 돌로 만든 시설물 중 예술적 조형성이 가장 뛰어나다고 회자되는 서북공심돈은 김백이가 담당하였다는 것이다. 김백이는 개성부 편수로 화성 건설에서 560일을 일했다. 그는 부석소, 동장대, 남수문, 화서문, 서성 등에서도 작업을 했다. 그러나 서장대와 서북·서남각루 그리고 서노대에는 석수가 파견되지 않았다.

---

13) 『의궤』 권2, 상전.

(2) 목수

목수는 총 335명이 투입되었다. 목수도 석수와 마찬가지로 서울지역만
으로는 충당할 수 없어 도내 각 읍에 소재한 목수 중에서 공장이건 사장이
건 승과 속을 막론하고 솜씨가 뛰어난 자를 택하여 거주지와 성명을 상세
하게 책자로 정리 보고하고, 보고된 뒤로는 제 멋대로 떠날 수 없다는
뜻을 엄하게 당부하도록 하였다.[14]

1794년 1월 30일 화성 문루 공사를 위하여 급히 공문을 발송하여 경상
도 영천 은해사의 승 쾌성(快性)과 강원도 양양 명주사의 승 진련(震蓮)을
급히 올려 보낼 것을 지시하기도 하였다.[15] 그러나 이들 기술자들 중에는
더 좋은 조건을 찾아 떠나는 자들도 있었다. 파주에서 온 3등 목수 김여백
은 몇 달을 부역하다가 다른 지방으로 사라졌다.[16] 화성 건설에 동원된
목수들의 지역 및 작업일수, 소속, 작업장 등을 표로 작성하면 다음과
같다.

<표 2-5> 목수별 세부 작업 내역

성명(명)	지역	작업일수	소속	작업장
정복룡	서울	730	내수사	구포 치목소, 팔달문, 복내당, 낙남헌, 노래당, 경룡관, 북동포루, 북서포루, 북포루, 향교
권성문	서울	640	내수사	팔달문, 노래당, 동장대, 창룡문, 영화정, 유여택 행각, 나포루 서북각루, 동포루
김성인	서울	343	내수사	동장대, 창룡문, 남공심돈, 남수문, 봉돈, 동남각루
양세득	서울	328	내수사	섬에서 벌목, 팔달문

14) 『의궤』 권3, 이문, 갑인년 정월 초2일.
15) 『의궤』 권3, 이문, 갑인년 정월 30일. 그러나 『의궤』에 명단이 보이지 않으므로,
   화성 건설에 참여했는지는 확인할 수 없다.
16) 『의궤』 권3, 장계, 을묘년 3월 초8일.

전후창 등 9명		576등	내수사	
한천석		278	장용영	장안문, 화홍문, 방화수류정
김광복 등 2명	서울	530.5	훈련도감	
이귀재		177	금위영	장안문, 서장대, 북옹성, 북서포루
이광우 등 2명		610.5	금위영	
김복상 등 2명		270등	어영청	
김철량 등 2명		305등	수어청	
안성대		51	총융청	
윤복쇠		281	상의원	
한익량 등 12명		371등	선공감	
손삼득		706	무소속	창호, 장안문, 낙남헌, 노래당, 화서문, 서북각루, 동북공심돈, 중포사
손동현		646	무소속	장안문, 득중정, 영화정, 화서문, 서북공심돈, 서포(砲)루, 서북각루, 서포(舖)루
민백록		512	무소속	팔달문, 낙남헌, 득중정, 동장대, 창룡문, 북암문, 봉돈, 동북공심돈
이광록		457	무소속	구포치목소, 팔달문, 장락당, 낙남헌, 노래당, 유여택행각, 화양루, 서남암문
송상득		104	무소속	낙남헌 노래당
최벽송 등 196명		688등	무소속	
한진욱	수원부	738		장안문, 화홍문, 낙남헌, 방화수류정, 서포루, 영화정, 군기고, 수성고
김치한	수원부	467		구포 치목소, 장락당, 복내당, 낙남헌, 노래당
황득중 등 41명	수원부	690등		
윤점돌 등 10명	광주부	336.5		
중 회총 등 15명	경기	269.5		
나복상 등 4명	충청도	185등		
윤사범	강원도	258		팔달문, 서장대, 남암문
중 광흡	강원도	144		장안문, 방화수류정, 북서포루
이운성 등 14명	강원도	193		
이종학	황해도	289		
박성빈 등 8명	경상도	137등		
총 335명				

108

<표 2-6> 작업장별 목수 명단

작업장	성명	작업장	성명
구포치목소	정복룡, 김치한, 이광록	남포루	권성문
팔달문	정복룡, 권성문, 양세득, 윤사범, 이광록, 민백록	북포루	정복룡
장안문	한천석, 이귀재, 한진욱, 굉흡, 손삼득, 손동현	동포루	권성문
창룡문	권성문, 김성인, 민백록	봉돈	김성인
화서문	손삼득, 손동현	북옹성	이귀재
화홍문	한천석, 한진욱	동북공심돈	손삼득, 민백록
남수문	김성인	남공심돈	김성인
남암문	윤사범	서북공심돈	손동현
방화수류정 (동북각루)	한천석, 한진욱, 굉흡	낙남헌	정복룡, 한진욱, 김치한, 손삼득, 민백록, 이광록, 송상득
서북각루	권성문, 손삼득, 손동현	노래당	정복룡, 권성문. 김치한, 손삼득, 이광록, 송상득
동남각루	김성인	경룡관	정복룡
서남각루	이광록	복내당	정복룡, 김치한
동장대	권성문, 김성인, 민백록	장락당	김치한, 이광록
서장대	이귀재, 윤사범	유여택 행각	권성문, 이광록
북동포루	정복룡	향교	정복룡
북서포루	정복룡, 이귀재, 굉흡	영화정	권성문, 한진욱
서포(砲)루	한진욱, 손동현	군기고	한진욱
서포(舖)루	손동현	수성고	한진욱
북암문	민백록	득중정	손동현, 민백록
서남암문	이광록	중포사	손삼득

　　대표적 목수 편수는 내수사 소속의 정복룡, 양세득, 권성문, 김성인이다. 정복룡, 김치한은 치목소에서 총괄 편수로 활약하고 4대문과 주요 시설물 대부분을 담당하였다. 특히 정복룡은 북서포루와 북동포루 모두 관여한 것으로 보아 두 건물의 우진각 지붕을 반토막 낸 장본인으로 추정된다.17) 권성문과 김성인도 팔달문과 창룡문 등 주요 시설물 건설에 관여

　17) 이 반토막 지붕은 부석사의 법고각 지붕과 함께 우리나라에서 몇 개 안 되는

하였다. 장용영의 한천석은 장안문, 화홍문, 방화수류정, 금위영의 이귀재는 장안문, 서장대, 지방 편수로는 회양의 윤사범이 팔달문, 남암문, 서장대, 금화의 승려 굉흡은 장안문, 방화수류정, 북서포루 등에 관여했다. 서울 편수로 무소속의 손동현, 이광록, 민백록, 지방 편수로 수원부의 한진욱은 장안문, 화홍문, 방화수류정 그리고 같은 수원부 김치한은 장락당 등 화성행궁의 주요 시설을 담당하였다.[18] 이외에도 서울의 무소속[私匠] 편수로는 손삼득, 박쾌득, 송상득 등이 활약하였다. 특히 화성 시설물 중 뛰어난 조형미를 자랑하는 방화수류정과 화홍문 건설에 관여한 한천석과 한진욱 그리고 강원도 스님 굉흡은 당대 최고의 건축 예술가로 판단된다.

(3) 미장이

미장이는 총 295명이 투입되었다. 그러나 공사를 시작한 지 이미 1년이 지난 1794년 12월에 미장이 50명 정도를 급히 올려 보낼 것을 촉구하는 공문[19]을 개성부에 발송하고 있는 것으로 보아, 미장이도 원활하게 동원되지 않은 것으로 보인다. 이들은 성벽 여장과 옹성, 적대, 공심돈, 노대, 포루, 봉돈 등의 벽돌쌓기에 주로 투입되었다.

다음은 화성 건설에 동원된 미장이들의 지역 및 작업일수, 소속, 작업장 등을 표로 작성한 것이다.

미장이로는 서울 편수 장용영의 권옥, 무소속의 김명철, 박도성, 윤동주, 지방 편수 수원부의 김상득, 개성부의 이삼이 등이 크게 활약하였다.[20] 권옥은 주요시설물은 물론 벽돌이 주로 사용된 포루, 노대, 적대,

---

지붕형태이다.

18) 『의궤』권2, 상전.

19) 『의궤』권3 이문 갑인년 12월 22일.

20) 『의궤』권2, 상전.

110

옹성 등에서 활약했으며 김명철, 박도성 등도 4대문과 옹성, 공심돈, 봉돈, 암문, 등에 집중 투입되었다.

<표 2-7> 미장이별 세부 작업 내역

성명(명)	지역	작업일수	소속	작업장
권옥	서울	210	장용영	북성, 장안문, 화홍문, 서장대, 방화수류정, 북동포루, 북서포루, 서노대, 북옹성, 북동적대, 북서적대, 남옹성, 군기고
김만대 등 4명	서울	370등	훈련도감	
홍시태	서울	108	금위영	
고귀동 등 2명	서울	46등	어영청	
박용복	서울	41	수어청	
배상복 등 94명		269	선공감	
김명철	서울	442	무소속	팔달문, 북성, 북옹성, 남옹성, 동장대, 창룡문, 화서문, 남수문, 서북공심돈, 동성, 동북노대, 봉돈, 남포루, 동북공심돈
박도성	서울	359	무소속	장안문, 팔달문, 남성, 남옹성, 남공심돈, 화서문, 서북공심돈, 봉북성, 서성, 서포루, 화양루, 서남암문, 서포루
윤동주	서울	324	무소속	장안문, 서장대, 낙남헌, 득중정, 노래당, 북옹성, 남성, 남암문, 남동적대, 남서적대, 봉수당 후행각, 동북성, 동장대, 서성, 서암문
오경로 등 107명	서울	358등	무소속	
김상득	수원부	385		장안문, 북성, 복내당, 낙남헌, 노래당, 득중정, 경룡관, 봉수당 후행각, 북옹성, 향교, 영화정, 남수문, 유여택 행각, 외별고
유바위 등 12명	수원부	470등		
이삼이	개성부	54		북성, 북서포루, 동북성, 서성, 동성, 서포루, 서암문, 남포루, 서남암문, 서포루
조목독 등 66명	개성부	84 등		
김광택	경기	107		
충청도	충청도	32		
총 295명				

(4) 기타

위에서 살펴본 석수, 목수, 미장이 이외에도 와벽장이는 150명, 대장장이 83명, 개와장이 34명, 수레장이 10명, 화공 46명, 가칠장이 48명, 큰끌톱장이 30명, 작은 끌톱장이 20명, 기거장이 27명, 걸톱장이 12명, 조각장이 38명, 마조장이 2명, 선장 8명, 나막신장이 34명, 안자장이 4명, 병풍장이 1명, 박배장이 1명, 부계장이 1명, 회장이 1명 등이 동원되었다. 이를 표로 작성하면 다음과 같다.

<표 2-8> 기타 공장 세부 관련 내역

구분	성명(명)	지역	작업일수	소속	작업장
와벽장이	황윤구 등 4명	서울	764등	훈련도감	왕륜벽소
	김일광 등 10명	서울	471등	훈련도감	
	서봉세 등 2명	서울	764	금위영	왕륜벽소, 북성벽소
	이용해 등 9명	서울	772등	무소속	왕륜벽소
	이봉화 등 116명	서울	764등	무소속	
	김팔월쇠 등 4명	수원부	692등		
	이태근	광주부	69		
	장호성	경기	214		
	최삼득 등 3명	함경도	각 486		왕륜 및 북성벽소 1794.2.18
	총계 150명				
대장장이 [冶匠]	박덕항 등 3명	서울	30	훈련도감	
	이만석 등 3명	서울	321등	어영청	이만석은 대장간에서 쇠 구매
	김성복	서울	284	총융청	
	이수명 등 58명	서울	784등	무소속	
	최장천	수원부	875		대장간, 부석소, 팔달문, 북성, 화홍문, 남성, 북옹성, 북서적대
	정복홍등 19명	수원부	833등		
	총계 83명				

개와장이	권덕량 등 2명	서울	66	훈련도감	
	이근성	서울	48	금위영	
	이홍득	서울	143	총융청	장안문, 팔달문, 장락당, 낙남헌, 서장대, 화홍문, 방화수류정, 경룡관, 좌익문 행각, 동장대, 창룡문, 유여택 행각
	최득춘	서울	66	용호영	
	김용득 등 11명	서울	187등	선공감	
	강명대 등 18명	서울	54등	무소속	
	총 34명				
수레장이	박기혁 등 2명	서울	130	훈련도감	
	최득룡 등 2명	서울	210등	어영청	
	이중백 등 6명	서울	740등	무소속	
	총 10명				
화공	엄치욱	서울	342	훈련도감 마병	
	최봉수 등 4명	서울	103등	무소속	
	중 경환 등 11명	수원부	108등		
	정천복	개성부	31		
	중 성담	광주부	43		
	중 경옥 등 28명	경기	82등		
	총 46명				
가칠장이	오두명 등 38명	서울	70등		
	김경문 등 10명	수원부	163등		
	총 48명				
큰끌톱장이	김세휘 등 30명	서울	191등	선공감	
작은 끌톱장이	서성손 등 16명	서울	388등	무소속	
	김독이 등 3명	수원부	302등		
	윤선진	광주부	68등		
	총 20명				
기거장이	김귀득 등 12명	서울	188등		
	신중한 등 6명	수원부	235등		
	김용대 등 9명	경기	62등		
	총 27명				

걸톱장이	한천홍 등 9명	서울	213등	선공감	
	형이정	수원부	75		
	이북세 등 2명	광주부	41		
	총 12명				
조각장이	박문화 등 31명	서울	79		
	김한일 등 2명	수원부	309등		
	장봉한 등 3명	경기	92등		
	총 36명				
마조장이	심성복	서울	112	훈련도감	
	심소랑	서울	112	무소속	
	총 2명				
선장	김인득 등 2명	서울	90	무소속	
	신광복 등 6명	수원부	92등		
	총 8명				
나막신장이	최태기 등 10명	서울	442등	훈련도감	
	이언춘 등 2명	서울	94	금위영	
	진만근	서울	36	어영청	
	이지형 등 20명	서울	240등	무소속	
	김한기	수원부	120		
	총 34명				
안자장이	이광휘 등 4명	서울	79등	무소속	
병풍장이	유창기	서울	25	훈련도감	
박배장이	안덕기	서울	245	무소속	
부계장이	한대복 등 2명	수원부	370등		
회장이	고칠세	황해도	260		
총 549명					

　벽돌장이는 훈련도감의 황윤구, 오태운, 황윤창, 강희대, 금위영의 서봉세, 서봉천, 서울의 무소속 서득세, 김광손, 조중남, 심세득, 이용해, 우유득, 이홍손, 황상신, 서도희 등이, 지방 편수로 함흥의 최삼득, 이득실, 천창룡 등이 활약하였다. 벽돌 만드는 일에는 150명이 종사하였는데 지금의 의왕시 백운산의 왕륜벽소와 영화동으로 추정되는 북성벽소에서 구웠다. 벽돌장이는 함경도에서 특별히 차출하여 충당하였다.21)

---

21) 『의궤』 권3, 이문, 계축년 12월 17일.

114

대장장이는 83명이 동원되었는데 서울 편수로 어영청 소속의 이만석, 지방 편수로는 수원의 최장천이 활약하였다. 그들은 대장간과 부석소에 배속되어 일하였다. 이들은 야장 1명에 연마장(鍊磨匠), 취로군(吹爐軍), 타조군(打造軍) 등 조역 3명 모두 4명이 1패가 되어 작업하였다. 그러나 그들 중에는 새로운 일자리를 찾아 화성을 떠난 자들도 있었다.[22]

화공은 46명이 참여하였는데 훈련도감의 엄치욱이 큰 활약을 하였다. 46명 중 40명이 승려 신분이었다. 그렇지만 남북문루 단청 일을 위한 화승도 부족하여 1794년 9월 11일에 양주의 덕사(德寺) 화승(畵僧)을 도(都)화승으로 임명하여 15일까지 공사장에 대기시킬 것을 지시하기도 하였다.[23] 기와장이의 경우는 서울 총융청의 이홍득, 수레장이는 서울 편수 이중백, 나막신장이는 서울 장용영의 최태기 등이 뛰어난 활약을 하였다.[24]

3) 품팔이[募軍]

기술자를 제외한 모군은 화성성역 현장에서는 자재를 운반하는 담군과 허드렛일을 하는 모군으로 분류된다. 이들은 돌을 운반하거나 기초공사, 성벽쌓기, 석회번조, 흙짐지기, 돌 운반하기[一般擔負], 숫돌같은 길 치도(治道) 또는 신작로 등 길 닦기, 준천 및 연못 파기 등에 고용되었다. 이외에도 각 지역에서는 벌목, 나무운반, 남양부 구포나루까지의 운반 뱃사공 등이 고용되었다.

모군 동원방식에 대해 정조는 신하들과 화성 건설 이전과 건설과정에

---

22) 3등 야장 전주인 김만손은 부역에 응하다가 서울로 간 뒤 돌아오지 않고 있었다 (『의궤』 권3, 장계, 을묘년 3월 초8일).
23) 『의궤』 권3, 이문, 갑인년 9월 11일.
24) 『의궤』 권2, 상전.

도 여러 차례 토론을 거치고 있다. 왜냐하면 1789년 수원부 청사를 팔달산 동쪽으로 옮길 때에도 각 도의 백성이 구름같이 몰려든 예가 있었기 때문이다. 이에 따라 모군들이 팔방에서 몰려들 것을 우려하여 8도와 3도에 화성성역은 10년을 기한으로 하니 경거망동하지 말 것을 전국에 시행문으로 공지하고 백성들에게 일일이 알리도록 하였다.25) 이러한 현상들은 당시 농촌을 떠난 유이민과 날품을 팔기 위한 예비노동자가 광범하게 존재하였다는 것을 의미한다.26) 그럼에도 불구하고 관료들은 모두 강제 부역을 주장하거나 승군조발을 건의하였다.

화성 건설의 총책임자인 채제공은 부역을 주장하거나 승군을 동원하자고 건의하고,27) 우의정 이병모도 공사에 들어갈 공사군을 정확하게 계산하여 여러 도에 배정할 것을 건의하고 있다.28) 또한 좌의정 김이소와 행판중추부사 김희, 행예조판서 정창순 등도 부역을 시키지 않을 수 없다는 취지의 발언과 함께 길이 먼 곳은 품삯을 대신 내게 하여 재원을 조달하자는 내용까지도 건의를 하고 있다. 이외에도 행사직 홍양호, 정민시, 판돈령부사 김지묵 등이 부역을 주장하였다. 특히 김지묵은 "아들이 아버지의 일에 나오는 것"이라는 논리로 부역을 주장하였다. 좌참찬 홍수보는 구체적인 동원 방법까지 제시하면서 "오고갈 때의 양식과 비용도 준비해 오도록 하자"고 주장하고 호조판서 심이지는 가난한 자와 변방의 백성을 제외하고 부역을 실시하자고 주장하고 있다. 이외에 병조판서 구상, 행부

25) 『의궤』 권3, 이문, 계축년 12월 20일.
26) 모군들은 성역이 시작되자 가족들을 데리고 들어와 천막을 짓고 눌러 앉아 돌아가고자 하는 자는 매우 적고 2/3 정도는 새로운 일거리를 달라고 요구하고 있었다(『의궤』 권3, 장계, 갑인년 7월 초8일).
27) 『의궤』 권1, 계사, 갑인년 5월 22일 ; 권1, 계사, 병진년 2월 초7일 ;『정조실록』 권40, 18년 5월 22일 戊申.
28) 『의궤』 권1, 계사, 갑인년 6월 28일 ;『정조실록』 권40, 18년 6월 28일 癸未.

116

사직 서유대, 형조판서 이득신, 행부사직 이경무, 이조판서 김재찬, 행부
사직 서유대, 행부사직 이한풍, 전 참의 윤행임, 홍낙성 등이 2일 또는
3일, 거리에 따라 차등 있게 부역을 시킬 것을 건의하였다.29) 이러한 논의
사항은 1794년 7월 1일에 있었는데 관료들의 일치된 주장에 정조는 1796
년 2월 7일에야 비답을 내려 부역도 아울러 지시하였다.

그러나 이미 1794년 5월 22일 정조는 "일의 체면상 그렇게 하지 않을
수 없다는 것을 왜 모르겠느냐?" 면서 "공사에 한 사람이라도 수고롭게
하지 않으려는 내 뜻도 역시 생각이 있으니 그리 알라"며 모군 방식을
지시한 바 있다.30)

이러한 사정을 종합적으로 파악할 수 있는 1794년 9월 29일「감결」의
내용을 살펴보자.

　　품삯을 주고 장정을 고용하는 것은 흉년에 빈민을 구제하는 한 방편인
데, 다만 役이 없는 백성[無役之民]이 이에 의지하여 풀칠을 할 뿐만 아니
라, 신역(身役)이 있어서 쌀과 돈을 내는 부류들도 이것으로 충당하게
된다. 경내의 각 면에 일일이 통지하여 신역을 부담해야 할 백성 중에서
자원하여 공사에 참가할 사람[自願赴役]은 모두 와서 일하게 하고 여기서
받을 품삯으로 마땅히 내어야 할 신역을 그만큼 계산하여 감해 줌으로써
조금이나마 백성의 힘을 덜어주고 품삯은 각 군색처에 옮겨 보내고 즉시
영수증을 발급하여 지급하도록 할 일.31)

위 글에서 화성 건설에는 날품팔이 동원 방식은 첫째 신역이 없는 사람
들의 모군 방식, 둘째 수원 인근의 자원 부역자로 충당되었음을 알 수

29)『의궤』권1, 계사, 병진년 2월 초7일.
30)『의궤』권1, 계사, 갑인년 5월 22일.
31)『의궤』권4, 감결, 갑인년 9월 29일.

있다. 물론 자원 부역자도 품삯을 계산하여 신역에서 감해주는 조치를
취하였다. 첫 번째의 부류는 토지에서 쫓겨난 '유이민(遊離民)'들로 규정
할 수 있고 두 번째의 부류들은 역(役)을 지는 양인(良人)농민들로 이들의
처지도 '일용(日傭)농민'과 별다르지 않아 건설현장에 고용되어 품삯을
받아 생활하였다는 것을 알 수 있다.

그렇다면 화성 건설에는 어느 정도 규모의 사람들이 공사에 참여하였
을까. 다음 표는 화성 건설기간 중 정조가 노동자들에게 더위를 이기는
척서단(滌暑丹) 등을 나누어 준 개수를 통해서 본 화성 현장에 있던 총인
원들의 변화이다.

<표 2-9> 화성 건설에 동원된 인력양상 (단위 : 명)

연도	관리직	서리 및기술자	짐꾼 및 허드레꾼	총계
1794. 6. 25	101	1,844	1,714	3,659
1794. 6. 26	232	1,106	2,452	3,790
1794. 9. 16	113	1,578	2,150	3,841
1795.윤2. 13	158	726	122	1,004
1795. 10. 19	67	1,064	1,130	2,261
1796. 6. 24	78	904	1,048	2,030
1796. 7. 15	72	780	1,101	1,953
1796. 7. 29	84	831	1,157	2,072
1796. 8. 27	86	681	1,147	1,914

* 자료 :『의궤』권2, 반사·호궤·별단

화성 건설에 동원된 인력양상 표를 살펴보면, 화성 건설에 가장 많은
인원이 투입된 시점은 1794년 9월까지임을 알 수 있다. 약 4,000명에 달하
는 인원들이 터 다지기, 개울치기 등 화성 건설 초기에 집중 투입되고
있다. 이후 1795년과 1796년에는 약 2,000명 내외의 인원들이 투입되어
화성 건설을 마무리한 것으로 보인다.

2. 노동조건

1) 노동조건의 연도별 변화

조선시대 전시대를 통하여 건설 및 토목공사에서 노동력 동원과 노동조건은 많은 변화가 있었다. 봉건제의 큰 흐름인 지주전호제의 변화와 신분제의 해체는 노동조건에 큰 변화를 주었던 것이다. 이는 사회경제적 변화와 함께 인간의 자주성이 제고되었기 때문이었다.

다음은 조선시대 건설공사와 산릉에서의 노동력 동원과 노동조건이 변화하는 양상을 도표화 한 것이다.

<표 2-10> 건설공사와 산릉에서의 노동력 동원과 노동조건의 변화

시기	공사명	노동력 동원	노동일수	노동조건(노임)	비고
태조 2~5 (1393~1396)	도성 축성	민정 118,070여 명 등		징발, 주야 식량 지참	식량 일부 지급
세종 3(1421)	도성공사	403,755명	40일	징발, 지역별로 구간할당	
세종 4(1422)	산릉	인부 2,000명	10일		
세종 20(1438)	흥천사 사리각 수리	승군(僧軍) 600명	15~30일	식량지참자 15일. 도첩 수여	
성종 5(1474)	빙고 수리	번상 정병		사역	
선조 30(1597)	오례산성	10,000명		징발	양식지급
광해군 1 (1608)	창경궁 수리	군정(軍丁), 장인(匠人)		요포(料布) 지급	
인조 4(1626)	남한산성	승, 공장(工匠)	2년	요포 지급	20리의 공사
인조 8(1630)	천릉공사	연인원 270,000명, 승군 동원		품삯 지급	
현종 즉위 (1659)	산릉	승군 1,000명 연군(烟軍) 3,000명		각 아문의 쌀과 베를 품삯으로	
현종 6 (1665)	숙경공주 집	공장(工匠)과 모역(募役)	3년	역가(役價) 약 10,000냥	

| 숙종 44(1684) | 탕춘대 축성 | | | 양식과 고포(雇布) 지급 | |
| 정조 화성 건설 당시 | 화성 건설 | 기술자 : 부역 품팔이 : 모군 및 부역민 | 2년 9개월 | 품삯 지급 | |

　　노동력 동원 방식에서 선조대까지는 민정동원, 강제징발, 번상정병 등과 같은 강제 부역으로, 노동조건도 각자 식량을 지참해야 하는 상황이었다. 승군의 경우 도첩을 주는 특혜를 부여하였다. 이후 17세기 광해군대부터 강제 부역이라고 하더라도 요포(料布)를 지급하는 형태가 나타나기 시작하였다. 1608년(광해군 1) 창경궁을 수리할 때 군정과 장인을 부역시키면서 요포를 지급한 예나, 1626년 인조가 남한산성을 2년에 걸쳐 수축할 때 승군과 공장을 동원하면서 요포를 지급한 것에서 그 사실을 확인할 수 있다. 그러다가 1665년(현종 6)에는 모역(募役)의 형태가 나타나기 시작한다. 국가나 공공단체가 국민에게 의무적으로 지우는 강제 노역이 인식적, 법률적, 인격적 구속의 강제 징발(부역)에서 17세기 중반에 강제 부역보다는 좀 더 발전된 형태의 '자유로운'[32] 노동자를 모집하는 모군의 방식으로 전환되기 시작했다.[33] 특히 화성 건설에서의 노동자는 기술자의 경우에는 부역으로, 품팔이는 모군의 방식과 자원부역 방식으로 동원되었다. 정조대 화성 건설에서 처음 모군과 고가의 지불 형태가 출현한 것이 아니라 이미 17세기 초반부터 노동조건의 변화가 일기 시작한 것이다.

---

32) '자유로운'이란 '경제외적 강제'가 작동치 않는다는 의미에서 '자유로운'이지만 '경제적 착취'관계 속에서는 그들도 '부자유'하긴 마찬가지이다.

33) 윤용출은 17세기 초인 宣祖대에 강제 부역 대신 경모군들이 관부의 역사에 고용되기 시작됐다고 보았다(윤용출, 1999, 『조선후기의 용역제와 고용노동』, 서울대학교 출판부, 223쪽).

120

2) 노임지불 방식

화성 건설의 노임지불 방식에 대하여 그간의 연구에서는 관리직, 기술자, 모군의 구별 없이 급가모군, 급가고립제, 고가, 일당제, 임금노동, 일당제가 아닌 짐수 즉, 일한 만큼의 실고가(實雇價) 지급 등으로 표현하였다.

먼저 모군들 고가지불 방식은 정약용의 「성설」과 정조가 화성 둔전을 조성하면서 지시한 다음과 같은 자료에서 명확히 표현되어 있다.

한 걸음마다 표목(表木)을 세워 3천 6백 단(段)으로 나누고, 그 다음 인부를 모집하여 개울의 자갈을 지고 와 1단(一段)을 채우는 데 따라 품삯을 얼마씩 준다면, 그들은 자신이 계산하여 많이 져 나를수록 이익이 많으므로 힘껏 일을 하여 며칠 안 되어 채울 수 있을 것입니다. 날품을 주는 것과 비교하면 비용이 절약되고 공정도 빠를 것입니다.[34]

품삯을 날짜로 계산해서 주지 않고 짐을 단위로 해서 거리의 원근을 헤아려 차등을 둔다면 강한 자는 넉넉히 백전을 취할 것이요 약한 자도 제 한몸 가리기에는 족할 것이다.[35]

화성 건설에서 모군들의 노임지불 방식은 날품이나 날짜로 계산하여 주는 소위 '일당제'가 아니고 위 글의 표현 그대로만 보면 정량을 많이 져 나르고 원근을 헤아려 차등을 두는 도급제적 성과급제로 보인다. 그렇지만 『의궤』의 기록을 살펴보면

담기로 운반하는 담기군은 1일 6번, 큰 돌은 1덩어리, 작은 것은 2덩이를 운반하도록 정식화 하였다. 이를 어기는 담기군은 패장이 곤장으로 다스

34) 『여유당전서』 제1집 시문집, 설 성설.
35) 『정조실록』 권42, 18년 11월 1일 乙酉.

리고 품삯도 삭감하도록 하였다.[36]

　이러한 임금지불 방식은 일반적으로 알려진 일한 양과 거리에 따라 노임을 지급하는 성과급제가 아니라 1일에 해야 할 노동량을 지정한 것이다. 이는 모군의 경우 일당 2전 5푼으로 정하고 노동량을 지정해 준 것이다. 그렇지만 짐군의 경우 잡석 1짐 당 2푼 5리를 지급하였다. 이는 성과급제의 한 예라고 할 수 있다. 위의 글만 보아서는 당시 노동조건으로 성과급제가 시행되었는지 아니었는지의 판단근거는 될 수 없다. 이러한 조건은 정해진 노동량을 못 지켰을 경우의 단서조항일 수 있기 때문이다. 따라서 화성 건설 당시 노동조건은 조정에서 직접 고용한 도급제에 기초한 성과급제로 추정된다.[37]

　이와 같이 임금지불 방식이 월급에서 일당지급으로 변화된 것은 이중의 의미가 있다고 생각된다. 먼저 이는 조선 초·중기까지의 강제 부역보다는 보다 진전된 노임지불 방식이지만 노동조건과 노동강도가 더욱 가혹해진 것을 의미한다. 이는 왕을 비롯한 당시 양반관료들의 의식이 '자본주의적'으로 변화된 것을 보여주는 징표다.

　한편 화성 건설에서의 노임지불 방식에서 봉건적 유제도 남아 있었다. 즉 하루 정식화되어 있는 노동량을 어기는 담가군(擔架軍)을 곤장으로

---

36) 『의궤』 권4, 감결, 갑인년 2월 5일.

37) 이러한 임금지불 방식은 인격적 신분적 법률적으로 구속하면서 강제 부역시킨 한양성 축조와는 전혀 다른 형태의 '자유로운' 노동력 동원이었다. 한양성 축조의 경우 봉건적 강제력을 가지면서 노임지불이 없었다. 봉건적 '경제외적 강제'의 시대가 지난 후 노동생산성을 높이기 위한 방법은 노동량과 노동시간을 늘이는 방법밖에 없다. 이를 제고시키는 방법은 '돈'에 기초한 '성과급제'의 시행이 유효하게 사용된다. 도급지불제는 노동자들의 노동강도를 더욱 높여 보다 많은 잉여가치를 짜내기 위한 수단이다. 일제시대를 거쳐 현재 한국사회는 '하청 다단계 일당제'가 일반적이다.

122

다스리도록 한 것이다. 이는 의연히 '경제외적 강제'의 봉건적 관행이 여전히 작동하고 있음을 보여주는 것이다.

그렇지만 책임자와 감독들 그리고 기술자들은 일당제였던 것으로 보인다. 먼저 책임자는 삭하식례(朔下式例)로 보아 월급제로 보인다. 책임자 및 감독은 월급 액수를 정하였고 도청을 제외한 감독 이하는 일한 날짜를 계산하여 지불하였다. 결국은 일당제였던 것이다.

다음 표는 화성 건설에 동원된 인원들에 대한 일당을 비교한 것이다.

<표 2-11> 화성 건설 관리·감독자 및 하위직 일당

직 위	월 급	환산/일	비고
내도청	쌀 12두, 돈 12냥=16.8냥	5.6전	
별감동 경감관	쌀 10두, 돈 10냥=14냥	4.7전	
부감관	쌀 6두, 돈 5냥=7.4냥	2.5전	
경·부패장	쌀 9두, 돈 6냥=9.6냥	3.2전	
경 책응감관	쌀 6두, 돈 4냥=6.4냥	2.1전	
경포교	돈 2냥	0.7전	
도소 경서리	쌀 4두, 돈 4냥=5.6냥	1.9전	나무와 기름값
도소 부서리	쌀 6두, 돈 4냥=6.4냥	2.1전	각 방마다 2냥
각소 부서리	쌀 6두, 돈 2냥=4.4냥	1.5전	
경 책응 고지기	돈 4냥	1.3전	
부서사	쌀 6두, 돈 3냥=5.4냥	1.8전	
경사령 경·부 문서지기 사환군	7냥 5전	2.5전	
부기수	쌀 6두, 돈 1.5냥=3.9냥	1.3전	
경포졸	2냥	0.7전	
부포졸	쌀 6두, 돈 1.5냥=3.9냥	1.3전	

* 쌀 1섬 당 6냥, 1섬은 15두, 1두는 10승, 1승당 4푼, 1달은 30일로 계산

위 표에서 내도청은 이유경이 계속 근무했으므로 월급으로 정한 금액이 의미가 있다. 그렇지만 별감동, 경감관, 부감관, 경·부패장, 경 책응감관까지는 11일부터 886일까지 그 근무일수가 다양하였다. 따라서 월급으로 정식을 삼았지만 임금지불은 일당으로 계산하여 지급하였다. 월급을

일당으로 환산하여 보니 기술자 모군의 일당 2.5전~4.2전과 별 차이가
나지 않았다.

이하 경포교부터 서리, 서사, 부포졸까지는 화성 건설 전 기간에 걸쳐
일한 것으로 보인다. 이들은 월급으로 정해진 임금을 받았을 것으로 추정
된다. 그렇지만 일당은 경사령, 경부문서지기, 사환군 등을 제외하고 일반
모군 2.5전에도 미치지 못하는 금액이었다.

<표 2-12> 기술자·모군의 일당

구분	일당	비고
석수	매패 쌀 6승+돈 4.5전=6.9전/2 3.45전/1인	조역(助役) 1명 작(作) 1패(牌) 8패마다 화정(火丁) 1인 1일 쌀 3승, 돈 1.3전
대장장이	8.9전/4 2.23/1인	조역 3명 작 1패
목수, 미장이	4.2전	10명마다 화정 1명 1일 2.5전
조각장이, 나막신장이, 수레장이, 안자장이, 마조장이, 화공, 가칠장이, 부계장이	3전	
기와장이	3전	5량각 매간 6전, 행각 매간 4전, 3일에 짚신값 7푼
차부	3.2전	
담군	3전	12명마다 등패(等牌) 1명 화정 1명 고가는 2.5전
모군	2.5전	30명마다 등패 1명, 화정 1명, 복직 1명 고가는 2.5전
소지기	2.5전	

 * 쌀 1섬 당 6냥, 1섬은 15두, 1두는 10승, 1승당 4푼, 1달은 30일로 계산

기술자·모군의 일당은 모군과 소지기가 기본 2.5전으로 고정되고 담
군 3전, 차부 3.2전, 기와장이, 조각장이, 나막신장이, 수레장이 등이 3전,
목수와 미장이가 4.2전이었다. 석수의 일당은 3.45전이나 1패에 지급한

124

총액 6.9전에서 조역에게 2.5전 정도가 지급되었다고 보면 4전이 넘는 돈이 석수장이가 차지했을 것으로 추정된다. 대장장이 역시 4명에게 8.9전이 지급되었으므로 야장과 마련장, 취로군, 타조군 4명이 차등 있게 지급되었을 것이다.

3) 작업조건 및 특별혜택

각처에서 동원 및 고용된 관리 및 노동자들을 위해 각종 임시건물도 세워졌다. 이를 도표화 하면 다음과 같다.

<표 2-13> 화성 건설의 임시가옥

장소	임시가옥	석수 흙방 및 방앗간	화부막사	대장장이 임시가옥	비용
1부석소	2칸(감동)	10칸(석수)	4칸	10칸	41.12냥
2부석소	2칸(감동)	10칸(석수)	4칸	8칸	45.12냥
북수문		9칸(석수)		3칸	
3부석소	2칸	12칸(송도 석수)	4칸	6칸	75.25냥
		8칸(강화 석수)	4칸	3칸	
외양간	54칸	2칸(방앗간)			88.21냥
구포 치목소	10칸				28.7냥
들것꾼	40칸		8칸		68.3냥
남·북문, 남·북수문	130칸(모군막사 4곳)		28칸		234.95냥

* 자료 : 『의궤』 품목, 갑인년 2월 초9일

임시건물은 각 부석소의 감동들을 위한 2칸 자리 임시가옥, 석수들을 위한 흙방이 49칸, 화부들의 막사 74칸, 대장장이의 임시가옥 30칸 등이 지어졌으며 담부를 위해서는 40칸의 임시가옥 그리고 모군들을 위해 남·북문과 남·북수문 각각 4곳에 130칸의 임시가옥이 세워졌음을 알 수 있다.

또한 더위를 이기는 데 도움을 주기 위한 대방축서탕, 우황육일산, 진사익원산, 청심운, 광제환, 제중단 등은 고급 도청에 별도로 지급하고[38] 척서단은 공사 현장에 있던 관원부터 허드레꾼까지 전원에게 지급하였다. 그러나 부채는 원(員)들 이상에게만, 제중단·달력·모자는 기술자까지만, 각종 어물은 각 신분에 따라 차등 지급되었다.[39] 한편 병이 든 기술자와 막일꾼들에게는 1일 쌀 2승과 돈 1전씩이 지급되었다.[40] 비가 오거나 몸이 아프면 밥값 마련을 위해 목수·조각장이·나막신장이는 1일 1.6전, 선장·큰 끌톱장이·걸톱장이·기톱장이는 1.4전식 지급하였다.[41]

또한 공사를 시작해서 첫 번째 맞이한 설에는 공사를 일시 중지하고 기술자들에게 모두 휴가를 주어 1월 10일까지 돌아오도록 하였다. 기술자들에게는 그 거리의 원근을 계산하여 노자를 마련하여 지급하였고, 남아 있는 자들에겐 연말 음식을 마련하여 지급하였다.[42] 더위도 문제였지만 추위도 만만치 않았다. 추위를 막기 위한 방법으로 함흥 벽돌장이에게는 특별 방한용 저고리 유의(襦衣)를 지급하고 석수, 목수, 수레장이, 벽돌장이, 대장장이 등 293명에게는 추위에 대비하여 옷감으로 베와 모자를 특별 지급하였다.[43]

상금과 시상도 하였는데 각색 기술자에게는 0.5전, 담기군·수레꾼·모군들에게는 0.3전이 지급되었고, 공장들에게는 등급을 나누어 1등 1석 5두, 2등 쌀 1석, 3등 쌀 9두씩 시상하였다.[44] 이외에도 지방기술자들에게

---

38) 『의궤』 권2, 반사, 병진년 6월 24일.

39) 『의궤』 권2, 반사.

40) 『의궤』 권3, 감결, 갑인년 2월 초6일.

41) 『의궤』 권4, 감결, 갑인년 4월 27일.

42) 『의궤』 권4, 품목, 갑인년 12월 초8일 ; 권3, 이문, 갑인년 12월 22일.

43) 『의궤』 권3, 별단, 을묘년 11월 11일.

는 환곡 미상환분, 그리고 군역이나 잡역을 탕감하거나 승군의 경우 부역을 면제하였다.[45]

한편 석수들이 돌아갈 때에는 가까운 진위와 용인의 경우 별하전 2냥, 쌀 3두, 노잣돈 2전씩을, 그리고 기타 원거리는 노잣돈을 경상도 양산의 경우 4냥 5전까지 추가로 지급하였다.[46] 또한 성역이 모두 끝나고 600석의 물력으로 기술자들에게 회식과 3등급으로 나누어 시상하였다. 또한 이미 일을 마치고 떠난 자들에게도 시상토록 하였다.[47]

특히 품계를 올려주는 특혜를 부여하였는데 원 이상은 패장의 경우 변장으로, 기타 품계를 올리거나 활쏘기와 총쏘기는 재주를 시험하여 화살, 화살통, 활, 무명, 모자 등을 하사하기도 하였으며 석수 김중일의 경우 직접 전시에 응시하도록 하였다. 이외에도 채제공에게는 호랑이 가죽, 수원부 유수 조심태와 기타 다른 관료들에게는 품계를 올려주어 사기를 진작시켰다.

제2절 화성 건설의 물자 조달

1. 석재

석재는 숙지산, 여기산 두 산에 각각 2곳, 권동에 1곳 등, 모두 다섯 군데에 부석소를 설치하여 채취하였다. 그러나 공사 중 팔달산에서도 석맥을 발견하여 서성(西城)은 제자리에서 캔 돌을 사용하여 결과적으로

---

44) 『의궤』 권4, 내관, 을묘년 윤2월 28일 ; 감결, 갑인년 6월 10일.

45) 『의궤』 권4, 내관, 을묘년 윤2월 28일.

46) 『의궤』 권2, 호궤, 병진년 8월 19일.

47) 『의궤』 권4, 내관, 병진년 9월 초10일.

돌을 캐낸 곳은 모두 6곳이 된 셈이다. 그 중에서 숙지산 돌은 8만 1천 100덩이, 여기산 돌은 6만 2천 400여 덩이, 권동의 돌은 3만 200여 덩이, 팔달산 돌은 약 1만 3천 900여 덩이 등[48] 모두 28만 7천 600여 덩이가 축성에 소요되었다. 숙지산 돌은 강하면서 결이 가늘고, 여기산 돌은 부드러우면서 결은 거칠고, 권동의 돌은 부드러우면서 결이 좀 더 가늘었다. 팔달산 돌은 숙지산 돌보다 강하고 여기산 돌보다 거칠었다.

석맥이 있는 논과 밭은 국가에서 매입하고 이곳에 석수를 투입하여 돌을 떠내었다. 석맥을 잘 골라 결을 살펴 정으로 구멍을 파고 밤나무나 물푸레나무를 박고 물을 부어 나무가 팽창하는 힘으로 돌을 떠내었다. 그렇다면 돌값과 노임은 어떻게 책정하고 지불하였는지 살펴보도록 하겠다.[49]

돌 뜨는 일은 석수 1명과 조역 1명이 1패가 되어 진행되었다. 돌 뜨는 데는 정철과 강철 그리고 숯, 쇠가죽, 생칡, 청태목이 필요하였다.[50] 돌을 뜬 다음에는 이를 다듬어 그 크기를 줄여 운반하였다. 돌을 운반하는 데는 여러 운반도구가 활용되었는데 유형거 11량, 대거 8량, 평거 76량, 동거 192량, 발거 2량, 썰매, 굴림판 등이 사용되었다.

수레의 원활한 운반을 위하여 숫돌같이 판판한 도로[治道]가 필요하였다.[51]

이렇게 운반된 돌은 어느 수레 몇 채가 몇 덩어리를 운반했는가, 담기로 운반한 것은 몇 담기가 몇 덩이를 운반했는가, 매일 작업일지를 작성 제출하였으며[52] 돌 표면에 각각의 길이와 너비와 부석소 이름, 편수와 석수의

---

48) 『의궤』 권수, 도설.

49) 『의궤』 권6, 재용 하, 실입2.

50) 『의궤』 권6, 재용 하, 실입2.

51) 『의궤』 권4, 감결, 계축년 12월 22일.

성명을 써넣어 이를 기준으로 건별 기록을 작성하도록 하고 돌값을 지불하였다.[53] 돌 크기는 대·중·소·잡석으로 구분하였다. 대석은 앞면 2척, 뒷길이 3척, 중석 앞면 1척, 뒷길이 2척 5촌, 소석 앞면 1척, 뒷길이 2척 이상, 뒷길이 2척 미만은 잡석으로 정하였다.[54] 돌값은 대선단석이 15냥, 이두석 6냥, 이주석이 하나에 4냥, 도로 표석 2.5냥이었다. 이러한 돌들은 타, 규형성벽타구, 원총안, 통천미석, 현안, 석누조, 선단석, 무사단궤, 누조, 무지개돌, 장대석, 악형무사, 와장대 및 돌계단, 잠자리무사, 돌계단, 운각대우석, 이무기머리돌, 돌무늬축대, 이주석 등으로 다듬거나 조각되어 화성 시설물 각처에 배치되었다.

여러 폐단도 노정되었는데 부석소의 돌을 주워 팔아먹는 행위, 어둔 밤을 틈타 사들인 돌을 훔쳐내어 다른 곳에 파는 행위 등이다. 이를 방비하기 위해 경비를 특별히 할 것을 당부하는 기록에서 그러한 부정행위를 알 수 있다.[55]

수원 이외의 지역에서도 석재가 조달되었는데 화성기적비석 쑥돌 1좌는 원주(原州), 온돌석은 800장 중 300장은 호조(戶曹)에서, 500장은 강화부(江華府)에 책정되어 조달되었다.

이를 정리하면 쑥돌과 온돌석을 제외한 모든 석재는 수원 성역소 현지에서 조달되었으며 석맥과 산지는 국가에서 매입하여 제공하고 돌의 크기에 따라 차등 지불되었다.

2. 목재

---

52) 『의궤』 권4, 감결, 갑인년 2월 20일.
53) 『의궤』 권4, 감결, 갑인년 4월 30일.
54) 『의궤』 권4, 감결, 갑인년 7월 3일.
55) 『의궤』 권4, 감결, 갑인년 4월 18일.

목재는 국가에서 관리하던 재목을 베어 오거나 사 오는 두 가지 방식으로 조달되었다.

먼저 국가에서 관리하던 안면도·장산곶·강원도 지역에서의 조달 방식을 알아보자.

『의궤』에는 베어 온 것은 작래(斫來)·작취(斫取)라고 기술되어 있다. 안면도에서는 방풍림을 베어 내었는데, 치수대로 베어 내 포구로 끌어내고 충청수사가 관할하는 수영의 방·병선은 물론 각 읍진의 방·병선 총 30척에 나누어 1,000주를 발송하였다.56)

뿐만 아니라 사선(私船)의 선주들도 역사에 나가기를 원하여 양미와 선가를 넉넉히 계산하여 지급하였다. 사선은 여러 섬에서 처음 20척이 동원되었으며 이후 모두 47척이 동원되었다.57) 이후 누재(樓材) 996주, 말단목 407개를 실은 병·방선과 사선 84척이 동원되었다.58) 안면도에서 수원부의 구포까지 운반하는 기일은 2일이 걸렸으며 30척에 달하는 배의 재목은 2월 9일부터 시작하여 3월 3일까지 1달이 채 안되는 기간에 모두 실어 날랐다.59) 품삯은 벨 때의 품삯과 적재할 때의 모군의 품삯이 매주에 1전, 끌어내릴 때의 품삯은 6전씩 지급하였고 재목을 정리한 후 잡목들은 땔나무 감으로 만들어 팔아 품삯에 보태었다.60) 황해도에서는 장산곶의 재목을 오차포(五叉浦) 앞바다에서 취합하여 구포로 수송하였다. 재목과 서까래감을 운송한 방병선 22척에 승선한 감색과 사격 등은 모두 324명이었다. 따라서 1척에 약 15명의 인원이 재목을 운반한 셈이다.61)

56) 『의궤』 권3, 장계, 갑인년 2월 12일.
57) 『의궤』 권3, 장계, 갑인년 4월 1일 ; 5월 28일.
58) 『의궤』 권3, 장계, 갑인년 6월 6일.
59) 『의궤』 권3, 장계, 갑인년 3월 4일.
60) 『의궤』 권3, 장계, 갑인년 4월 19일.

관동(강원도)에서는 금성(현 금화)에서 벤 재목을 낱개로 금성천에 떠내려 보내면 북한강을 거쳐 낭천현 방현포(芳峴浦, 지금의 화천군 화천읍 아리)로, 양구에서 베어진 재목들도 강을 따라 낭천현으로 집산되었다. 여기서 대개 55개를 한 묶음으로 해서 뗏목으로 묶어 춘천을 거쳐 가평·청평·양수리로 띄워 보냈다.[62] 이 목재들은 경강에 집결되었다. 경강부터는 조운선으로 수원부까지 운반하게 되는데, 경강→인천 팔미도 앞바다→안산 옥구도 앞바다→화성유수부 쌍서도→우음도→구포로 운반하였다. 조운선은 팔미도 바깥바다로 왕래하는 데 익숙하여 팔미도 앞바다로 나오는 분기점에서 안산 옥구도 앞바다까지 군사가 인수인계하였다. 원활하고 신속한 운반을 위하여 감색을 정하여 배를 타고 멀리까지 바라보다가 재목을 실은 배가 경계에 도착하기를 기다려 착실히 호송하여 시각이 지체되는 폐가 없도록 하였다.[63]

이상에서 알 수 있듯이 안면도·관동(강원도)·장산곶의 국가 금양처에서 조달된 것과 전라 좌우수영에 책정된 나무값은 계산되지 않았다. 다만 베고 끌어내리는 값과 운반비만이 공곡에서 회감하는 방식으로 지급되었다.

다음 표는 화성성역에 조달된, 국가에서 조달한 재목 조달 방식과 현황을 표로 작성한 것이다.

표를 살펴보면 안면도에서는 방풍림을 말하는 풍락송을 베어왔는데 기둥, 보, 추녀 등에 사용하는 부등목 중 가장 크고 굵은 목재인 대부등과 그 다음의 중부등, 그리고 그 자투리인 말단목이 조달되었다. 장산곶에서는 봉산(封山)의 나무가 아닌 표외송(標外松)을 베어왔는데 큰서까래나무

---

61) 『의궤』 권3, 장계, 갑인년 4월 26일.
62) 『의궤』 권3, 장계, 갑인년 6월 14일.
63) 『의궤』 권3, 이문, 갑인년 6월 22일.

500개와 중서까래나무 700개 그리고 재절목 500개가 조달되었다. 관동에서는 중부등, 소부등·회목·다락기둥, 장혀, 익공, 행공 등에 쓰이는 궁재가 조달되었다. 전라 좌·우수영에서는 주요건물의 평주 재목으로 사용되는 괴잡목이 조달되었다.

<표 2-14> 목재 조달 내역

종류	수량	조달 지역	조달 방식
대부등	344주	안면도	베어옴(斫來)
중부등	677주	안면도, 관동	베어옴
말단목	421개	안면도	다듬어 자름
소부등	735주	관동	베어옴
괴잡목	52주	전라좌·우수영	책정(卜定)
회목	4주	관동	베어옴
다락기둥	918주		
궁재	2,160주		
원체목	831주	관동	베어옴
큰서까래목	500개	장산곶	베어옴
재절목	500개	장산곶	큰서까래목의 끝
중서까래목	700개	장산곶	베어옴

* 자료 : 『의궤』 권5, 재용 상, 조비

그렇다면 사온 재목들은 어디서 어떻게 조달되었는가. 다음 <표 2-15>는 경기도 각처에서 사온 재목을 표로 작성한 것이다.

돈을 주고 산 재목은, 사온 것 무래(貿來)·무취(貿取), 사서 베어 온 것 무작(貿斫) 2종류였다. 사온 것은 경기강 상류 또는 광주 지역·경강 등지였다. 경기강 상류와 경강 등의 지역에는 장송판, 큰서까래나무 등을 매매하는 목재상들이 존재했다는 것을 의미한다. 이들은 경강에 근거를 둔 중간상인으로서의 위치를 확보해 가는 비시전계 상인들로 추정된다.[64] 사서 베어 온 것은 산지에서 쓸 만한 나무들을 살펴보고 필요한

64) 강만길, 1973, 『조선후기 상업자본의 발달』, 고려대학교 출판부, 81~82쪽.

132

<표 2-15> 기타 구입 목재

종 류	수 량	단가(냥)	계(냥)	조달 지역	조달 방식
서까래, 들것나무, 임시가옥재목[65]				수원부	나무값 및 모군 품삯지급(貿)
괴목[66]	4주	1	4	광교산	장교밥값, 목수, 수레장이, 모군품값 4.16냥, 쌀 3승
재목[67]	371개			남양부	
청널[68]	609립		24.8	남양 족자동	
재목[69]	12주	0.2	22.4	광주 어엽리	
기와땔나무[70]	3,700주		79	서봉동	
큰소나무[71]	50주	1.3	65		
중질 소나무	34주	1.1	102.4	용인창	
원체목	736주	0.88	647.68	경기강 상류	사서 베어옴(貿斫)
벽련목	1,406주	0.39	548.34	경기강 상류	사서 베어옴
	1,359주	0.4	543.6	광주	사서 베어옴
	464주	0.4	185.6	남양	사서 베어옴
장송판	1,700립	0.76	1,484	경기강 상류	사옴(貿來)
	600립	0.32		광주	사옴
큰서까래목	656개	0.1	65.6	경기강 상류	사서 베어옴
	373개	0.19	70.87	광주	사서 베어옴
	878개	0.19	166.82	남양	사서 베어옴
	594개	0.25	148.5	경강	사옴
	43개	0.228	9.80	수원부	사서 베어옴
〃	318개	0.08	25.44	경기강 상류	사서 베어옴
〃	5,328개	0.13	692.64	수원부	사서 베어옴
작은서까래목	1,606개	0.06	96.36	경기강 상류	사서 베어옴

---

65) 『의궤』 권4, 품목, 갑인년 2월 6일.

66) 『의궤』 권4, 품목, 갑인년 2월 19일.

67) 『의궤』 권4, 내관, 갑인년 6월 3일.

68) 『의궤』 권4, 품목, 갑인년 6월 30일.

69) 『의궤』 권4, 품목, 갑인년 7월 1일.

70) 『의궤』 권4, 품목, 을묘년 12월 21일.

71) 『의궤』 권4, 품목, 병진년 8월 21일.

〃	1,472개	0.15	220.8	광주	사서 베어옴
〃	831개	0.08	66.48	수원부	사서 베어옴
소　계			4,902.5		

* 자료 : 『의궤』 권5, 재용 상, 조비.

나무를 사서 베어 온 경우이다. 이는 주로 수원부, 광교산, 남양, 광주, 서봉동, 용인, 경기강 상류 등지였는데 수원 인근 지역과 경기강 상류에서 필요한 나무들을 조달하였다.

　이러한 재목 조달시 너무 남벌하여 산기슭을 민둥민둥하게 하는 일, 포구로 나와 부역하는 백성이 혹시 농경에 방해가 되는 일에 각별히 유의할 것 등을 지시하였으며,[72] 조선(漕船)을 이용하는 행위를 엄격히 금지하기도 하였다.[73] 하지만 현실은 그렇치 못하였다. 채제공의 계사에 "재목은 한강 상류에서 사서 하루도 안 걸려 경강에 도착"되는데 "배가 작고 좁아서 바다에 띄울 수 없으니 영남 우조창(右漕倉)의 조선이 도착하면 돌아가는 길에 구포에 내려놓을 것"을 건의하여 허락받은 예에서 이러한 사정을 알 수 있다.[74] 더 나아가 세곡선까지 이용되었다.[75] 영남의 경우에는 괴목과 잡목이 목질이 굳어서 물에 뜨지 않는 폐단이 있어 실어오지 못한 경우도 있었다.[76] 관청배는 식량과 노자를 지급하고 사선은 임금을 주어 실어 나르게 한 것이다.[77]

　이렇게 하여 구포나루에 도착 즉시 수령증을 작성하고 날짜를 기입하

---

72) 『의궤』 권1, 전교, 갑인년 4월 26일.
73) 『의궤』 권1, 전교, 갑인년 3월 11일.
74) 『의궤』 권1, 계사, 갑인년 5월 22일.
75) 『의궤』 권3, 이문, 갑인년 2월 2일.
76) 『의궤』 권3, 이문, 갑인년 3월 10일.
77) 『의궤』 권3, 이문, 갑인년 4월 4일.

여, 뱃사람들이 지체하여 운반 기일을 어기는 폐단이 없도록 하였다. 이렇게 조달된 목재는 각 구포를 비롯한 성역현장 치목소(治木所)에서 다듬거나 성역소에서 각 시설물에 필요한 대로 재단 절단하여 활용하였다.

3. 기와 · 벽전

화성성역에서 기와[瓦子]와 벽전(甓甎)의 조달은 광주 왕륜면 백운동(현 의왕시) 땔나무산에 성역소를 마련하고 왕륜면과 사근평 두 곳에 기와는 6개소, 벽돌은 3개소에 나누어 설치하고 장교 2명, 색리 2명을 정하여 품의[78]하면서 시작되었다. 다음 표는 화성성역에 조달된 벽전과 기와의 현황이다.

<표 2-16> 구입 벽전과 기와 내역

종류 / 총수량	수 량	단가(냥)	금액(냥)	조달지역
중암키와	160누리 921장	12/누리	1,931.05	왕륜
보통암키와/352누리15장	324누리 272장	11/누리	3,873.65	왕륜
	27누리 886장			棲鳳洞
중암수막새	8누리 930장	17/누리	151.81	왕륜
보통암수막새	6누리 980장	15/누리	104.7	왕륜
기와 · 수막새 소계	528,989장		6,061.21	
용두	138개	0.47/개	64.86	왕륜
취두	20개	0.9/개	18	왕륜
토수	66개	0.35/개	23.1	왕륜
절병통	2좌	2/좌	4	왕륜
잡상	165개	0.15/개	24.71	왕륜
연가	4좌	0.5/좌	2	왕륜
기타 기와[瓦子] 계			138.67	
대방전	28누리 271장	50/누리	1,413.55	왕륜
소방전	3누리	36/누리	108	왕륜

---

78) 『의궤』 권4, 품목, 갑인년 2월 26일. 『의궤』에서 기와는 '瓦子'로, 벽돌은 '甓'으로, 전돌은 '甎'으로 표현되고 있다.

	504누리 80장			왕륜
반방전/580누리292장	36누리 883장	36/누리	20,890.51	북성 밖
	39누리 329장			서봉동
종벽	25누리 892장	50/누리	1,294.6	왕륜
귀벽이	5누리 12장	50/누리	256	왕륜
개벽	49누리 336장	50/누리	2,466.8	왕륜
홍예벽/2누리 939장	2누리 240장	50/누리	112	왕륜
	699장	50/누리	34.95	북성 밖
벽돌[甓甎]계	655,742장		26,577.15	

* 자료 : 『의궤』권5, 재용 상, 조비. 1누리는 1,000장.
* 기준 단위 이하는 절삭 계산하여 금액 소계는 약간의 오차가 있음

위 표를 살펴보면 지붕에 올라가는 모든 건축재료는 모두 '와자(瓦子)'
로 표현되고 이는 암키와, 암·수막새, 용두, 취두, 토수, 절병통, 잡상,
연가 등이다. 기와가마는 왕륜과 서봉동에 설치하였다. 와자로 멋을 낸
대표적 시설물은 영롱담이다.

전(甎)으로 표현된 재료는 대방전(大方甎), 소(小)방전, 반(半)방전이고,
벽(甓)으로 표현된 재료는 종벽(宗甓), 귀벽이[耳甓], 개벽(蓋甓), 홍예벽
등이다. 이것으로 보아 방전은 벽체를 쌓거나 바닥에 까는 데 사용되었고
벽(甓)은 벽체를 쌓고 시설물의 섬세한 부분을 처리할 때 사용되었음을
알 수 있다.

벽전은 왕륜과 서봉동, 그리고 북성 밖, 3곳에서 조달되었다. 벽돌가마
는 모두 20좌가 설치된 것으로 보인다. 1좌당 1일 62.5장을 구워내 총
1,250장의 벽돌을 생산해 내었다.[79] 벽돌과 전돌을 만들기 위한 기구로는
목틀로서 네모지게 하면 방전이 되고, 그것을 판자로 반을 가로막으면
반(半)방전이 되었다. 용도에 따라 네모의 크기가 다르다. 철선궁으로는
목틀 흙의 면을 판판하게 하였다. 이러한 벽전은 4대문의 여장, 적대의

---

79) 『의궤』권3, 별단, 병진년 8월 29일.

여장, 옹성, 암문, 수문, 노대, 공심돈, 봉돈, 각루, 포루(砲樓), 포루(舖樓),
포사 등의 원여장, 오성지, 철형여장, 벽돌계단, 현안, 벽누조 등으로 장식
되거나 벽체 또는 바닥재로 사용되었다. 특히 옹성, 동북공심돈, 봉돈 등
은 대부분 벽전으로 건설되었다. 특히 방화수류정의 서쪽 벽면의 '십자문
양', 낙남헌과 방화수류정의 벽체석연, 각 시설물의 홍예문은 벽전을 사
용하여 한껏 멋을 낸 대표적 시설물이다.

4. 철물

화성성역에서 철물은 그 사용 용도가 다양하였다. 철물은 그 가공 단계
별로 철광석, 생철, 수철(무쇠), 작철(斫鐵), 정철(正鐵), 강철, 추조철물,
정조(精造)철물, 정정조철물로 나뉘는데,[80] 해서(황해도), 호서(전라도),
관동(강원도), 서울, 수원부 등 각처에서 사 왔다.

다음 <표 2-17>은 이를 정리한 것이다.

무쇠를 불려서 만든 정철은 타 지역에서 사 오거나[貿來] 사상한테
사 왔다. 또한 사 온 작철로 정철을 만들기도 하였다. 작철·강철도 마찬
가지로 사 왔다. 이는 철물이 광범위하게 상품화되어 있음을 보여준다.

정철이나 강철을 일정한 규격으로 만든 중방철의 경우는 서울에서 살
길이 없어 단양·영춘·청풍·충주·제천 등지와 강원도의 영월·삼
척·평창·정선 등지에 내려 보내서 이를 사 오게 하고 그 값은 서울로
오는 상납전으로 획급하고 하역비와 선가는 각 감영의 공곡에서 회계
차감토록 하였다.[81] 또한 해서(海西)의 풍천에서 조달된 정철과 강철은
초도의 토선 1척에 적재하여 운반 납부하였다.[82]

---

80) 경기문화재단, 2007, 『화성성역의궤 건축용어집』, 290쪽.
81) 『의궤』 권3, 이문, 을묘년 2월 5일.

<표 2-17> 철물 구입 내역

종류/총수량	수량	단가/근	총금액(냥)	조달 지역	비고
정철/ 516,334근 13냥 5전	23,055근 1냥 5전	0.13	2997.15	해서	사옴(貿來)
	108,866근 10냥	0.14	15,241.24	호서	사옴
	34,022근 2냥	0.13	4,422.86	관동	사옴
	4,891근	0.16	782.56	서울	사옴
	330,505근 4냥 8전	0.14	46,270.70		사상한테 삼 (私商處貿取)
	14,994근 11냥 2전				작철 21,421근 으로 만듦(作)
작철	20,181근	0.075	1,513.58	해서	사옴
	1,240근	0.08	99.2		사상한테 삼
강철/ 6,063근 1냥	3,826근	0.2	765.2	해서	사옴
	533근	0.2	74.62	호서	사옴
	1,804근 1냥	0.14	252.56		사상한테 삼
소 계			72,451.8		
수철(무쇠)	46근	0.06	2.76	수원부	사들임
추조철물	26,159근 6냥 5근	0.213	5,571.87	호서	사옴
정조철물/ 8,168근 10냥 8전	7,203근 4냥 4전	0.246	2,009.33	호서	사옴
	965근 6냥 4전			서울	사옴
정정조철물	77근 11냥 5전	0.384	829.44	호서	사옴
	2,083근 3냥			서울	사옴
소계			8,411.23		

* 자료 :『의궤』권5, 재용 상, 조비. 기준 단위 이하는 절삭 계산하여 총계 와 약간의 오차가 있음.

그렇지만 지정한 철이 제 때에 오지 않을 경우에는 개인 상인들이 소문 을 듣고 팔기를 원하는 자도 있고 쇠를 싣고 경계를 지나는 자도 있어 품질을 잘 가려 사기도 하였다.[83]

한편 영월에서 사 모은 중방철 2만근 경우, 영월의 각동진(角洞津)에서 물이 불기를 기다렸다가 한강 하류로 이동하게 되는데 여름철에 물이

---

82) 『의궤』권3, 장계, 갑인년 6월 29일.
83) 『의궤』권4, 품목, 갑인년 7월 10일.

138

불지 않으면 험한 여울과 암초가 많아 운송을 못하는 사태도 발생하였다. 이에 따라 작은 배를 삯을 주고 내려보낼 뜻을 공문으로 발송하기도 하였다.[84] 영월의 또 다른 3만근의 각종 철은 물길이 좁고 여울이 얕아 새로 만든 배로는 실어나를 수 없고 작은 토박이 거룻배로 적당한 양으로 나누어 싣고 차례로 갈아 실어서 충청도 경계로 운반하였다.[85] 이 철물은 10월 28일에 여주 초입에서 겨우 떠내려 보냈는데 여주 경계인 월계강과 상심진(上沁津)이 모두 얼어 배가 다닐 수 없었다. 이에 따라 얼음이 풀리는 봄까지 기다려 수송할 뜻을 양근군수가 경기관찰사에게 보고하고 있다.[86] 더하여 여주 밑 강이 얼어서 수송에 지장을 주어 다음 해 봄에 철물을 보낼 수밖에 없는 경우도 있었다.[87]

위 표의 추조철물로는 몽둥이, 지레, 부석정, 비김쇠 등을 만들고, 정조 철물로는 작두, 도끼 등을 만들었다. 특히 돌 뜨는 데 사용되는 철정(鐵釘)은 추조철물로 만든 것으로 추정된다.

다음 철엽·자물쇠·신쇠·확쇠·장부쇠 등은 철제 상품으로 주로 서울에서 사 왔다. 이를 표로 정리하면 <표 2-18>과 같다.

성문 등의 철판으로 쓰이는 철엽은 전라도 감영과 경상도 성주목에서 조달되었다. 전라도 감영에서 만든 철엽은 덕적진으로부터 배삯 40냥과 양식을 별도로 지급하여 운반하였다. 성주목은 철생산지로 20,000근의 생철을 349냥 8전에 사서 이를 연마장이 10명과 풀뭇군 8명, 타조군 38명이 각각 47일간 일하고 일일 품삯은 1전 5푼으로 모두 451냥 2전이 지불되었다. 짐은 모두 25바리, 한바리에 13냥씩 모두 325냥이 운반비로 지급되

84) 『의궤』 권4, 내관, 을묘년 8월 27일.
85) 『의궤』 권3, 이문, 을묘년 9월 25일.
86) 『의궤』 권4, 내관, 을묘년 11월 4일.
87) 『의궤』 권4, 을묘년 11월 초2일.

었다. 품삯이 가장 많이 들고 원재료비와 운반비가 비슷하게 들었음을
알 수 있다.[88)

<표 2-18> 철제 상품 조달 내역

종 류	수 량	단가(냥)	계(냥)	조달 지역	조달 방법
철엽	2척×6촌×3푼 길이×너비×두께 1,500편	1.9/편	2,850	전라도 감영	만듬
	1,360편	1.2/편	1,632	성주	만듬
소 계			4,482		
대룡자물쇠	6부	25/부	150	서울	사옴
중룡자물쇠	12부	20/부	240	서울	사옴
소룡자물쇠	9부	15/부	135	서울	사옴
중자물쇠	80부	0.5/부	40	서울	사옴
붙박이자물쇠	41부	0.6/부	24.6	서울	사옴
협도	12병	2.765/병	33.18	서울	사옴
소 계			646.78		
대신쇠(무쇠)	8개	4/개	32	서울	사옴
중신쇠(무쇠)	6개	3.5/개	21	서울	사옴
소신쇠(무쇠)	14개	2/개	28	서울	사옴
대확쇠(무쇠)	8개	3.5/개	28	서울	사옴
중확쇠(무쇠)	6개	2.5/개	15	서울	사옴
소확쇠(무쇠)	14개	1.5/개	21	서울	사옴
대장부쇠(간철)	8부	4/부	32	서울	사옴
중장부쇠(간철)	6부	3/부	18	서울	사옴
소장부쇠(간철)	8부	2/부	16	서울	사옴
절병통	2좌	5.5/좌	11	役所	주조
소 계			222		

* 자료 :『의궤』권5, 재용 상, 조비.

한편 쇠못은 황해도에서 정철 10,000근으로 2,500개를 만들어 2척의
배에 실어 운반하였다.[89)

---

88)『의궤』권4, 내관, 갑인년 9월 4일.
89)『의궤』권4, 내관, 병진년 2월 8일.

위와 같은 작업은 해당 별장을 감독관으로 하고 대장장이들은 대부분 산성지역의 병졸출신으로 충당하였으며, 제련하고 정조·타조를 한 후 색리를 정하여 죽령고개 밑[嶺底]까지 배로 운반하고 육지로 단양이나 충주까지 운반하여, 다시 배를 이용하여 노량진에 정박토록 하였다.90)

나머지 자물쇠·돌촉에 씌우는 신쇠[靴金]·문지도리의 장부를 받는 구멍이 있는 확쇠·문짝의 지도리에 씌우는 장부쇠는 서울에서 전부 사 왔으며, 특히 남·북문의 용모양의 자물쇠[龍鎖金], 수철확쇠(水鐵碻金), 장부쇠(丈夫金) 등은 수원 대장간에서 만들 수 없어 서울 기술자로 하여금 도성문에 들어간 모양대로 만들어 오게 하였다.91)

절병통 2좌만 화성성역소에서 주조하였다.

5. 기계 및 도구

거중기 등의 기계와 도구는 내하(內下), 새로 만든 것[新造], 사 온 것[貿來], 수원부에서 사 들인 것[貿取], 자납(自納)한 것으로 구분되는데 이를 표로 작성하면 다음과 같다.

<표 2-19> 기계 및 도구 조달 내역

종 류	수 량	단가(냥)	계(냥)	조달 지역	조달 방법
거중기	1부			왕실	왕실에서 내려줌[內下]
유형거 11량	10량	14/량	140	역소(役所)	새로만듬[新造]
	1량			왕실	내하
대거	8량	60/량	480	역소	새로만듬
별평거	17량	23/량	391	역소	새로만듬

90) 『의궤』 권3, 이문, 갑인년 2월 12일.
91) 『의궤』 권4, 품목, 갑인년 11월 18일.

평거/76량	20량	8/량	160	장연	사옴[貿來]
	10량	10/량	100	풍천	사옴
	46량	25/량	1,150	역소	새로만듦
동거	192량	2.5/량	480	역소	새로만듦
발거	2량	9/량	18	역소	새로만듦
유형거-발거(소계)			2,919		
녹로	2좌	23/좌	46	역소	새로만듦
썰매	9좌	14/좌	126	역소	새로만듦
굴림판	8좌	2/좌	16	역소	새로만듦
산륜목	250개	0.01/개	2.5	수원부	사들임[貿取]
쇠멍에감	488개	0.1/개	48.8	수원부	사들임
뜨게목	848개	0.3/개	254.4	수원부	사들임
내왕판	74립	0.2/립	14.8	수원부	사들임
담기목	193개	0.5/개	96.5	수원부	사들임
연추목	526개	0.07/개	36.82	수원부	사들임
지렛목	2,885개	0.1/개	288.5	수원부	사들임
달굿대	4,478개	0.02/개	89.56	수원부	사들임
나무가래	108병	0.1/병	10.8	관동	사옴[貿來]
가랫장부	8,036부	0.1/부	803.6	수원부	사들임
싸리삼태기	23,500개	0.05/개	1,175	서울	사옴
담통	63좌	0.8/좌	50.4	서울	사옴
물통	92좌	0.3/좌	42.72	서울	사옴
목장본	24좌	1.8/좌	43.2	서울	사옴
용두레	13부	0.5/부	6.5	수원부	사들임
큰가래	3병	1.4/병	4.2	역소	새로만듦
가래/1,100병(자루)	656병	0.6/병	660	해서[92]	사옴
	44병			황주목	자납(自納)
	400병			호서[93]	사옴
곡괭이/300병	192병	1.2/병	200.4	해서[94]	사옴
	8병			황주목	자납
	100병	1/병	100	호서[95]	사옴
넙적괭이/500병	315병	1/병	330	해서[96]	사옴
	15병			황주목	자납
	170병	0.8/병	136	호서[97]	사옴
삽자루/500병	315병	0.61/병	201.3	해서[98]	사옴
	15병			황주목	자납
	170병	0.64/병	108.8	호서[99]	사옴

도끼	24병	0.8/병	19.2	역소	새로만듬
쇠사슬	41거리	15/거리	615	서울	사옴
무쇠몽둥이	65개	0.9/개	58.5	수원부	사들임
보습	4부	1/부	4	수원부	사들임
기계 총계			8,702.19		

* 자료 : 『의궤』 권5, 재용 상, 조비.

거중기는 왕실에서 1부를 내려주었다. 거중기의 사용여부에 대해서는
여러 이견이 있다. 그렇지만 의궤에 명백히 얼마를 절약했다는 구절이
있고 실제 무거운 돌의 경우 이를 들어올리는 역할을 수행한 것으로 추정
된다.

---

92) 재령, 신천, 장연, 황주, 서흥, 곡산, 평산, 봉산, 풍천, 장연, 은율, 금천, 수안,
신계, 문화, 송화, 토산, 해주, 연안, 안악, 배천, 강령, 옹진(『의궤』 권4, 내관,
갑인년 1월 16일).
93) 충주, 청주, 괴산, 단양, 청풍, 제천, 영동, 황간(『의궤』 권4, 내관, 갑인년 1월
12일).
94) 재령, 신천, 장연, 황주, 서흥, 곡산, 평산, 봉산, 풍천, 장연, 은율, 금천, 수안,
신계, 문화, 송화, 토산, 해주, 연안, 안악, 배천, 강령, 옹진(『의궤』 권4, 내관,
갑인년 1월 16일).
95) 충주, 청주, 괴산, 단양, 청풍, 제천, 영동, 황간(『의궤』 권4, 내관, 갑인년 1월
12일).
96) 재령, 신천, 장연, 황주, 서흥, 곡산, 평산, 봉산, 풍천, 장연, 은율, 금천, 수안,
신계, 문화, 송화, 토산, 해주, 연안, 안악, 배천, 강령, 옹진(『의궤』 권4, 내관,
갑인년 1월 16일).
97) 충주, 청주, 괴산, 단양, 청풍, 제천, 영동, 황간(『의궤』 권4, 내관, 갑인년 1월
12일).
98) 재령, 신천, 장연, 황주, 서흥, 곡산, 평산, 봉산, 풍천, 장연, 은율, 금천, 수안,
신계, 문화, 송화, 토산, 해주, 연안, 안악, 배천, 강령, 옹진(『의궤』 권4, 내관,
갑인년 1월 16일).
99) 충주, 청주, 괴산, 단양, 청풍, 제천, 영동, 황간(『의궤』 권4, 내관, 갑인년 1월
12일).

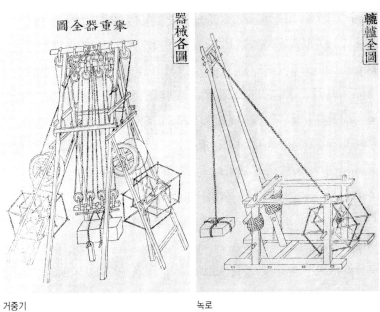

거중기   녹로

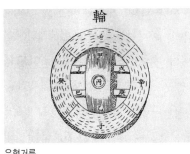

유형거륜

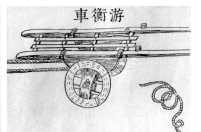

유형거

정약용의 발명품인 유형거 1량은 왕실에서 내려주고 10량은 새로 만들
었다. 유형거는 저울과 같이 좌우로 움직이는 독특한 수레로 끝부분이
뾰족하여 이를 돌 밑에 찔러 일정하게 돌을 수레로 이동하고 손잡이를
누르면 별 힘을 안들이고 들어올릴 수 있는 특수 수레였다. 이 수레 만드

는 방법이 『의궤』에 자세히 실린 것으로 보아 성역에서 상당히 유용하게 사용된 것으로 추정된다.

녹로 2좌는 역소에서 새로 만든 것인데 이 녹로는 돌을 묶어 전후 좌우로 움직이는 기계로, 이전 시기에도 활용되었고 특히 화성성역에서 돌을 쌓는 데 가장 큰 역할을 했을 것으로 추정된다.

평거 중 30량은 황해도 장연·풍천에서 사서 배로 운반하였다. 황주목에서는 가래, 곡괭이, 넙적괭이 등을 스스로 납부하였다.

기타 도구는 수원부에서 사들이거나 서울, 해서, 호서 등지에서 대부분 사서 조달하였다. 초기에 수레의 조달이 어려워 호조와 한성부의 한차(漢車) 7개를 빌려 사용한 예도 있다.[100]

수레는 풍천부에서 1량당 10냥씩 10량을, 장연부에서 8냥씩 20량을 구입하고 이는 전세(田稅)로 대체하였으며 이를 배를 이용하여 수원으로 운반하였다.[101] 수레소는 총 608척이 조달되었는데 경기도에서 309척, 호서에서 50척, 관동에서 82척, 해서에서 167척을 총 2만 5천 710냥 4전 1푼을 주고 사 왔다. 이외에도 소는 척당 30냥에 80척, 말은 필당 40냥에 252필을 모집하였다.[102]

6. 각종 재료 및 잡물

화성성역에는 이외에도 각종 재료와 잡물이 조달되었다. 숯은 경기도 지역 지평, 광주, 용인에서 사 오고, 석회는 금천, 풍덕, 평신 등지에서

---

100) 『의궤』 권4, 감결, 갑인년 정월 17일.

101) 『의궤』 권4, 내관, 갑인년 3월 8일.

102) 『의궤』 권5, 재용 상, 조비. 황해도 신계·토산·곡산·봉산 등지의 소가 견실하고 거센 소가 많아서 이를 시가대로 사 왔다(『의궤』 권3, 이문, 을묘년 10월 25일.).

사서 배로 운반하였으며 수원부에서 사 들였다. 황해도 금천에서 조달된 석회는 제1차 3,024석을 실은 선박 11척, 2차 600석을 실은 3척 등은 토선으로 무사히 부리고 돌아왔으며 3차 4,085석 10척, 4차 3,005석 10척, 5차 1,369석 7척, 6차 2,200석 4척, 7차 5,580석 10척 등으로 인근 읍과 벽란포에 있는 송영[개성부] 소속 배 수십 척과, 강화, 경강(서강, 용산) 선척으로 책정 수송하였다.[103]

이렇게 운반된 석회는 수원부 어랑천에서 구워 사용하였다.[104] 석회를 굽는데 필요한 잡목과 나뭇가지들은 왕륜면에서 벌목하였으며 구운회는 30두를 1석으로 가격은 1냥으로 계산되었다. 단확은 뇌록만 장기에서, 나머지는 전량 서울에서 사 왔다. 종이, 붓, 먹, 벼룻돌은 전량 서울에서 사 왔다. 이를 표로 작성하면 다음과 같다.

<표 2-20> 숯·석회·단확·종이·붓, 먹, 벼룻돌 구입 내역

종 류	수 량	단가(냥)	계(냥)	조달 지역	조달방법
숯	2,559석 6두	0.651/석	7,141.97	지평	사옴[貿來]
	52,782석	0.679/석	35,838.98	광주	사옴
	13,714석 9석	0.5/석	6,857	용인	사옴
소 계			43,850.56		
석회	67,979석 2두	0.068/석	4,622.57	金川[105]	6두 1석, 사옴
	6,013석	0.187/석	1,124.43	安山	사옴
	1,545석	0.155/석	239.48	豊德	사옴
	4,425석	0.172/석	761.10	평신	사옴[106] 10두 1석
	6,479석 4두	0.226/석	1,464.25	수원부	사들임[貿取]

103) 『의궤』 권3, 이문, 갑인년 3월 11일 ; 『의궤』 권3, 장계, 갑인년 10월 25일 ; 11월 19일.

104) 『의궤』 권3, 이문, 갑인년 3월 23일.

105) 1794년 3월 28일 제1차로 3,024석이 11척의 배로 분할 송부하였다. 배삯은 관청곡으로 회계 차감하였다(『의궤』 권4, 내관, 갑인년 3월 28일).

146

소 계			8,211.99		
단확			2,921.4	서울	전량을 사옴[107]
종이			2,561.16	서울	사옴[108](京買)
붓, 먹, 벼룻돌			281.7	서울	사옴

* 자료 : 『의궤』 권5, 재용 상, 조비.

이외에도 『의궤』에 잡물로 분류한 약 80여 가지의 재료의 자세한 내역
을 표로 작성하면 다음과 같다.

<표 2-21> 잡물 조달 내역

종 류	수 량	단 가(냥)	계(냥)	조달지역	조달방법
숙마/6,075근	3,475근	0.185/근	913.76	관동[109]	사옴
	2,000근	0.184/근	368	해서[110]	사옴
	600근	0.25/근	150	서울	사옴
생칡/2,852동 49근	1,943동 35근	1.173/동	2,279.14	경기[111]	사옴
	909동 14근	1.2/동	1,090.80	수원부	사들임(貿取)
유피(楡皮)	1,500근			경기도[112]	나누어 배정
쇠가죽/1,870장	390장	0.53/장	206.70	호서[113]	사옴
	50장			개성부	사옴
	100장	0.64/장	160	강화부	自納
	100장			개성부	自納
	42장	0.8/장	33.60	서울	사옴
	1,188장	0.6/장	712.80	수원부	사들임

---

106) 650석은 마뭇가지 판돈 495냥으로 대체하고 병선 2척으로 운반(『의궤』권4, 내관,
   갑인년 5월 3일) 이후 11월에도 650석 송부하였다(『의궤』권4, 내관, 갑인년 11월
   4일).

107) 780근의 뇌록은 장기에서 사옴(『의궤』권5, 재용 상, 조비).

108) 백릉화는 호조에서 요청해서 취득하고 낙폭지는 11축 중 10축은 비변사에서
   요청하여 취득하고 1축은 서울에서 사옴(『의궤』권5, 재용 상, 조비).

109) 원주, 춘천, 철원, 영원, 회양, 평창, 정선, 이천, 강릉, 삼척, 금성, 양구, 낭천,
   안협, 횡성, 양양, 간성, 고성, 인제, 금화 , 홍천, 평강, 통천, 흡곡, 울진, 평해.

공석(빈가마니)/ 59,600립	10,000립			호서[114]	分定, 구포
	8,600립			경기[115]	분정
	41,000립			수원부	取用
網兀/21,491립	10,000립			호서	분정
	8,600립			경기	분정
	2,891립			수원부	취용
새끼[藁索]/	391,986파	0.01/20파	195.99	수원부	사들임
볏집[藁草]	242,284속	0.01/속	2,422.84	수원부	사들임
땔나무	108,432속	0.04/속	4,337.28	수원부	사들임
조강(糟糠)/ 9,831석 19두 5승	1,550석 17두	0.4/석	620	남양	사옴
	1,414석 15두	0.4/석	565.60	용인	사옴
	554석 7두	0.4/석	221.60	진위	사옴
	6,312석 5승	0.4/석	2,524.80	수원부	사들임
등겨[皮糠]	2,000석	0.1/석	200	경강	사옴
콩깍지[太穀之]	147동	0.2/동	29.40	수원부	사들임
이엉[蓋草]	18,850사음	0.07/사음	1,319.50	수원부	사들임
참뜸[眞草苫]/235부	160부	0.6/부	96	경강	사옴
	75부	0.5/부	37.5	수원부	사들임
거적자리뜸c藁草苫]	923부	0.25/부	230.75	수원부	사들임
삿자리[草席]	81립	0.1/립	8.1	수원부	사들임
돗자리[茵席]/98립	48립	0.5/립	24	수원부	사들임
	50립	0.3/립	15	수원부	사들임
백문석/176장	129장	0.7/장	90.3	서울	사옴
	47장	0.85/장	39.95	서울	사옴
갈대자리[蘆簟]	93부	0.3/부	27.90	수원부	사들임

110) 서흥, 곡산, 수안, 금천, 신계, 토산(『의궤』권4, 내관, 갑인년 1월 16일 ; 7월 27일).

111) 광주, 양주, 양근, 파주, 남양, 장단, 인천, 죽산, 포천, 적성, 안산, 안성, 용인, 가평, 부평, 진위, 고양, 양성, 양지, 교하 (『의궤』 권4, 내관, 갑인년 1월 7일).

112) 양주, 양근, 가평, 영평, 삭령, 지평, 포천 (『의궤』 권4, 내관, 을묘년 1월 7일).

113) 공주, 충주, 청주, 홍주, 수영(『의궤』 권4, 내관, 갑인년 1월 12일) 150장이 먼저 1월에 도착함.

114) 면천, 홍주, 당진, 서산, 태안, 직산, 온양, 예산, 덕산, 천안, 신창, 해미, 평택, 대흥(『의궤』 권4, 내관, 갑인년 1월 12일).

115) 광주, 진위, 용인, 양성, 안성, 양지, 이천(『의궤』 권4, 내관, 갑인년 5월 8일; 5월

싸리발[杻把子]	1,109부	0.5/부	554.50	수원부	사들임
큰잡장목[大雜長木]	6,519개	0.1/개	651.90	수원부	사들임
中잡장목	19,100개	0.06/개	1,146	수원부	사들임
小잡장목	10,992개	0.04/개	439.68	수원부	사들임
싸리나무	1,611속	0.06/속	96.66	수원부	사들임
청태목	86,168개	0.01/3개	287.23	수원부	사들임
몽둥이자루감	23,168개	0.01/개	231.68	수원부	사들임
삽과 괭이자루감	1,300개	0.01/개	13	수원부	사들임
박달나무껍질새끼	1,147거리	0.015/거리	17.21	서울	사옴
굵은 새끼	2,000파	0.01/파	20	서울	사옴
중 새끼	6,000파	0.01/3파	20	서울	사옴
가는 새끼	9,881파	0.01/5파	19.76	서울	사옴
면사(綿絲)	1,717태	0.01/태	171.70	수원부	사들임
목적(木賊)	30근	0.17/근	5.1	서울	사옴
왜톱	1개	0.45/개	0.45	서울	사옴
숫돌/74덩이	10덩이	0.05/덩이	3.7	연일[116]	책정[卜定]
	10덩이			단성[117]	책정[卜定]
	10덩이			남양	캐옴
	13덩이			군기시	請得
	31덩이			수원부	사들임
강숫돌	15덩이			군기시[118]	請得, 연일산
흙토	4석			영흥[119]	책정[卜定]
주토	20근	0.14/근	2.8	서울	사옴
광가판(廣椵板)	4립	5.66/립	22.64	서울	사옴
백자판	1립	13/립	13	서울	사옴
어교(魚膠)/36근	9근	1.5/근	13.5	서울	사옴
	27근	1.4/근	37.80	수원부	사들임
풀가루	11석3두5승4홉	0.5/두	5.5	수원부	사들임

19일)에서 5,000립, 남한산성에서 3,000립 등이 조달되었다.

116) 『의궤』 권4, 내관, 갑인년 5월 22일.

117) 『의궤』 권4, 내관, 갑인년 7월 1일.

118) 『의궤』 권4, 내관, 병진년 5월 21일.

119) 『의궤』 권4, 내관, 갑인년 1월 28일.

황밀	5근 10냥	1/근	5	서울	사옴
송진	2근	0.2/근	0.4	서울	사옴
송유	6두7승			관동	'來'
들기름	11석 3두 9승	0.4/되		수원부	사들임
돼지기름	1석 11두 5승	0.15/되		서울	사옴
집돼지털	4근5냥	0.45/근	1.8	서울	사옴
말가죽	5장	1.1/장	5.5	수원부	사들임(貿取)
개가죽	10장	0.3/장	3	수원부	사들임
고리	7부	0.7/부	4.9	수원부	사들임
행담	6부	0.4/부	2.4	수원부	사들임
대류사	4부	0.6/부	2.4	수원부	사들임
중류사	12부	0.5/부	6	수원부	사들임
큰솥	13좌	10/좌	130	수원부	사들임
중솥	8좌	8/좌	64	수원부	사들임
중밥솥	45좌	4/좌	180	수원부	사들임
작은밥솥	20좌	3/좌	60	수원부	사들임
놋숟가락	23단	0.8/단	18.4	수원부	사들임
큰독	71좌	0.9/좌	63.9	수원부	사들임
중독	14좌	0.5/좌	7	수원부	사들임
오지시루	4좌	0.25/좌	1	수원부	사들임
오짓동이	80좌	0.08/좌	6.4	수원부	사들임
오지소라	42좌	0.09/좌	3.78	수원부	사들임
자배기	42좌	0.04/좌	1.68	수원부	사들임
방구리[方文里]	23좌	0.05/좌	1.15	수원부	사들임
오지항아리	11좌	0.06/좌	0.66	수원부	사들임
사발	27죽 7개	0.05/개		수원부	사들임
사기대접	4죽 6개	0.04/개		수원부	사들임
사기탕기	26죽 6개	0.03/개		수원부	사들임
사기접시	27죽 8개	0.02/개		수원부	사들임
사기보시기	22죽	0.02/개	0.44	수원부	사들임
사기막자	23개	0.03/개	0.69	수원부	사들임
큰저울	1부	3/부	3	서울	사옴[貿]
작은저울	1부	1.5/부	1.5	서울	사옴
곡(斛)	4좌	3/좌	12	역소(役所)	새로만듦[新造]
두	4좌	0.3/좌	1.2	역소(役所)	〃
승	4개	0.15/개	0.6	역소(役所)	〃
큰궤	5좌	4/좌	20	역소(役所)	〃

중궤	8좌	3/좌	24	역소(役所)	〃
작은궤	3좌	1/좌	3	역소(役所)	새로만듬[新造]
성자(城字) 낙인	4개			역소(役所)	〃
나무솥뚜껑	34개	0.28/개	9.52	수원부	사들임
나무주걱	33개	0.025/개	0.83	수원부	사들임
나무표주박	187개	0.1/개	18.7	수원부	사들임
치표자	40개	0.15/개	6	수원부	사들임
연표자	40개	0.08/개	3.2	수원부	사들임
귀얄	40개	0.19/개	7.6	서울	사옴[京貿]
고갱이솔	41개	0.016/개	0.66	서울	사옴[京貿]
조리	6개	0.015/개	0.09	서울	사옴[京貿]
말미사	23부	0.3/부	6.9	서울	사옴[京貿]
죽사	46부	0.17/부	7.82	서울	사옴[京貿]
싸리초롱	22척	0.2/척	4.4	서울	사옴[京貿]
싸리비	150개	0.01/개	1.5	서울	사옴[京貿]
먹서리	161쌍	0.15/쌍	24.15	서울	사옴[京貿]
온고	20부	0.4/부	8	서울	사옴[京貿]
쇠길마	20부	0.3/부	6	서울	사옴[京貿]
말구유	8좌	1/좌	8	서울	사옴[京貿]
쇠구유	93좌	0.6/좌	55.8	서울	사옴[京貿]
우철	3,266부	0.3/부	979.8	서울	사옴[京貿]
잡물총계			24,627.93		

* 자료 : 『의궤』 권5, 재용 상, 조비. '죽'의 단위와 기름 단위는 계산 못함.
* 기준 단위 이하는 절삭 계산하여 총계와 약간의 오차가 있음.

숙마는 강원도에서 3,500근을 사왔는데 1794년 1월에 1,000근, 7월에 1,000근 1795년 5월에 다시 1,500근으로 나누어 사 들였다.[120) 황해도에서 1794년 1월에 1,000근, 7월에 1,000근 등을 사 들였다.

생칡은 경기 각 지역과 수원부에서 사 오거나 사 들였다. 생칡과 숙마를 섞어서 꼰 밧줄은 돌을 나르는 데 사용되었다.

느릅나무 껍질인 유피는 살 곳이 없어 경기도내 산골 읍에 1,500근을

---

120) 『의궤』 권3, 장계, 갑인년 4월 30일 ; 6월 5일.

한도로 배정 채취하여 수송토록 하였다.[121]

쇠가죽도 서울에서 사기가 힘들어 개성부에서 사서 올려 보내도록 하였다.[122]

빈가마니는 주로 수원부에서 취용하였고, 충청도 각 지역과 경기도 여러 지역에서 나누어 거두어 들였다.

나머지 잡물은 주로 수원부에서 사들이거나 서울이나 경강에서 사 들였다. 숫돌의 경우는 주산지인 연일과 단성에 책정하여 조달하였다.

이러한 물품 중에서 서울에서 운반한 품삯은 도합 4,671냥 6전 8푼이 들었는데 재목, 쇠, 회, 호조의 방구들, 경강의 가죽, 겨 등은 배로 723냥 7전 6푼이, 여러 잡물은 말과 소로 3,888냥 9전 2푼이, 수레운임은 모두 59냥이 소비되었다.[123] 이것으로 보아 서울에서 사온 잡물들은 주로 말과 소로 육로로 운반되었고 그 다음이 일부 배로, 수레의 이용은 극히 적었음을 알 수 있다.

제3절 화성 건설과정에서의 가옥과 전답 보상

1. 가옥

화성 축성 시 보상가옥은 점포와 일반 주거시설 두 종류였다. 점포는 남리 구역의 십자가에 있던 신발을 파는 혜전, 장작을 파는 유문전 2채, 쌀을 팔던 미전 등 4채이다. 가옥은 남성을 쌓기 위해 남리(南里)에서 20채와 십자로 정리 및 확장을 위해서 초가 3채와 흙방 1채 등 모두 4채,

121) 『의궤』 권3, 이문, 을묘년 10월 25일.
122) 『의궤』 권3, 이문, 병진년 1월 4일.
123) 『의궤』 권6, 재용 하, 실입2.

152

북성을 쌓기 위해 북리(北里)에서 초가 24채, 흙방 3채 등 모두 27채, 개울을 준천하기 위해 북리에서 흙방 11채 등이 수용되었다.

이것으로 보아 1789년 신읍치가 처음 만들어지던 당시 도시계획이 치밀하게 이루어진 것이 아니라 무계획하게 신도시가 들어섰음을 알 수 있다. 특히 십자로 정비를 위해 부근의 점포 4채와 초가 3채 그리고 흙방[土室] 1채 등을 매입한 것은 불과 5년 전 신읍치 이전시에 치밀하게 예상한 도로계획이라고 보기 힘들다. 계획적인 도시건설을 준비한 것은 1789년 사도세자의 원침을 천봉한 다음 해인 1790년 순조의 탄생으로[124] 치밀해지고 가속화된 것이 아닌가 생각된다.

가옥형태는 대부분 초가였고 개울주변에 주민들은 흙방에 기거한 것으로 추정된다. 이는 새로운 신도시가 형성될 때 여러 가지 특혜조치가 있다는 소문을 듣고 구름같이 몰려든 유이민들이 그대로 정착한 것으로 추정할 수 있다.

당시 보상 내용을 정리하면 다음 표와 같다.

보상은 기와 점포가 칸당 15냥으로 가장 비싸게 보상되었다. 점포의 경우 기와 유문전은 칸당 15냥, 초가 유문전은 칸당 3냥으로 5배나 차이가 났다. 그렇지만 1813년 서울의 장통방의 와가 포전의 경우 16.5칸이 450냥에 매매되어 칸당 27.3냥, 1819년 묵전(墨廛)의 경우 17.5칸이 500냥에 매매되어 칸당 28.6냥에 매매된 예들로 보아 서울보다는 부동산 가격이 낮았음을 알 수 있다.[125] 보상 점포가 4채에 지나지 않았지만 당시 십자가(지금의 종로) 주변 상설점포들의 규모는 5칸 정도로 추정된다.

다음으로 초가집은 389칸이 보상되었는데 칸당 6.04냥으로 총 2,413냥

---

124) 『순조실록』 권34, 부록 004, 순조대왕 비문.
125) 수원시 소장, 嘉慶 18년 明文 ; 가경 24년 명문.

<표 2-22> 화성 건설 시 점포 및 가옥 보상 세부 내역

구역	집주인	형태	규모(칸)	단가(냥)	지급액	추가지급액	총지급액
남리(십자로)	혜전	기와	5	15	75		75
	유문전	기와	3	15	45		45
	미전	기와	5	15	75		75
소계			13	15			195
남리(십자로)	유문전	초가	5	3	15		15
남리(남성)	이재운	초가	8	7.675	38.4	23	61.4
	김득빈	초가	12.5	6.56	60	22	82
	정덕채	〃	5	5	15	10	25
	최차명	〃	30	7.667	160	70	230
	최삼선	〃	14	4.286	42	28	60
	김은이	〃	4	5	12	8	20
	김홍이	〃	5	5	15	10	25
	박종의	〃	14	8.857	80	44	124
	임순범	〃	9.5	5	28.5	19	47.5
	김후복	〃	11	7.091	58	20	78
	유시담	〃	14	8.571	80	40	120
	이덕조	〃	15	9	80	55	135
남리(남성)	허판동	〃	5	5	15	10	25
	박완홍	〃	6	5,833	25	10	35
	김금공	〃	32	5.938	80	110	190
	김홍이	〃	6.5	4.923	19	13	32
	이귀안	〃	4	5	12	8	20
	황대경	〃	10	8.7	32	55	87
	김형석	〃	24	7.917	120	70	190
	최춘성	〃	7	10.286	32	40	72
남리(십자로)	심필대	〃	4	5	12	8	20
	이징이	〃	5	5	15	10	25
	홍득형	〃	8	5	24	16	40
북리(북성)	김노미	초가	13	5	39	26	65
	송복동	〃	5	5	15	10	25
	오홍대	〃	5	5	15	10	25
	김험금	〃	6	5	18	12	30
	정점만	〃	2	5	6	4	10
	구희문	〃	4	5	12	8	20
	공대종	〃	8	6.5	32	20	52
	김철신	〃	17	5	51	34	85

북리(북성)	안경운	〃	4	5	12	8	20
	박윤대	〃	4	5	12	8	20
	임복선	〃	5	5	15	10	25
	민노귀성	〃	5	5	15	10	25
	이노노금	〃	8	5	24	16	40
	김태경	〃	2	5	6	4	10
	김육돌	〃	4	5	12	8	20
	김천발	〃	5	5	15	10	25
	변희성	〃	3	5	9	6	15
	심노오금	〃	3	5	9	6	15
	원칠동	〃	2.5	4.4	9	2	11
	정광득	〃	2	2	2	2	4
	김의봉	〃	4	2.5	6	4	10
	최소명	〃	5	6.5	20	12.5	32.5
	신우득	〃	8	5	24	16	40
	홍노인홍	〃	6	5	18	12	30
소계			389	6.24			2,413.4
북리(북성)	성오봉	흙방	2	2.5	3	2	5
	박잉돌	〃	1	2.5	1.5	1	2.5
	이득이	〃	1.5	1.333	1.5	0.5	2
북리(개울)	고선채	〃	2	1.5	2	1	3
	김용강	〃	1	1.2	0.7	0.5	1.2
	박중엽	〃	3	1.233	2	1.7	3.7
	김순성	〃	2	1.25	2	0.5	2.5
	이정로	〃	1.5	1.333	1.5	0.5	2
	박은득	〃	1.5	1.333	1.5	0.5	2
	방태선	〃	2	1.25	2	0.5	2.5
	임상번	〃	1	1	0.5	0.5	1
	황악지	〃	1	1.5	1	0.5	1.5
북리(개울)	강운경	〃	1.5	1.333	1.5	0.5	2
	이월임	〃	1.5	1.333	1.5	0.5	2
남리(십자로)	유광택	〃	2	1.5	2	1	3
소계			24.5	1.457			35.7

*자료 : 『의궤』 권4, 품목, 갑인년 3월 초4일

4전이 지급되었다. 이러한 보상은 1789년 옛 수원부 가옥 보상시 초가집 평균 1.73냥의 3.5배에 달하는 금액이었으며 최고가인 6.73냥[126)에 버금가는 금액이었다. 이는 옛 수원과 신도시 수원의 부동산 가격 차이로 볼 수도 있고. 30칸 이상의 집도 2채나 되었고 10칸 이상도 남성쪽의 10채, 북성쪽의 2채 등 총 12채였다. 이것으로 보아 남성쪽에 규모가 큰 집들이 밀집되었을 것으로 추정된다.

한편 흙방(토실)은 총 24.5칸이 보상되었는데 1칸 당 평균 1.457냥으로 보상되었다. 그러나 그 규모는 3칸 미만이어서 보상 액수는 4냥을 넘지 않았고 2칸 미만이 대부분이었다. 북리쪽 개울가에는 흙방이 밀집되었음을 알 수 있다. 동장대 앞길에도 움집 20호가 철거된 것으로 보아 흙방은 북리쪽 개울가와 동장대 주변에 산재해 있었을 것으로 추정된다. 흙방 한 채값 3냥 정도는 당시 쌀 1석(石) 값 5냥 정도에도 못미치는 금액이었다.

그렇다면 이러한 보상가는 다른 시기 보상과는 어떤 차이가 있는가. 1786년 정조의 아들 문효세자가 사망하여 효창묘를 조성할 때 도로확장을 위해 지급한 보상가는 기와집의 경우 매칸 당 상등 16냥, 중등 12냥, 하등은 10냥이었으며 초가집은 4냥이었다.[127] 이것과 비교해 보면 기와의 경우 상등에 버금가는 금액이었으며 초가도 칸당 2냥이상 더 지급한 것이었다. 화성 건설을 위한 건물비 보상은 특혜 보상이었던 것이다.

2. 전답

화성 축성을 위한 전답 보상은 제1차로 1794년 3월에 이루어졌다. 이는 주로 북성과 남성 그리고 준천을 위한 전답 보상이었다. 1795년 9월에는

---

126) 임학성, 2006, 「신도시로 거처를 옮긴 수원사람들」(미간행).

127) 『일성록』, 정조 10년 5월 30일 壬申. 정조의 아들 문효세자는 5월 11일 홍역으로 사망하였다.

제2차 전답 보상이 있었는데 이는 동장대 건설과 고등촌 부석소를 위한 토지매입이었다.

그 자세한 내용을 살펴보면 다음 표와 같다.

<표 2-23> 제1차 전답 보상

지역 및 토지구분				논·밭	규모(부)	단가/부	지급액(냥)	주인
광교면	북성	達字	2번	밭	0.7	0.6	0.42	김봉상
			13	밭	4.4	1.02	4.5	박진택
			15	밭	6.2	1	6.2	권치명
			16	밭	5.3	0.88	5.3	이노점봉①
			17	밭	0.7			
			18	밭	3	0.6	9	권노복남
			19	밭	3			
			20	밭	3			
			21	밭	3			
			22	밭	3			
			23	밭	0.5	0.6	0.3	오노갑금
			32	밭	7.5	0.52	3.9	김철신
광교면	북성		33	논	3.4	3.24	11	신노취봉
			40	밭	7.7	0.58	4.5	임노금득
			41	밭	1.3	0.69	0.9	김봉이
			42	논	2.4	2.06	7.2	신노백동
			44	논	1.1			
		墳字	8	논	5.1	3.71	18.9	신노취봉
		集字	100	논	0.6	3	1.8	이춘욱
			102	논	4.8	1.56	7.5	임복선
		明字	73	논	1.9	5.26	10	안인문⑥
		英字	73	밭	5.2	1	12	윤노귀돌
			74	밭	5.6			
			75	밭	1.2			
광교면 소계				논	19.3	3.14	103.4	
				밭	61.3	0.75		
일용면	북성	夜字	22	번답*	2.2	1.8	33.1	김정빈
				밭*	16.2			
			33	논	3	2.93	8.8	김철신

		仙字	6	논	3.2	2.5	8	박몽득
			7	논	13.3	2.26	30	박억봉
			8	논	9.8	1.63	16	이노점봉①
			9	논	8.3	1.28	12.9	이노성인
			10	논	1.8			
			11	논	3.2	1.85	20.2	이노점봉①
			12	논	7.7			
			13	논	6.9	1.96	39.5	임후건
			14	논	13.3			
			15	논	16.6	2.11	35	이홍이③
			16	논	4.4	4.55	20	임만태
			17	논	6.2	1.61	10	오노금몽⑦
			27	논	11	2.51	49	이홍이③
			28	논	8.5			
			29	논	11.3	4.96	56	윤노갑금
			30	논	10.9	2.69	46	오노금몽⑦
			31	논	6.2			
			32	논	10.2	2.94	30	박몽이
고등촌면	북성		33	논	9.6	2.30	50	이홍이③
			34	논	8.7			
			36	논	3.4			
			37	논	2.7	3.15	8.5	김노복금
			38	논	0.2	4	0.8	이홍이②
			39	논	7.2	2.5	18	윤노성군
			40	논	7.7	2.86	22	이노대악④
			41	논	3.6	2.86	28	황노귀덕
			42	논	6.2			
			43	논	6.4	2.23	20.5	이홍이③
			44	논	2.8			
			45	논	15.7	2.23	35	송복동
			46	논	6.4	2.73	17.5	황노세단
			47	밭	1.1	1.75	6.66	조대풍
			48	논	2.7			
			49	논	6.5	1.23	8	조대성
			50	밭*	7	1.38	28.2	윤노귀덕
			51	논*	13.5			
			52	밭	4	0.79	8	임복선
			53	밭	6.1			

고등촌면	북성	仙字	55	논	18.4	1.85	40	나윤옥
			56	논	3.2			
			57	논	11.6	3.45	40	이을민
			58	논	6.4	2.73	17.5	이노성인
		靈字	5	논	1.1	5.09	5.6	임복선
고등촌면 소계				논	296.8	2.34	726.86	
				밭	18.2	0.79		
북성소계					316.1		830.26	
					79.5			
광교면	남성	明字	73	논	11.2	5.36	60	안인문⑥
		旣字	11	논	14.3	3.50	50	이노점봉①
			12	논	10.1	4.35	70	서노험남②
			13	논	6			
			14	밭	1.4	0.64	0.9	조노노미
			15	논	1.9	5.25	10	서노험남②
			16	논	6.2	5.65	35	박시풍
			17	논	4.9	4.19	98	서노험남②
			18	논	18.5			
			19	밭	9.7	1.24	12	최치신
			20	밭*	2.3	2.55	12	이노점봉①
			41	논*	2.4			
		集字	61	밭	1.3	1.09	7	김형석
			62	밭	2.7			
			63	밭	1.6			
			64	밭	0.8			
			75	논	9.3	1.72	16	황갑돌
			76	논	2	2.86	8	이노세재
			78	논	0.8			
남성소계				논	87.6	4.11	378.9	
				밭	17.5	0.99		
개울		承字	63	논	1.9	2.19	21	이노대악④
			64	논	2			
			65	논	5.7			
			66	밭	6.7	0.58	3.9	김대관
			68	밭	3.2	1	3.2	김재해
		明字	8	논	1.5	1.3	8	이노점봉①
			9	논	0.5			
			11	논	0.3			

		12	논*	1.4			
		13	밭*	1.3			
		14	논*	6.9	2.23	29.65	홍노성군
		15	밭*	1.6			
		17	논*	0.9			
		18	논*	1.2			
	集자	55	밭	7.5	1	7.5	김광인
		79	논	2.2	5.36	15	이노점봉①
		80	논	0.6			
		81	논	2.5	4.8	12	윤노세단
		82	밭*	3.4			
		83	밭*	5.6			
		84	밭*	2.2			
		85	논*	4.1			
		86	논*	2			
개울		87	논*	4	2.31	56.5	조노상봉⑧
		88	논*	5.9			
		89	밭*	1.4			
		90	논*	2.7			
		91	논*	2.4			
		92	밭*	0.5			
		99	밭	3	1	3	김재해
	典자	17	밭	4.2			
		18	밭	0.8	0.51	3.2	이노대악④
		19	밭	0.3			
		20	밭	1			
개울소계			논	48.7	3.41	162.95	
			밭	42.7	0.82		

* 자료 : 『의궤』 권4, 품목, 갑인년 3월 초4일
※ 논과 밭을 같이 보상받은 경우는 단가 계산에서 제외 : *표

　　제1차 전답 보상은 북성·남성 건설과 준천을 위한 보상이었다. 여기서 북성이란 화홍문 서쪽으로부터 화서문 옹성까지를 말한다. 표에서 보는 바와 같이 이곳 행정구역은 화홍문 서쪽으로부터 북동치까지는 광교면에, 북동적대부터 화서문 옹성까지는 일용면과 고등촌면에 속한 지역

이었을 것이다. 광교면 지역 즉 지금의 영화동 지역은 주로 밭이었고 고등촌면은 주로 논이었다. 수용된 토지의 대부분은 고등촌면의 논으로 296.8부였다. 고등촌면의 논은 부당(負當) 2.34냥, 광교면은 부당 3.14냥으로 보상되었으며, 밭은 부당 광교면은 0.75냥, 고등촌면은 0.79냥이었다. 가장 높은 값은 고등촌면 윤노갑금의 논으로 부당 4.96냥으로 보상되었다. 일용면의 토지 수용은 미미한 것이었고 총 보상액은 830.26냥이었다.

한편 남성은 팔달문 서쪽의 남은구로부터 동남각루 아래까지인데 보상토지는 전부 광교면에 속한 지역에 있었다. 보상가는 논은 부당 4.11냥, 밭은 0.99냥으로서 북성 지역보다 높은 가격이었다. 준천 지역은 화홍문부터 남수문까지로 추정되는데 전답 보상은 논은 부당 3.41냥, 밭은 0.82냥이었다.

<표 2-24> 제2차 전답 보상

지역 및 토지구분			논·밭	규모(부)	단가/부	지급액(냥)	주인
광교면 (동장대에 수용)	集字	79번	논	1.9	3.16	6	이노점봉①
	墳字	5번	논	1.9	3.16	6	최개불
		6	논	4.8	7.5	36	나봉대
		8	논	6.4	4.63	43.5	신노홍이
		10	논	2.1	6.67	14	임복산
		13	논	7.2	6.88	117	이노점봉①
		14	논	5.9			
		15	논	3.9			
		16	논	3.8	5.19	40	김내겸
		17	논	3.9			
		18	논	0.9	7.93	165	이판돌
		19	논	19.2			
		20	논	0.7			
		21	논	4.7	6.25	110	김계장
		22	논	8.2			
		23	논	4.7			

		24	논	8.8			
		25	논	9.5	5.56	110	이노귀돌⑤
		26	논	1.5			
		27	논	0.4	12.5	5	이노세단
		28	밭	2.2	1.02	5	서인동
		31	밭	2.7			
광교면 (동장대 에 수용)		33	밭*	1.	6.69	351.85	이노점봉①
		34	논*	0.5			
		36	논*	2.6			
		37	논*	2.1			
		39	논*	4.6			
		40	밭*	0.8			
		42	밭*	0.8			
		42	밭*	3.1			
		44	밭*	0.9			
		49	밭*	0.6			
		50	논*	0.7			
		51	논*	7.7			
		52	논*	10.2			
		53	논*	9			
		56	논*	8			
		57	논	5.4	5	27	이노갑금
		59	논	0.5	7.38	90	이노대악④
		60	논	11.1			
		61	논	0.6			
		64	밭	3.5	1	3.5	오노금몽⑦
		65	밭	0.7	1.07	0.75	이노대악④
소계			논	118	6.29	1,130.06	
			밭	9.1	1.03		
고등촌면 (부석소에 편입)	丙字	106	밭	1.8	0.47	0.85	유대성
	啓字	94	논	0.4	3.75	1.5	정노윤산
	舍字	6	밭	0.3	3	0.9	이노별인
총계			논	118.4	6.11	1,133.85	
			밭	11.2	1.64		

* 자료 : 『의궤』 권4, 품목, 을묘년 9월 11일

* 고등촌면은 소계를 내지 않았으며 총계의 단가는 동장대와 고등촌면을
  전부 계산하였음

화성 건설에서 제2차 토지 보상은 1795년 9월에 이루어졌다. 동장대를 건설하기 위해 수용된 토지는 주로 논이었다. 고등촌면의 부석소에 편입된 토지는 그 용도가 돌을 뜨기 위한 것인지 도로확장을 위한 것인지 확실하지 않다. 제2차 토지 보상에서 동장대 지역은 논이 부당 6.29냥, 밭이 1.03냥이었다. 고등촌면은 필지가 3개밖에 안되어 통계처리하지 않았지만 총 보상가의 평균 부당 단가는 논의 경우 6.11냥, 밭은 1.64냥이었다.

위 표를 근거로 부당 제1차 보상 단가와 제2차 보상 단가를 지역별로 살펴보면 다음 표와 같다.

<표 2-25> 제1차와 2차 보상단가 비교표

종류	제1차 보상(냥)		제2차 보상(냥)	
논	광교면(북성)	3.14	광교면(동장대)	6.29
	일용면(북성)	2.94	고등촌면(부석소)	3.75
	고등촌면(북성)	2.34		
	광교면(남성)	4.11		
	개울	3.41		
밭	광교면(북성)	0.75	광교면(동장대)	1.3
	일용면(북성)	1.8	고등촌면(부석소)	1.73
	고등촌면(북성)	0.79		
	광교면(남성)	0.99		
	개울	0.82		

제1차 보상 때는 남성 지역이 부당 단가가 가장 높았으며 제1차 보상보다는 제2차 보상의 단가가 더 높았다. 특히 제2차 보상에서 동장대를 건설하기 위한 토지 보상은 제1차 보상의 거의 두 배에 달하는 6.29냥이었다. 화성 축성 후 남은 돈으로 신천 가곳방에 밭 6석 14두락과 논 85석 14두 9승락 도합 83결 65부의 둔전을 5,000냥에 매입하였다. 이를 부당 단가로 환산하면 0.6냥이 된다. 전답의 비옥도에 따라 그 가격이 천차만별이겠지

만 화성의 보상단가와는 현저히 낮은 가격이었다.[128]

  다음은 수원시에 소장되어 있는 고문서 자료를 근거로 현물화폐에서
은자로 은자에서 금속주화로 변화하는 지불수단의 변화를 살펴보고자
한다.

  이 자료를 분석하면 거래 조건들이 다양하고 매매조건도 그 경우가
상이하였을 것으로 추정된다. 연안의 논의 경우 부당 1.7냥에서 양주의
답은 25냥까지 그 범위와 격차가 현저하다. 다만 연안의 논은 7섬지기로
그 규모가 매우 큰 것이 특징이다.

<표 2-26> 전답 거래에서 지불수단의 변화

지역	전, 답	거래량	단가/부(냥)	총액	문서종류	지불방식	연도
황해 연안	밭	13부		벼 49석	招辭(A-1-275)	벼	1592
동대문밖	물미나리밭	4복 8속		본목 2동 3필	명문(A-1-279)	木	1649
동대문밖	물미나리답	2부		정은자 15냥	초사(A-1-429)	은	1672
미상	논	12부 5속		정미 13석	명문(A-1-286)	米	1678
고양 부원	전	12복	3.3	은자 10냥	명문(A-1-288)	은	1681
고양 부원	전	9두락지(15부)	4.3	은자 16냥	명문(A-1-292)	은	1697
오간수구	미나리논	4부	11	은자 11냥	명문(A-1-294)	은	1700
동부 왕십리	전	3복 6속	19.4	전 70냥	초사(A-1-495)	전	1700
연안	논	7석락지(231부)	1.7	은자 100냥	명문(A-1-295)	은	1701
고양 부원	전답	답1부 4속 전3부 2속		전 30냥	명문(A-1-432)	전	1708
동대문 밖	미나리논	5복 7속	24.6	은자 35냥	명문(A-1-311)	은	1740
고양 부원	전	18부 2속	7.7	전 140냥	초사(A-1-468)	전	1754
양주 연서	답	4복	25	전 100냥	명문(A-1-325)	錢	1756
동부 왕십리	전	3부 6속	19.4	전 70냥	초사(A-1-496)	전	1756

---

128) 『의궤』 권6, 재용 하, 실입3.

고양 부원	전	20부 5속	7.3	전 150냥	초사(A-1-513)	전	1761
고양 부원	전답	8부 2속	22	전 180냥	초사(A-1-445)	전	1771
동부 왕십리	茅田	10여 두락 (16.7부)	9	전 150냥	명문(A-1-354)	전	1828
충주 엄정면	전답	9두락(15부)	12.3	전 185냥	명문(A-1-365)	전	1862

* 1석락=20두락=20마지기로 환산. 1석락은 33부, 중답(4~5등답) 25부를
15두락으로 환산. 은 1냥=전 4냥. 경기도 메마른 땅 80마지기가 1결, 남
쪽 상답 20마지기가 1결, 호남의 메마른 땅 40마지기가 1결. 19세기 초
논 한마지기 값이 3냥~5냥(『경세유표』 권7·8, 지관 수제·전제9·10).

16세기부터 17세기에 걸쳐서 현물화폐인 미·포(米·布)와 은(銀)이 사용되다가 17세기 중반부터 금속주화가 전국적으로 유통되었음을 보여준다. 은화의 경우는 18세기 전반기까지 사용되다가 18세기 중기 이후로 사라지는 것을 알 수 있다. 이는 재료의 획득이 어렵게 된 것에 기인한다. 이러한 지불수단의 변화에서 화폐경제의 역사적 발달이 정조대에 와서 더욱 무르익었음을 알 수 있다.

한편 위와 같은 표는 상품화폐관계의 발전에 따라 토지가 상품화됨으로써 경제적 방법에 의한 토지 획득의 일면을 보여주는 자료들이다. 이러한 부동산 보상에서 그 지불수단으로 화폐가 일반화되었다는 것은 상품화폐관계가 확대된 것을 나타내 주는 것이며 또한 화폐의 일반적 통용은 상품화폐관계의 발전을 자극하였다.

그렇다면 보상은 누가 얼마나 받았을까. 인물별 논·밭 보상의 지급액을 살펴보면 다음 표와 같다.

표를 살펴보면 가장 많은 보상은 이노(奴)점봉으로 제1차와 2차를 합하여 876.35냥을 보상받았다. 그는 북성과 남성은 물론 동장대 근처 등 각처의 전답에 대한 보상을 받았다. 당시 경제적 사정으로 보아 25부 이하를 빈농층으로, 50부 이하를 소농층으로, 50부 이상을 중농층, 1결 이상을

부농층으로 기준을 삼으면 이노점봉을 대신하여 받은 인물은 보상 토지만 1결이 넘는 부농이었다.

　두 번째로는 서노험남으로 178냥, 그리고 2필지 이상으로는 이홍이 155.3냥, 이노대악 136.95냥, 이노귀돌 110냥, 안인문 70냥, 오노금몽 59.5냥, 조노상봉 56.5냥 등었다. 이 중 서노헌남은 41.4부, 이홍이의 경우 67.2부를 보상받았는데 이들은 중농층 이상의 생활 수준이었던 것으로 추정된다. 나머지는 이노성인 30.4냥, 신노취봉 29.9냥, 홍노성군 29.65냥, 김철신 12.7냥 순이었다. 단일 필지로는 윤노갑금 56냥, 신노홍이 43.5냥, 나윤옥·이을민·김내겸 40냥, 임후건 39.5냥, 나봉대 36냥, 송복동·박시풍 35냥, 김정빈 33.1냥, 박억봉·박몽이 30냥, 황노귀덕 28냥, 이노갑금 27냥 등이었다.

<표 2-27> 인물별 보상 금액표

성명	논	밭(냥)	단가(냥)/부	지역	지급액(냥)
이노점봉		5.3	0.88	광교면(북성)	5.3
		0.7		〃	
	9.8		1.63	고등촌면(북성)	16
	8.3		1.85	〃	
	1.8		1.85	〃	12.9
	14.3		3.5	광교면(남성)	50
	2.4	2.3	2.55	〃	12
	1.5		1.3	〃	
	0.5		1.3	〃	8
	0.3		1.3	〃	
	2.2		5.36	〃	15
	0.6		5.36	〃	
	1.9		3.16	광교면(동장대)	6
	7.2		6.88	〃	
	5.9		6.88	〃	117
	3.9		6.88	〃	

이노점봉	0.5	1	6.69	〃	351.85
	2.6	0.8	〃	〃	
	2.1	0.8	〃	〃	
	4.6	3.1	〃	〃	
	0.7	0.9	〃	〃	
	7.7	0.6	〃	〃	
	10.2		〃	〃	
	9		〃	〃	
	8		〃	〃	
소계	106.8	15.5		〃	601.35
서노험남	10.1		4.35	광교면(남성)	70
	6		〃	〃	
	1.9		5.25	〃	10
	4.9		4.19	〃	98
	18.5		〃	〃	
소계	41.4		〃	〃	178
이홍이 이홍이	16.6		2.11	고등촌면(북성)	35
	11		2.51	〃	49
	8.5		〃	〃	
	9.6		2.3	〃	50
	8.7		〃	〃	
	3.4		〃	〃	
	0.2		4	〃	0.8
	6.4		2.23	〃	20.5
	2.8		〃	〃	
소계	67.2		〃	〃	155.3
이노대악	7.7		2,86	고등촌면(북성)	22
	1.9		2.19	광교면(개울)	21
	2		〃	〃	
	5.7		〃	〃	
		4.2	0.51	〃	3.2
		0.8	〃	〃	
		0.3	〃	〃	
		1	〃	〃	
	0.5		7.38	〃	90
	11.1		〃	〃	
	0.6		〃	〃	

이노대악		0.7	1.07	〃	0.75
	29.5	7			136.95
이노귀돌	8.8		5.56	광교면(동장대)	110
	9.5		〃	〃	
	1.5		〃	〃	
소계	19.8			〃	110
안인문	1.9		5.26	광교면(북성)	10
	11.2		5.36	광교면(남성)	60
소계	13.1				70
오노금몽	6.2		1.61	고등촌면(북성)	10
	10.9		2.69		46
	6.2		2.69		
		3.5	1	광교면(동장대)	3.5
소계	23.3	3.5			59.5
조노상봉	4.1	3.4	2.31	광교면(개울)	56.5
	2	5.6	〃	〃	
	4	2.2	〃	〃	
	5.9	0.5	〃	〃	
	1.4		〃	〃	
	2.7		〃	〃	
	2.4		〃	〃	
소계	22.5	11.7			56.5

이와 같이 이름에 '노(奴)'자가 들어간 노비가 보상받은 인물의 대부분인 것은 주인인 양반을 대신한 경우 또는 전답을 소유한 외거노비일 가능성을 보여주며, 이들은 이미 1789년 팔달산 동쪽에 새로운 읍치가 건설되면서 많은 전(田)과 답(畓)을 개간하고 이를 통해 많은 부를 축적했다는 것을 보여준다.

특히 1794년부터 1795년까지 많은 토지가 보상되었다는 것은 화성 건설이 정조의 치밀한 종합적 계획에 의해 추진되었다기보다는 무계획적으로 추진되었음을 보여준다고 하겠다. 따라서 화성 축성과 생산기반 시설의 추진은 1790년 순조의 탄생으로 탄력을 받은 것으로 생각되며, 1793년의 화성유수부 승격 등으로 화성 축성을 위한 행정적 기반 마련이 시작되면서 본격화되었다고 생각된다.

보상 단가도 성역이 마무리되어 가는 1794년 제1차보다 1795년 단가가 거의 두 배에 달하는 점은 화성성역의 비용 지출에서의 난맥상의 한 단면을 보여준다고 생각된다. 토지 보상도 장기적 계획에 의한 보상이 아니라 그때그때 필요에 따라 매입하였다.

한편 화성 건설을 위한 기와 굽는 곳과 땔감장, 부석소와 구포나루에서 화성성역 현장까지 돌과 각종 자재를 운반하기 위한 수레길 그리고 신작로 개설 등을 위한 토지 보상이 1794년 초부터 1796년 말까지 진행되었다. 다음은 이를 표로 정리한 것이다.

<표 2-28> 화성 건설의 기타 기반 시설을 위한 보상액

종류	지역	크기	수확량	지급액	연도	두당가격
땔감장	왕륜면	남북 200보 동서 50보		40	1794.3.9	
	텃골 안산	남북 30보 동서 20보				
	왕륜 벽돌 공사장	길이 400보 너비 450보		57	1795 4.30	
소계				97		
기와 굽는곳 (기와 가마)	왕륜	밭 69두락	보리 345두	51.75	1794.12.16	벼1두 2전, 보리 1두에 1.5 전
		논 1두 5승락	벼 15두	3	1794.12.16	〃
	왕륜	밭 136두락	보리 680두	102	1795.11.07	1.5전
		논 14두 5승락	벼 145두	29	1795.11.07	2전
	왕륜	밭 207두락	보리 1,035두	82.8	1796.12.27	벼1두 1전, 보리1두 0.8
소계				362.44		

수레길	구포	밭 32두 2승 5홉락	보리 193두 5승	29.03	1794.12.16	1.5전
		논 1두 7승 4홉락	벼 15두 7승	3.14	1794.12.16	2전
	구포	밭 23두 3승 5홉락	보리 159두 8승	23.98	1795.11.07	1.5전
		논 2두 5승1홉락	벼 16두 8승	3.36	1795.11.07	2전
	구포	밭 23두 3승 5홉락	보리 159두 3승	12.75	1796.12.27	벼1두1전, 보리1두0.8전
		논 6두 6홉락	벼 22두 3승	2.23	〃	
	호매절면	논 7두락	벼 61두	12.2	1794.12.16	
		밭 7승락	보리 4두	0.6	1975.11.07	
		논 3두 5승락	벼33두	6.6	〃	
수레길 소계				93.89		
기타 수레길	구포			679.9		
치도 (治道)	돌뜨는 장소			911.37		
소계				1,685.16		
신작로			초가집 4호 25칸 움집 20호 23칸	74		모군품값 1,142.38 총합 1,216.38

* 자료 : 『의궤』 권4, 품목 ; 권6, 재용 하, 실입2

먼저 기와와 벽돌을 굽기 위한 땔감 마련은 광주 왕륜면에서 진행되었다. 이는 지금의 광교산과 한 자락에 있는 백운산으로 추정되는데 화성 건설 초기인 1794년 3월과 이후 1975년 4월 두 번에 걸쳐 매입하였다. 1차에 40냥과 2차에 57냥 등 도합 97냥이 지급되었다.

다음은 가마를 설치하기 위한 가마터를 왕륜면에서 매입하였다. 이는 1794년 12월부터 1796년 12월까지 계속되었는데 총 362.44냥이 소요되었다. 1794년부터 1795년까지는 수확량 벼 1두 당 2전, 보리 1두에 1.5전씩 보상하였으며 1796년에는 벼 1두 당 1전, 보리 1두당 0.8전으로 보상하였다.

한편 전국 각지에서 모여드는 건축 자재가 집산하는 구포나루에서 화성 축성 현장까지의 수레길을 만들기 위한 논과 밭에 대한 매입이 진행되었다. 이 또한 1794년 12월부터 1796년 12월까지 진행되었다. 지역은 대부분 구포 지역이었으며 호매절면의 일부가 포함되었다. 총 비용은 773냥 7전 9푼이 들어갔다.

돌 뜨는 장소에서 축성 현장까지 숫돌 같은 치도(治道)도 건설하였는데 이는 돌 운반이 성역에서 가장 힘들고 많은 노동력이 소요되는 부분이었기 때문이다. 특히 부석소가 있는 여기산과 숙지산 지역에서 화서문 방향으로 치도가 건설된 것으로 보인다. 여기에는 911.37냥이 지출되었다. 수레길과 치도를 만들기 위한 총 비용은 1,685.16냥이 소요되었다. 주목되는 것은 "돌 떠내는 데 들어온 밭 2부 1속과 논 4부를 사들인 것"[129]으로 보아 석맥이 있는 돌 뜨는 장소는 국가가 개인으로부터 매입한 것으로 보인다.

한편 신작로는 십자거리(지금의 종로)에서 동장대까지, 또 다른 길은 십자거리에서 장안문을 거쳐 영화정까지인데 여기에는 초가집 4호에 25칸과 움집 20호에 23칸이 철거되었다. 신작로를 건설하는 데는 모군 품값 1,142.38냥을 포함해 1,216.38냥이 들었으므로 가옥과 움집에 대한 보상은 74냥인 셈이다.

---

129) 『의궤』 권6, 재용 하, 실입2.

제3장
화성 건설의 재정조달

제1절 정조대 중앙재정의 규모

1. 호조·선혜청·균역청

조선 봉건시대의 기본 재정 원천은 결세(結稅)와 공물(貢物), 역(役), 제세(諸稅) 등이었다. 결세 중 전세는 전적으로 호조에서 관장하였고 삼수미는 훈련도감에서, 대동미는 선혜청에서, 결미는 균역청에서 관장하였다. 그리고 공물은 대동법의 실시에 따라 선혜청에서 역(役)과 해세(海稅), 공장세(工匠稅), 상업세(商業稅), 광세(鑛稅), 삼세(蔘稅), 무세(巫稅) 등의 제세는 균역청에서 관장하였다. 이외에 환곡이 정세(正稅)로서 간주되었다.

정조대 재정 수입의 대부분은 국가의 기간산업인 농업에서의 토지였다. 그 토지에서 받아들이는 결세의 기준이 되는 총결수 그리고 수세지와 면세지 규모를 5년 단위로 살펴보면 아래 표와 같다.

다음의 표를 보면 즉위 초보다 후대로 갈수록 총결수는 서서히 증가하고 있다. 그렇지만 이와는 달리 수세지는 감소하고 있어 이는 제반면세지의 증가에 따른 것으로 판단된다. 이와 같은 현상은 비옥한 1등급 토지라도 6등급으로 되거나 누락된 토지가 많았다는 것을 나타내 주는 것이다. 토지 측량의 필요성을 강조하면서 올린 다음의 글에서 정조대 당시의 정황을 잘 알 수 있다.

전안(田案)의 문란함이 지금과 같은 때가 없다. 옥토 박토의 구분이 없고 묵는 땅과 경작하는 땅이 서로 뒤바뀌며 토호들이 토지를 독차지하고 백성들이 고통을 받는 일들이 다 그 때문에 생긴 것입니다.……1등급의 옥토라도 모두 하지하(下之下)의 6등급이 되고 누락된 토지가 대부분이며 곡식이 잘되어도 조세가 없습니다.[1]

---

1) 『정조실록』 권31, 14년 8월 16일 甲子.

<표 3-1> 정조대 총결수·수세지·면세지 변화추이

구분 연도별	총결수 (元帳付)	수세지(時起)			제반 면세지
		당년면세지 (給災)	당년수세지 (實結)	소계	
1777(정조 1)	1,439,305	70,750	780,083	850,833	588,472
1781(정조 5)	1,439,821	62,684	786,161	848,845	590,976
1786(정조10)	1,444,610	110,405	740,100	850,505	594,105
1791(정조15)	1,449,139	46,744	799,416	846,160	602,979
1796(정조20)	1,450,837	18,251	824,633	842,884	607,953
1800(정조24)	1,455,043	26,551	813,435	839,986	615,057
평 균	1,446,459	55,898	790,638	846,536	599,924

* 자료 : 조선총독부 중추원 편, 『朝鮮田制考』, 「탁지부전고」

이는 토지의 등급을 낮추거나 수세 대상에서 누락시켜 조세 부담을 경감시키고 아예 조세 자체를 부담하지 않고 있는 모습을 보여주고 있으며 이로 인한 정부재정의 어려움을 토로하고 있는 것이다.

1) 호조

호조(戶曹)는 주로 전세를 관장하는 대표적인 재정 기관이다. 정조대의 호조 일년의 세입 세출 규모를 알아보면 다음과 같다.

정조대 호조의 1년 수입은 90~130만 냥 정도이고 지출은 90~170만 냥 정도였다. 지출이 수입보다 오히려 많았다.[2] 호조의 수입과 지출 대부분은 쌀이며 비중이 50% 내외를 차지하고 다음은 돈, 그리고 목면, 콩의 순이었다.

호조의 수입은 1결 당 전세 4두씩 거두는 것으로 법제화되어 있었는데

---

2) 정조대 재정 규모를 알 수 있는 자료는 순조대 재정의 어려움을 토로하는 호조판서 심상규의 언급이 주목된다. 그에 의하면 정조 즉위년인 병신년(1776)부터 정사년(1800)까지 22년간의 총 수입은 금은과 포목을 뺀 돈과 곡물만의 총계는 1,440만 2,375냥으로 일년 평균 65만 4,653냥이었고, 총 지출은 1,897만 1,604냥으로 일년 평균 86만 2,346냥이었다(『순조실록』 권25, 22년 10월 15일 丙辰).

그것은 명색일 뿐 갖가지 명목으로 많은 양을 징수하였다.

<표 3-2> 정조대 호조 연도별 일년 세입·세출

구분／연도		미(석)	전미(석)	콩(석)	은(냥)	돈(냥)	목면(필,동)	마포(동)	정포(필)	합계
봉입수입	1780 (정조4)	109,682 [548,410] 56.7%	4,177 [16,708] 1.7%	41,333 [103,333] 10.7%	716 [2,864] 0.3%	[152,245] 15.7%	62,906필 [125,812] 13%		7,252 [18,130] 1.9%	[967,502] 100%
	1783 (정조7)	96,728 [483,640] 49.9%	4,233 [16,932] 1.7%	41,634 [104,085] 10.7%	808 [3,232] 0.3%	[208,959] 21.5%	1,378동 [137,800] 14.2%	155 [15,500] 1.6%		[970.148] 100%
	1784 (정조8)	84,794 [423,970] 52.2%	3,951 [15,804] 1.9%	41,609 [104,023] 12.8%	684 [2,736] 0.3%	[148,250] 18.2%	53,925필 [107,850] 13.3%		4,137 [10,343] 1.3%	[812,976] 100%
	1785 (정조9)	127,620 [638,100] 56.1%	4,037 [16,148] 1.4%	41,393 [103,483] 9.1%	620 [2,480] 0.2%	[219,830] 19.3%	1,440동 [144,000] 12.7%	133 [13,300] 1.2%		[1,137,341] 100%
	1790 (정조14)	120,576 [602,880] 45.6%	3,973 [15,892] 1.2%	42,856 [107,140] 8.1%	2,197 [8,788] 0.7%	[409,997] 31.0%	1,631동 [163,100] 12.3%	138 [13,800] 1.0%		[1,321,597] 100%
	평균	[539,400]	[16,297]	[104,413]	[4,020]	[227,856]	[135,712]	[14,200]	[14,237]	
용하지출	1776 (즉위년)	135,655 [678,275] 39.5%	3,236 [12,944] 0.7%	43,704 [109,260] 6.4%	27,927 [111,708] 6.5%	[576,769] 33.6%	106,224 [212,448] 12.4%		6,561 [16,403] 0.9%	[1,717,807] 100%
	1777 (정조1)	116,610 [583,050] 42.3%	4,358 [17,432] 1.3%	40,817 [102,043] 7.4%	19,578 [78,312] 5.7%	[374,860] 27.2%	2,040동 [204,000] 14.8%	186 [18,600] 1.3%		[1,378,297] 100%
	1782 (정조6)	103,171 [515,855] 52.6%	4,951 [19,804] 2%	38,270 [95,675] 9.7%	2,125 [8,500] 0.9%	[213,552] 21.8%	49,723 [99,446] 10.1%	118 [11,800] 1.2%	6,673 [16,683] 1.7%	[981,315] 100%
	1792 (정조16)	117,152 [585,760] 51.8%	4,074 [16,296] 1.4%	43,827 [109,568] 9.7%	983 [3,932] 0.4%	[274,890] 24.3%	1,279동 [127,900] 11.3%	129 [12,900] 1.1%		[1,131,246] 100%
	평균	[590,735]	[16,619]	[104,137]	[50,613]	[360,018]	[160,949]	[14,433]	[16,543]	

* 자료 : 『만기요람』 재용편 4, 호조 1년 경용조(捧入 중 1783·1785·1790
년-3등으로 나누어 가장 많이 들어온 해, 중간의 해, 가장 적은 해임), 용
하 중 1777·1792년-가장 많은 해와 가장 적은 해임) ; 『증보문헌비고』
155권, 국용2(봉입 중 1780·1784 : 가장 많은 해와 가장 적은해임, 용하

176

중 1776·1782년 : 가장 많은 해와 가장 적은 해임). 용하 중에서 1782년
은『만기요람』과『증보문헌비고』에 모두 나오나 후자를 채택했다.
* 환산율 : 미 1석=5냥, 대두(콩) 1석=2냥 5전, 전미 1석=4냥, 은 1냥=전 4
냥[3], 목면·마포 1동=50필, 1필=2냥(『大典通編』권2 戶典. 收稅條), 정
포 1필 : 2.5냥(『大典通編』권2. 雜稅條)

그렇다면 17세기 중반인 효종대부터 18세기 후반인 정조대까지의 호
조 1년의 세입·세출 규모는 어떤 변화를 보였는가.

<표 3-3> 효종~정조대 호조 1년 세입·세출 규모

연도	구분	쌀(석)	전미(석)	콩(석)	은(냥)	돈(냥)	면포(필)	베(필)	합계(냥)
봉입	1651 (효종2)	99,270 [496,350] 47.2%	16,440 [65,760] 6.3%	41,727 [104,318] 9.9%	39,093 [156,372] 14.9%		109,100 [218,200] 20.7%	5,000 [10,000] 1%	[1,051,000] 100%
용하	"	111,934 [559,670] 54.7%	3,768 [15,072] 1.5%	35,204 [88,010] 8.6%	35,927 [143,708] 14%		103,650 [207,300] 20.2%	5,000 [10,000] 1%	[1,023,760] 100%
봉입	1668 (현종9)	103,963 [519,815] 54.8%	15,032 [60,128] 6.3%	51,391 [128,478] 13.6%	30,262 [121,048] 12.8%		53,750 [107,500] 11.3%	5,900 [11,800] 1.2%	[948,769] 100%
용하	1668 (현종9)	110,174 [550,870] 61.2%	15,717 [62,868] 7%	47,347 [118,368] 13.1%	12,214 [48,856] 5.4%		53,750 [107,500] 12%	5,900 [11,800] 1.3%	[900,262] 100%

3) 은 1냥 가치는 들쭉날쭉하였다.『속대전』에 은 1냥은 돈 2냥으로 대용한다는
기록과 숙종 5년(1679)에 돈 400문을 은 1냥으로 값을 정하였다가 다시 돈 200문
을 1냥으로 정하였다는 기록이 있다.(『증보문헌비고』155권, 재용고, 294·296
쪽) 정조대에도 은 1냥의 가치는 돈 3냥에서 14냥까지 그 편차는 매우 심하였다.
(『정조실록』권19, 9년 3월 1일 庚戌條에 "銀子 3, 4백 냥과 銅錢 5천 냥, 도합
1만 여 냥을 주었는데……"라는 기록으로 보아, 5000/350=14냥으로 추산되며
『비변사등록』권158, 정조 원년 6월 11일 15책 472쪽에는 은 1냥이 전 5냥으로
환산되었다는 기록이 있고 이어 권186, 정조 21 8월 22일 18책 684~685쪽에는
통상 은 1냥은 전 3냥 3전~4냥 2~3전에 이른다고 되어 있다) 본고에서는 은
1냥을 돈 4냥으로 계산하였다.

구분	연도								
봉입	1707 (숙종33)	107,914 [539,570] 47.5%	31,158 [124,632] 11%	53,158 [132,895] 11.7%	17,733 [70,932] 6.2%	[66,260] 5.8%	87,350 [174,700] 15.4%	13,550 [27,100] 2.4%	[1,136,089] 100%
용하	1714 (숙종40)	105,006 [525,030] 50%	15,680 [62,720] 6%	45,180 [112,950] 10.7%	31,280 [125,120] 11.9%	[73,200] 7%	70,350 [140,700] 13.4%	5,500 [11,000] 1%	[1,050,720] 100%
봉입	1723 (경종3)	98,511 [492,555] 43.6%	14,590 [58,360] 5.2%	63,527 [158,818] 14%	31,156 [124,624] 11%	[115,026] 10.2%	78,900 [157,800] 14%	11,500 [23,000] 2%	[1,130,183] 100%
용하	1723 (경종3)	106,724 [533,620] 41.5%	5,739 [22,956] 1.8%	64,590 [161,475] 12.6%	49,091 [196,364] 15.3%	[126,674] 9.8%	108,800 [217,600] 16.9%	13,550 [27,100] 2.1%	[1,285,789] 100%
봉입	1749 (영조25)	113,840 [569,200] 51.9%	7,013 [28,052] 2.5%	36,650 [91,625] 8.3%	16,530 [66,120] 6%	[169,790] 15.5%	78,750 [157,500] 14.4%	7,500 [15,000] 1.4%	[1,097,287] 100%
용하	1731 (영조7)	127,880 [639,400] 45.9%	9,097 [36,388] 2.6%	44,724 [111,810] 8%	45,554 [182,216] 13.1%	[198,790] 14.3%	107,200 [214,400] 15.4%	5,200 [10,400] 0.7%	[1,393,404] 100%
봉입	정조대 평균	[539,400]	[16,297]	[104,413]	[4,020]	[227,856]	[135,712]	[14,200] (14,237)	[1,056,135]
용하	〃	[590,735]	[16,619]	[104,137]	[50,613]	[360,018]	[160,949]	[14,433] (16,543)	[1,314,047]
봉입	1668 (현종9)	103,963 [519,815c] 54.8%	15,032 [60,128] 6.3%	51,391 [128,478] 13.6%	30,262 [121,048] 12.8%		53,750 [107,500] 11.3%	5,900 [11,800] 1.2%	[948,769] 100%
용하	1668 (현종9)	110,174 [550,870] 61.2%	15,717 [62,868] 7%	47,347 [118,368] 13.1%	12,214 [48,856] 5.4%		53,750 [107,500] 12%	5,900 [11,800] 1.3%	[900,262] 100%
봉입	1707 (숙종33)	107,914 [539,570] 47.5%	31,158 [124,632] 11%	53,158 [132,895] 11.7%	17,733 [70,932] 6.2%	[66,260] 5.8%	87,350 [174,700] 15.4%	13,550 [27,100] 2.4%	[1,136,089] 100%
용하	1714 (숙종40)	105,006 [525,030] 50%	15,680 [62,720] 6%	45,180 [112,950] 10.7%	31,280 [125,120] 11.9%	[73,200] 7%	70,350 [140,700] 13.4%	5,500 [11,000] 1%	[1,050,720] 100%
봉입	1723 (경종3)	98,511 [492,555] 43.6%	14,590 [58,360] 5.2%	63,527 [158,818] 14%	31,156 [124,624] 11%	[115,026] 10.2%	78,900 [157,800] 14%	11,500 [23,000] 2%	[1,130,183] 100%
용하	1723 (경종3)	106,724 [533,620] 41.5%	5,739 [22,956] 1.8%	64,590 [161,475] 12.6%	49,091 [196,364] 15.3%	[126,674] 9.8%	108,800 [217,600] 16.9%	13,550 [27,100] 2.1%	[1,285,789] 100%
봉입	1749 (영조25)	113,840 [569,200] 51.9%	7,013 [28,052] 2.5%	36,650 [91,625] 8.3%	16,530 [66,120] 6%	[169,790] 15.5%	78,750 [157,500] 14.4%	7,500 [15,000] 1.4%	[1,097,287] 100%

		127,880	9,097	44,724	45,554		107,200	5,200	
용하	1731 (영조7)	[639,400]	[36,388]	[111,810]	[182,216]	[198,790]	[214,400]	[10,400]	[1,393,404]
		45.9%	2.6%	8%	13.1%	14.3%	15.4%	0.7%	100%
봉입	정조대 평균	[539,400]	[16,297]	[104,413]	[4,020]	[227,856]	[135,712]	[14,200] (14,237)	[1,056,135]
용하	〃	[590,735]	[16,619]	[104,137]	[50,613]	[360,018]	[160,949]	[14,433] (16,543)	[1,314,047]

* 자료 : 『증보문헌비고』 제155권, 국용2
* [ ]은 돈으로 환산한 액수, 환산율은 <표 3-2>와 같음. 정조대의 베 중 ( ) 는 정포

　전 시대에 걸쳐 호조의 1년 쌀의 세입은 10만 석 내외였다. 총 세입 중 쌀이 차지하는 비중이 40%이상이고 그 다음이 면포와 콩의 순이었다. 돈으로 환산한 총 세입도 100만 냥 내외를 유지하고 있는데 숙종대까지는 용하(用下)가 봉입(捧入)보다 적었으나 경종대부터 봉입보다 용하가 크게 늘어 적자재정이 시작되었음을 알 수 있다.

　주목되는 것은 영조대에 화폐가 차지하는 비중이 10%대에 이르게 되고 이후 정조대에는 화폐의 비중이 더욱 증가하였다는 점이다. 이는 상품화폐경제의 진전된 모습을 반영한 것이라 여겨진다.

　이러한 호조의 조세 수입 중 대부분은 훈국 군려에게 5만여 석, 700여 명의 금려와 4군영 장관들이 받는 늠료에 6천여 석이 들어가 과반수 이상이 군인들의 늠료로 지출되었다.4) 또한 "군직으로서 원래 체아직이 316자리인데 녹봉 자리가 1400석이나 된다"고 하는 기사5)와 정조 20년 김한동의 "관리의 정원이 녹봉을 받기로 정해진 인원보다 배나 더 많다."는6) 상소에서 알 수 있듯이 호조의 재정 대부분은 관리들과 군인들의 늠료로

---

4) 『정조실록』 권5, 2년 윤6월 24일 壬午.
5) 『정조실록』 권30, 14년 5월 27일 丁未.
6) 『정조실록』 권45, 20년 11월 19일 庚申.

사용되고 있었다.

　다음과 같은 호조판서 정민시의 발언에서 호조의 만성적인 재정 부족을 알 수 있다.

　　금년에 응당 납입되어야 할 돈의 숫자가 24만 냥인데 3월서부터 7월에 이르기까지 그 사이에 용하(用下)한 것이 이미 15, 6만 냥이나 됩니다. 이제 남아 있는 이 8만 냥의 숫자로 어떻게 支用할 수 있겠습니까?[7)]

　위의 글은 이미 8월에 호조 예산의 대부분이 탕진되었음을 호소하고 있는 것이다.

　2) 선혜청

　선혜청(宣惠廳)은 광해군 즉위년인 1608년에 설치되었다. 이른바 '대동법'이 실시되면서 대동미와 대동목 그리고 돈을 거두어들였다.[8)]

　대동법은 1608년 경기도에서 최초로 시행되었고 이때 토지 1결에 대하여 각종 공물·현물의 대가로 1년에 쌀 16두를 징수하는 것이었다. 그리고 100년이 경과하여 경기도를 비롯하여 강원·충청·전라·경상·황해 등 6개도에서 시행하게 되었다. 이때 황해도 15두를 원칙으로 하고 나머지는 12두로 고정되었다.

　정조대 선혜청의 수입과 지출 규모를 살펴보면 다음 <표 3-4>와 같다.

　<표 3-4>와 같이 선혜청의 재정 규모는 <표 3-2>의 호조의 재정 규모보다 더 많았음을 알 수 있다. 특히 주목되는 것은 돈이 차지하는 비중이 목면을 능가하여 제2의 비중을 차지하고 있는 점이다. 1785년의 경우,

---

　7) 『정조실록』 권12, 5년 8월 9일 己卯.
　8) 『광해군일기』 권3, 즉위년 4월 29일.

호조와 단순 비교해 보아도 수입면에서 30만 냥 이상 더 규모가 큰 것을
알 수 있다.

<표 3-4> 정조대 선혜청 연도별 일년 세입·세출

구분 연도		미(석)	전미(석)	콩(석)	목면(동)	마포(동)	돈(냥)	팥(석)	합계
세입	1785 (정조 9)	164,585 [822,925] 55.9%	2,719 [10,876] 1%	11,986 [29,965] 2%	1,629 [162,900] 11%	273 [27,300] 2%	[419,614] 28%	209 [523] 0.1%	[1,474,103] 100%
	1795 (정조19)	75,923 [379,625] 37.4%	3,376 [13,504] 1.3%	9,472 [23,680] 2.3%	1,965 [196,500] 19.4%	154 [15,400] 1.5%	[386,066] 38%	141 [353] 0.1%	[1,015,128] 100%
	1796 (정조20)	128,498 [642,490] 50%	3,259 [13,036] 0.9%	10,656 [26,640] 2%	2,402 [240,200] 19%	160 [16,000] 1%	[350,409] 27%	197 [493] 0.1%	[1,289,268] 100%
	평균	[615,013]	[12,472]	[26,762]	[199,867]	[19,567]	[385,363]	[456]	[1,259,500]
세출	1787 (정조11)	195,720 [978,600] 60%	2,224 [8,896] 0.7%	9,849 [24,623] 2%	1,299 [129,900] 8%	175 [17,500] 1%	[448,591] 28%	188 [470] 0.3%	[1,608,580] 100%
	1795 (정조19)	158,160 [790,800] 56%	3,522 [14,088] 2%	9,461 [23,653] 2%	2,005 [200,500] 14%	202 [20,200] 1%	[367,917] 26%	141 [353] 0.1%	[1,417,511] 100%
	1799 (정조23)	126,526 [632,630] 53%	2,940 [11,760] 1%	12,550 [31,375] 3%	1,982 [198,200] 16%	105 [10,500] 0.9%	[308,322] 26%	230 [575] 0.1%	[1,193,362] 100%
	평균	[800,677]	[11,581]	[26,550]	[176,200]	[16,067]	[374,943]	[466]	[1,406,484]

* 환산율은 <표 3-2>와 동일하고 팥은 1석에 3.3냥(『대전회통』 회계, 창고
조)

선혜청이 구관하던 환곡은 뒤의 <표 3-10>에서와 같이 총 곡식
110,175석, 환곡 대부 수 67,140석이었다. 하지만 선혜청에 직접 들어오는
환곡은 없었다.

3) 균역청

균역법은 1751년(영조 27) 9월에 이루어졌는데 종래의 양역군포 1필을

감액하고 이획·어염선세·은여결·군관포·결전 등 5개 세를 신설한 것이다.

다음 표는 1783년(정조 7)의 균역청(均役廳)의 1년 세입을 정리한 것이다.

<표 3-5> 균역청 1년 세입(1783년, 정조 7)

구분	지역	돈(냥)	쌀(석)	전미(석)	콩(석)	삼베(필)	면포(필)	정포(필)
결전	경기	30,602						
	충청	69,058						
	강원	9,714						
	황해	39,187						
	전라	111,140						
	경상	112,344						
지방유치분		80,416						
중앙상납		291,629						
계		372,045						
은여결	경기도		840		137			
	충청도		888	1	136		1,636	
	강원도		156	402	131	654		
	황해도	10,877	747	1,480	394			
	전라도		579		158		610	
	경상도	1,974	1,362		290		9,949	678
	평안도		1,429	1,829	494			
계[89,040]		12,791	6,001 [30,005]	3,712 [14,848]	1,740 [4,350]	654 [1,300]	12,195 [24,390]	678 [1,356]
선무군관							20,983 [41,966]	
어염선세		60,000~90,000						
환곡이자			43,844 [219,220]					
둔전세수			82,824 [414,120]					
총계(냥)		1,211,391	459,836	663,345	14,848	4,350	1,300	66,356	1,356

* 결전·은여결·선무군관 :『증보문헌비고』재용고 양역조. ─1783년(정조 7)

* 염선세 :『정조실록』권5, 2년 윤6월 24일 壬午 ;『정조실록』권16, 7년 9

월 9일 丁酉. 총계에서는 75,000냥으로 계산
* 환곡이자 : 조선총독부중추원, 『社還米制度』에서 계산
* 둔전세수 : 『만기요람』 재용편2, 면세 ; 김옥근, 1997, 『조선왕조재정사연
  구』II, 일조각, 250쪽.
* 각 품목별 환산율은 <표 3-2>와 동일.
* 한편 균역법 시행 초기에 실시한 이획은 얼마 후에 폐지된 것이므로 정
  조대 재정과는 관련이 없어 계상하지 않았다. [ ]는 錢으로 환산한 금액

균역청의 총 수입은 121만 1,391냥이었다. 규모별로는 둔전세수가 41만
4,120냥으로 가장 많고 다음이 결전(結錢)으로 37만 2,045냥이었다. 그리
고 환곡이자 21만 9,220냥, 은여결(隱餘結) 8만 9,040냥, 어염선세(魚鹽船
稅) 7만 5,000냥, 선무군관 4만 1,966냥 순이었다.

한편 각종 역 부담을 회피하기 위한 갖가지 방법들이 동원되었는데
오익환의 다음 상소에서 그 정황을 알 수 있다.

······궁한 백성들이 도망해 흩어지니, 이는 고을의 대소가 다른데 액을
배정한 것이 공평하지 않은 폐단입니다. 반족(班族)임을 자칭하는 자들은
논할 것도 없고, 향리와 체결하여 해마다 뇌물을 주고 역을 피하는 자를
각청계방(各廳契房)이라 하고, 호강(豪强)에 의탁하여 가칭(假稱)해서 피
하는 자를 묘직랑저(墓直廊底)라 하고, 서도(胥徒)에게 많은 돈을 주고서
교묘하게 판적(版籍)에서 빠지는 자를 누호(漏戶)라 하고, 향교나 서원을
빙자해서 공공연하게 면하기를 꾀하는 자를 가칭(俗稱) 봉족(奉足)이라
합니다.
이보다 심한 것은 서원의 위세가 대단히 높아 재임(齋任)이 그 고장에서
무단하기 때문에 서원 주변에 사는 백성들의 호수가 수백 호에 이르더라
도 수재(守宰)가 감히 첨액(簽額)하지 못합니다.······사노(寺奴)의 경우에
있어서는 그 폐단이 양민의 역에 비해 더욱 심합니다. 공안(貢案)에 실린
노비가 이름만 실려 있을 뿐 실지로는 없습니다.······9)

위의 글을 정리하면, 첫째 반족임을 자칭하면서 신분적 특권을 누리는 계층, 둘째 신분적으로는 낮으나 그 지위와 직책상 실무를 담당함으로써 특권을 누리는 향리·서리와 같은 계층, 셋째 경제적 부를 이용하여 실무자와 수령을 매수하여 탈세 및 피역하는 계층 등으로 나눌 수 있다. 그리하여 이 세 부류들은 서로 공공연하게 결탁되어 있어 수령도 감히 어쩌지 못하는 정황을 보여주고 있다.

또한 동래부사 이문원이 올린 다음과 같은 상소에서 동래 지방의 역 부담에 대한 실정을 알 수 있다.

> 원래의 호수는 6,981호인데, 남자가 15,178명입니다. 그 중에서 노약자와 질병으로 폐인이 된 자 4,768명과 유교(儒校)·출신(出身)·군공(軍功) 2,351명을 제외하고 나면 부역에 응하는 실제의 장정은 겨우 8,019명뿐입니다. 영(營)·부(府)와 6진(鎭)의 교리(校吏) 및 각종 군인의 인원을 합하면 12,081명이 됨으로 부족한 군정이 4,022명이나 됩니다. 그러므로 부역을 이중으로 하는 백성이 거의 3분의 1이 넘습니다.10)

위의 내용은 역 부담이 소수의 없는 자에게 집중되는 폐단을 말하고 있으며, 이로 인해 농촌으로부터 도망 유리(遊離)하게 되고 이는 국가 세수의 감소로 이어질 것은 뻔한 이치였다. 한편 부호(富戶)들은 역을 피하는 다양한 방법을 찾게 되는데 갖가지 뇌물을 써서 혹 향안에 오르기도 하고 혹은 교안에 오르기도 하면서, 한번 교안이나 향안에 오르게 되면 여러 세대 동안 역을 면하게 되었다.11)

또한 향교의 노예와 서원의 노예로 투탁하거나 각사 궁방의 노비로

---

9)『정조실록』권25, 12년 1월 23일 丙戌.
10)『정조실록』권10, 4년 8월 2일 戊申.
11)『정조실록』권23, 11년 4월 16일 癸丑.

투탁하는 수가 일반적 관행이 되었다.[12]

2. 군문·환곡

1) 군문(軍門)

인조(1623~1649)대에 훈련도감이 설치된 이후 어영청·총융청·수어 청 등의 새 군문들이 연속 창설되었다. 그 후 1692년에 금위영이 설치되어 5군영이 완성되었다. 그리고 정조대에 장용영이 추가 설치되었다.

그렇다면 병조와 5군문 그리고 장용영의 수입 규모는 어떠했는가.

<표 3-6> 병조·5군영 세입 규모(단위 : 석)

구분	양포	양미	삼수미	둔전세	환곡 이자	소계	균역청 급대	합계	비 고
병조	46,085				2,861	48,946	22,976	71,922	
훈련도감	17,674		60,000	16,317	2,725	96,716	18,567	115,283	양향청 수만냥
금위영	34,184			91		34,275	10,840	45,115	
어영청	33,343			34	492	33,869	10,159	44,028	
총융청	1,360			2,591	4,567	8,518	155	8,673	
수어청		4,359			411	4,770	1,191	10,731	
총계(석)	132,146	4,359	60,000	19,033	11,056	231,864	63,888	295,752	(양향청 제외)

* 석 이하는 생략
* 김옥근, 『조선왕조재정사연구』Ⅱ와 『만기요람』 재용편2, 면세 ; 재용편3, 급대 ; 재용편6, 환총 ;『만기요람』 군정편2, 훈련도감 등에서 취합 정리.

병조와 5군문의 수입 총 규모는 23만 1,864석이었다. 이를 1석당(石當) 전(錢) 5냥으로 계산하면 115만 9,320냥이다. 여기에다 균역청 급대 6만 3,888석을 포함하면 총 규모는 29만 5,752석이었다.

---

12)『정조실록』 권23, 11년 4월 29일 丙寅 ;『정조실록』 권10, 4년 12월 21일 乙丑.

특히 정조대에 추가된 새로운 군문인 장용영[13]의 세입 규모는 다음
<표 3-7>과 같다.

<표 3-7> 장용영 1년 세입

쌀(석)	대두(석)	무명(동)	삼베(동)	돈(냥)	합계(냥)
4,690 [129,450]	4,690 [11,725]	367 [36,700]	26 [2,600]	78,895	259,370

* 자료 :『정조실록』권37, 17년 1월 12일 丙午.
* 환산율은 <표 3-2>와 동일

설치된 지 얼마 안 되는 장용영의 1793년(정조 17) 수입 규모는 약 26만
냥 정도였다. 정조는 장용영의 설치에 대한 의중을 다음과 같은 글에서
표현하고 있다.

　내가 장용영을 만든 것은 숙위(宿衛)를 강화하기 위해서가 아니고 또
군제(軍制)를 늘이기 위해서도 아니다. 나의 고심을 지금까지 숨기고 드러
내지 않았기 때문에 장용영의 일에 대해서는 언제나 마치 나 한 개인의
사적인 일처럼 여겨져 왔다. 병신년 이후 쌀 한 섬, 베 한 필을 감히 낭비하
지 않고 있는 정력을 다 들여 경영한 끝에 이제서야 겨우 두서가 잡혔다.[14]

이와 같은 발언은 영조 때 확립된 균역법 시행으로 왕실과 양반관료층
의 이해관계가 서로 엇갈려 있던 상황과 관련있는 것으로 보인다. 즉 균역
법의 시행은 각 지역의 어염세 등의 이권과 관련된 왕실과 이와 결탁되어
있는 양반관료거족들의 끊임없는 반발을 샀으며, 그 폐단이 수시로 보고
되었다. 정조도 이러한 폐단의 심각성을 느낀 것 같다. 그러나 선왕이

---

13) 장용영의 재정적인 측면에 대한 연구는 송찬섭, 1999,「정조대 장용영곡의 설치
　　와 운영」,『한국문화』24, 한국문화연구소 참고. 송찬섭은 장용영을 환곡으로
　　운영하는 폐단을 낳았다고 보았다.

14)『정조실록』권33, 15년 9월 3일 乙亥.

결정한 사안을 단번에 없앨 수는 없었다. 따라서 정조는 독자적으로 재정을 확보하기 위해 장용영을 설치 운영하였던 것으로 추정된다.

2) 환곡(還穀)

정조대 민은(民隱)을 호소한 상언·격쟁의 내용 중에는 전정·군정·환곡 등 삼정에 관한 내용이 과반수 이상을 차지하고 있었다. 그 일차적 이유는 18세기 후반에 이르러 토지겸병·부세수탈·상공업 이익의 침탈 등 사회 모순 심화에 따른 민인의 저항 의지가 성장한 데 있었다.[15]

정조대 재정 중 가장 규모가 컸던 환곡의 규모에 대해서 살펴보기로 하자. 환곡은 전결에는 관계없이 사람들의 머리와 호(戶)에만 관계되는 것이었다. 그리고 당시 환곡은 정세(正稅)로 간주하고 있었다.

1797년(정조 21) 환곡의 총 수는 926만 9,777석이었다. 그 중 상진청[16]을

---

15) 18세기 중·후반의 사회변화가 얼마나 격심하였는가를 기층민의 동향과 관련하여 논구하면서 정조 역시 1776년 궁차징세법 폐지, 1777년 서얼소통, 1778년 흠휼전칙 반포와 노비추세관 혁파, 1791년 신해통공 실시, 1791·1794년 시노비 폐지 기도 등 일련의 개혁정책을 실시하여 동요하는 사회를 안정시키고자 하였다고 보았다(한상권, 1996, 『조선후기 사회와 소원제도』, 일조각, 48, 183쪽). 이러한 정책의 실시는 신분제의 해체와 상품화폐경제의 발달을 반영하는 것이었다.

16) 상평청은 1481년(성종 12)에 설치하였고 진휼청은 '구황청'이라 칭하고 비국에서 관리하였는데, 진휼청 설치에 관한 기사는 1515년(중종 10)에 처음 보이며(『중종실록』 권14, 6년 10월 4일 신사), 1626년(인조 40)에 상평청과 합병한 후 1753년(영조 29)에 균역청에 합청하였다. 이때부터 상평청과 진휼청을 합한 '상진청'의 명칭이 보인다(『만기요람』 재용편4 ; 『영조실록』 권79, 29년 1월 14일 경오). 하지만 진휼과 상평에 관한 주체 기관이 원활하게 합청된 것 같지는 않다. 영조 46년에 두 관청 소속의 곡물을 하나로 통합하여 '상진곡'이라 할 것을 건의한 지돈령 정홍순의 발언(『영조실록』 권115, 46년 9월 14일 정사)에서 이러한 정황을 잘 알 수 있다. 특히 1797년(정조 21)에 편찬된 것으로 보이는 『곡총편고』에는 '균역청', '상진청'이 별도로 존재하고 있고 '진휼청'과 '상평청'은 '상진청'으로 일원화되는 추세였다. 하지만 진휼청은 진휼을 설치할 때마다 '진휼청'이라 칭하

비롯하여 비변사·호조·균역청·장용영·선혜청·병조·총융청·수어청 등 중앙아문이 680만 석 정도 그리고 지방 감영에서도 170여만 석에 달하는 환곡을 관리하고 있었다.

그 중 주요 중앙관청의 관할 환곡 총 수와 대부 수, 그리고 수입과 지출을 알아보면 다음 <표 3-8~3-10>과 같다.

<표 3-8> 관청별 환곡 대부 수와 수입·지출

구 분		경기도 진분조	개성부 진분조	강화부 진분조	충청도 진분조	전라도 진분조	경상도 진분조	황해도 진분조	강원도 진분조	함경도 진분조	평안도 진분조
상진청	대부수	38,944	1,494		32,683	43,011	32,817		33,566		4,433
	수입	3,893	149		3,257	4,298	3,281		3,355		507
	지출	1,748	74		2,529	3,922	31,45		2,760		322
비국	대부수	118,400	558		151,666	16,585	62,084	117,754	2	76,434	93,990
	수입	11,838	55		15,165	1,658	6,197	11,771	0	18,386	9,395
	지출	6,180	55		3,980	1,347	5,112	9,148		18,169	6,718
호조				7,502			4,377		7,930		15,367
				749			436		792		2,656
				734			71		792		609
균역청					27,465	178,082	27,348				
					3,024	19,807	2,734				
					1,862	6,305	600				
장용영	대부수	10,000			23,553	18,494	11,131	55,662	2,800		27,543
	수입	1,000			2,354	1,849	1.113	5,566	280		2,754
	지출	1,000			1,746	1,787	0	5,566	280		2,754
병조	대부수										27,543
	수입										2,754
	지출										2,754
총융청	대부수	7,009									705
	수입	700									70
	지출	700									0
수어청	대부수							1,100			3,018
	수입							110			301
	지출							110			0
형조 한성부	대부수										892
	수입										89
	지출										89

였다가 파하였고 환곡은 '진휼청', '상평청'의 곡명을 그대로 사용하고 있었다.

<표 3-9> 관청별 환곡 대부 수와 수입·지출

구분		경기도 반분조	개성부 반분조	강화부 반분조	광주부 반분조	충청도 반분조	전라도 반분조	경상도 반분조	황해도 반분조	강원도 반분조	함경도 반분조
상진청	대부수	92,708			2,013	127,221	361,735	348,689	107,065	40,322	76,577
	수입	9,270			201	12,722	36,425	34,336	10,535	4,031	7,657
	지출	10,999			120	25,783	28,742	25,046	6,929	7,611	2,688
비국	대부수	2,548	15,119		45	73,914	80,881	127,377	99,873	14,002	181,549
	수입	253	1,198		4	7,387	6,915	12,233	9,9844,	1,399	18,152
	지출	403	1,294		0	3,136	1,617	4,478	364	867	4,273
호조	대부수	11,477		2,201	118	10,851	7,937	94,551	104,379	4,088	49,049
	수입	1,147		219	811	1,084	793	9,281	10,2129	408	17,031
	지출	3,198		204	492	3,451	3,265	9,584	,861	4,266	22,961
균역청	대부수	13,615					33,229	102,584		13,397	
	수입	1,361					3,522	12,056		1,339	
	지출	100					1,324	8,351		2,290	
장용영	대부수										
	수입										
	지출										
선혜청	대부수						59,116	3,814			
	수입						5,911	378			
	지출						3,143	133			
병조	대부수										
	수입										
	지출										
총융청	대부수										
	수입										
	지출										
수어청	대부수										
	수입										
	지출										
형조 한성부	대부수										
	수입										
	지출										

<표 3-10> 관청별 환곡 대부 수와 수입 · 지출

구 분		평안도 반분조	강화부 정식 분급조	충청도 2류1분조	전라도 2류1분조	경상도 2류1분조	함경도 2류1분조	평안도 2류1분조	충청도 1류2분조	강원도 1류3분조	계
상진청	대부수	70,848				5,365					1,419,491
	수입	7,040				536					141,493
	지출	2,912				178					125,508
비국	대부수	171,303		2,390	4,673	31,686	62,778	14,905	335	102,550	1,623,401
	수입	17,065		239	467	3,164	3,138	993	33	10,255	167,344
	지출	15,659		191	80	3,286	453	1,200	33	10,047	102,090
호조	대부수	149,485	18,328			1,165		56			488,861
	수입	51,885	1,832			116		3			99,455
	지출	58,295	2,703			34		33			120,553
균역청	대부수					1,021					396,741
	수입					101					43,844
	지출					33					20,865
장용영	대부수										149,183
	수입										14,916
	지출										13,133
선혜청	대부수					50					67,140
	수입					5					6,709
	지출					0					4,736
병조	대부수										27,543
	수입										2,754
	지출										2,754
총융청	대부수										7,714
	수입										770
	지출										700
수어청	대부수										4,118
	수입										411
	지출										110
형조 한성부	대부수										892
	수입										89
	지출										89

* 자료 : 조선총독부중추원, 『社還米制度』

190

환곡 대부 수는 비국이 162만 3,401석으로 가장 많고, 다음이 상진청으로 141만 9,491석, 그리고 호조 48만 8,861석, 균역청 39만 6,741석, 장용영 14만 9,183석 순이었다. 이러한 대부 수와 비례하여 수입도 비국이 16만 7,344석으로 가장 많고 상진청이 14만 1,193석, 호조, 균역청 순이었다. 지출은 상진청이 12만 5,508석으로 가장 많고 호조 12만 553석, 비국 10만 2,090석 순이었다.

한편 설치된 지 얼마 되지 않은 장용영의 대부 규모는 다른 병영인 병조, 총융청, 수어청 등을 능가하는 양임은 말할 것도 없고 선혜청의 2배 이상이었다. 그렇지만 장용영의 수입 규모는 1만 4,916석으로 약 5만 냥 정도의 규모였다. 이러한 규모는 상진청과 비국, 호조와 같은 중앙 재정아문이 갖고 있던 환곡의 양과는 비교가 되지 않을 정도로 적은 규모였다. 따라서 장용영의 재정은 정조에 의해서 그 재정 규모를 늘려가는 과정에 있던 미완의 기관이었던 것으로 보인다. 이와 같은 통계를 바탕으로 각청 소관 환곡 총 수와 대부 수 및 수입·지출의 곡총명을 알아보면 다음 표와 같다.

<표 3-11> 각청 소관 환곡 총 수 및 수입·지출의 곡총명(단위 : 석)

	환곡 총수	환곡 대부수	수입	곡명	지출	지출비목
常賑廳	2,507,487	1,419,491	141,493	진분조 : 경기도-칙수미, 파주陵還租, 防營給代米, 고양防役租, 개성부-會付各穀, 충청도-庚戌貿米, 義僧급대각곡, 壯勇營貿鐵租水營京賑米, 통어영각곡, 兵營還各穀, 水營還租, 전라도-진휼	125,508	진분조 : 경기도-외교비 使者의 비용, 화성에 송부, 능비, 장사급료, 해군방역및급료, 개성부-경상비, 충청도-均役廳에 납부, 義僧番錢,本營取用, 전라도-경상비, 임시비, 대동고에 송부, 경상

常賑廳				청羅鋪각곡, 경술무미, 別會錄米, 을묘별무미, 別備米, 경상도-각곡, 賑恤廳保民司米, 濬川司米. 강원도-賑恤廳補蔘還各穀, 黃腸급대각곡, 砲保급대각곡, 中營請得各穀, 史庫番僧料條正租, 평안도-상진청火稅小米, 병영구관상평청각곡 반분조 : 경기도-각곡, 水營租, 광주부-각곡, 충청도-상진청각곡, 전라도-각곡, 劃來米, 賑恤廳贖租, 경인軍作米, 을묘貿米, 정사무미, 경상도-각곡, 훈국미, 貢作米, 갑진補還各穀, 경술무미, 황해도-常平廳各穀, 강원도-상진청각곡, 別倉각곡, 月課각곡, 함경도-상진청각곡, 평안도-상평청각곡 2류1분조 : 경상도-상진청각곡		도-좌병영취용, 장용영에 納, 강원도-補蔘費, 砲保給代, 軍餉에 이록, 番僧料米 반분조 : 경기도-수령취용, 경상비, 임시비, 수영사용, 광주부-수령취용, 경상비, 임시비, 충청도-수령취용, 경상비, 임시비, 전라도-수령취용, 경상비 임시비, 원곡에 합, 경상도-수령취용, 경상비, 임시비, 元穀에 합, 황해도-수령취용, 경상비, 강원도-경상비, 수령취용, 임시비, 원곡에 합, 함경도-수령 및 邊將取用, 경상비, 임시비, 평안도-경상비, 임시비 2류1분조 : 경상도-수령취용, 경상비
비국	2,438,713	1,623,401	167,344	盡分條 : 경기도-營賑各穀, 개성부-白峙軍餉各穀, 충청도-南北請得米, 添還각곡, 上黨軍需米, 水營劃得安興軍餉米, 수영 및 각鎭浦舊退船價米, 전라도-승번미, 餘軍休番各穀, 경상도-南倉錢作米, 射軍奴木代米, 保民司租, 좌병영산성 102,090		진분조 : 경기도-경상비, 개성부-該鎭給料, 충청도-화성에 송부, 장사급료, 水營에 納, 전라도-摠守양청에 納, 장사급료, 경상도-감영경비, 경상비, 황해도-감영경비, 作錢陞錄元穀,均廳에 納, 鎭의 經費, 칙수사용, 邑城修補, 軍需 및 營

| 비국 | | | | 각곡, 좌병영甲冑米, 우병영별향미, 가산외성補城각곡, 矗石산성미, 화산축성미, 동래수성미, 蒜山倉각곡,좌수영군향각곡, 황해도-칙수각곡, 婢貢給代
小米, 私賑각곡, 군향각곡, 칙수소미, 策應庫大小米, 청득관향각곡, 軍糧대소미, 軍需대미, 帖價소미, 강원도-備局管秋牟, 함경도-備局管差需各穀, 大同定平等五色各穀, 三色奴婢貢米, 別劃得各穀,軍餉會外各穀, 군수미, 防營別置米, 평안도-信蔘價소미, 칙수미, 병영구관비국각곡, 兵營軍需庫각곡, 당아산성각곡, 병영句管城機庫각곡, 三和防營會外각곡, 義州勅庫會外각곡, 白馬山城軍需會外각곡
半分條 : 경기도-군향각곡, 군작미각곡, 水營군향각곡, 개성부-비국管軍餉各穀, 광주부-각곡, 충청도-楊津군향각곡, 貢津군향각곡, 쌍수군향각곡, 안홍군향미, 상당군향각곡, 舟師군향미, 군작미각곡, 營賑각곡, 원산창각곡, 전라도-군작미, 五山城軍餉各穀, 私費각곡, 休番각곡, 수성창각곡, 병영군 | 吏給料, 각양잡비,貿銀價, 僧將等給料, 강원도-원곡에 합, 함경도-경상비, 北兵營取用,將士料, 將士賞與, 武士賞與, 평안도-監營에納, 防軍番料, 將卒給料, 城堞軍器修補費, 修城費, 將士給料
반분조 : 경기도-감영잡비, 임시비, 본영사용, 개성부-각양잡비, 광주부-원곡에 합, 충청도-수령취용, 해진취용, 城屬給料, 船直급료, 균청에 납, 감영취용, 진휼자금, 전라도-均府에 納, 장용영에 납, 성첩수리, 진휼자금, 경상도-경상비, 감영취용, 원곡에 합, 황해도-진휼자금, 감영취용, 임시비, 城屬給料, 원곡에 합, 강원도-수령취용, 임시비, 본영취용, 함경도-경상비, 임시비, 南兵營취용, 원곡에 합, 평안도-경상비, 임시비, 원곡에 합
2류1분조 : 충청도-제민창취용, 경상비, 원곡에합, 전라도-경상비, 원곡에 합, 경상도-경상비, 원곡에 합, 함경도-경상비, 임시비, 평안도-경상 |

| 비국 | | | 향조, 경상도-군작각곡, 사진각곡, 帖價각곡, 備荒각곡, 조령산성수성각곡, 補城米, 금오산성수성각곡, 가산외성보성각곡, 독용산성전작각곡, 포항창각곡, 浦項新貯각곡, 선산수성조, 左兵營山城太, 우병영군향각곡, 감영각산성별회각곡, 통영회부곡, 황해도-元鎭각곡, 自備각곡, 管餉會外각곡, 太白山城耗小米, 태백산성군향각곡, 수영구관봉수군량대소미, 강원도-각곡, 감영환각곡, 함경도-交濟散在각곡, 私賑각곡, 군향각곡, 出身除防각곡, 城餉각곡, 평안도-각곡
2留1分條 : 충청도-濟民倉각곡, 전라도-別檢각곡, 左水營船價米, 경상도-이래모미, 조령산성미, 군작미, 첩가조, 사진각곡, 조령산성수성미, 조령산성보성미, 포항창각곡, 제민창각곡, 右兵營營倉군향미, 함경도-交濟久置각곡, 평안도-慈城倉각곡
1留2分條 : 충청도-工黨僧倉軍餉米, 강원도-帖別備各穀 | 비
1류2분조 : 충청도-僧徒給料, 강원도-경상비, 임시비, 원곡에 합 |

<표 3-12> 各廳 所管 還穀總數 및 收入·支出의 穀總名(단위 : 석)

	환곡총수	환곡대부수	수입	곡명	지출	지출비목
호조	793,494	488,861	99,455	진분조 : 강화부-戶曹句管司倉租, 各鎭堡軍餉米各穀, 경상도-元會租, 선가미, 조령산성미, 管餉米, 강원도-군수각곡,횡성군향각곡, 평안도-例質體蔘蠲減條少米 반분조 : 경기도-各穀, 강화부-司倉穀, 각진보군향미, 광주부-호 조각곡청득미, 충청도-군자창각곡, 을유무미, 전라도-각곡, 경상도-元會각곡, 조령산성각곡, 左別餉각곡, 황해도-軍資倉각곡, 管餉각곡, 강원도-군자창각곡, 함경도-각곡, 임시세입, 평안도-分留米, 임시세입 定式分給條 : 강화부-司倉 및 鼎足倉軍餉米, 戶曹倉太 2류1분조 : 경상도-원회각곡, 평안도-慈城倉各穀	120,553	진분조 : 강화부-경상비, 본부경비, 각진보취용, 진졸급료, 경상도-좌병영取用, 좌수영사용, 강원도-장사급료, 修城資金, 평안도-元穀에 合, 평안도-원곡에 합 반분조 : 경기도-수령취용, 경상비, 강화부-본부취용, 鎭堡취용, 광주부-본부취용, 경상비, 임시비, 충청도-수령취용, 경상비, 임시비, 전라도-수령취용, 경상비, 임시비, 경상도-수령취용, 경상비, 임시비, 城屬給料, 황해도-수령취용, 경상비,임시비, 강원도-수령취용, 경상비, 임시비, 함경도-守令 및 邊將취용, 경상비, 임시비, 평안도-수령취용, 경상비, 임시비 정식분급조 : 강화부-경상비, 임시비, 원곡에합 2류1분조 : 경상도-수령취용
균역청	511,443	396,741	43,844	진분조 : 충청도-軍作米, 加入監營耗折米, 補還각곡, 加錄군작미, 乙巳貿米, 전라도-보환미, 계축회록각곡, 진상첨가미, 경상도-別均각곡, 乙卯移錄太 반분조 : 경기도-군작미각곡,보 환각곡, 전라도-	20,865	진분조 : 충청도·전라도-이록저치, 본청상납, 잡비, 균역청에 납부, 임시비, 경상도-감영경비 반분조 : 경기도-원곡에합, 진청에 납, 전라도-경상비, 임시비, 경상도-본도에 회록, 惠廳취용, 임시비, 경상비, 강원도-수

균역청	511,443	396,741	43,844	軍移作米, 劃來米, 경상도-군작미, 別均米, 留庫條耗米, 甲辰補還米, 丁未移貿條, 統營移來錢大米, 강원도-각곡 2류1분조 : 경상도-군작미, 별균미		령취용,경상비, 2류1분조 : 경상도-경상비
장용청	359,788	149,183	14,916	진분조 : 경기도-取耗條, 충청도-經理각곡, 啓後加分耗각곡, 移劃己酉貿米, 전라도-각곡, 계후모각곡, 경상도-貿置各穀, 황해도-각곡, 新倉小米, 강원도-屯倉各穀, 평안도-각곡	13,133	진분조 : 경기도·충청도·전라도-본영에 납부, 儲置, 경상도-원곡에 합, 강원도-본영에 납, 평안도-경상비, 해영에納, 황해도-본영사용, 강원도-본영에 납, 평안도-경상비, 該營에 納
선혜청	110,175	67,140	6,709	진분조 : 경상도-戰兵船價各穀, 황해도-軍器小米 반분조 : 전라도-船儲置米,船米, 경상도-各年請得米, 각년이록미, 除留米 2류1분조 : 경상도-각년이록미	4,754	진분조 : 경상도-戰船改修費, 황해도- 감영경비 반분조 : 전라도-경상비, 임시비, 좌우수영취용, 경상도-경상비, 漕運費 2류1분조 : 원곡에 합
병조	27,543	27,543	2,754	진분조 : 평안도-軍餉小米, 沁都換銀條小米	2,754	진분조 : 평안도-본조에 납, 내수사에 납
총융청	4,205	770	700	진분조 : 경기도-餉米, 평안도-小米	700	진분조 : 경기도-총융청에 납, 평안도-원곡에 合
수어청	4,118	411	110	진분조 : 황해도-添餉小米, 평안도-소미	110	진분조 : 황해도-본청사용. 평안도-원곡에 합
형조한성부	892	892	89	진분조 : 평안도-소미	89	진분조 : 평안도-賑廳에 納
총계	6,757,858					

* 자료 : 조선총독부중추원, 『社還米制度』.

총 환곡 중 중앙 재정아문에서 관리하는 총 곡수는 675만 7,858석으로 73%를 차지하고 있었다. 그 명색 또한 갖가지였고 전국 각지에 분산 저치되어 있었다. 그런데 이러한 중앙 재정아문에서 관리하는 환곡 이자의 대부분은 환곡을 관리하는 데 드는 경상비는 물론이고 그 지역 수령이 취용한다든지, 그 지방 장사(壯士)들의 급료 등으로도 사용되었다. 이는 중앙아문이 관리하는 대부 환곡 수입의 대부분은 지방재정에 활용되고 일부만 해당 관청에 납부되거나 원곡에 합해졌다는 것을 보여준다. 환곡 운영에서 모든 기관은 흑자였고 호조만이 적자였음을 보여준다. 아울러 상진청, 비변사, 호조, 균역청 환곡은 그 구관하는 기관은 중앙아문이었지만 지출항목은 대부분 지방재정에 할애되었다.

그러면 정조대 환곡의 총 대부 수와 수입 및 지출 그리고 잉여 잔고를 알아보기로 하자.

정조대 환곡의 총 대부 수는 669만 9,499석이었고 그 수입은 대부 수의 10%를 상회하는 10.85%로 72만 7,028석이었다. 이를 돈으로 환산하면 290만 8,112냥[17]으로 약 300만 냥에 달하는 규모였다. 이는 바로 앞에서 살펴본 바와 같이 어느 중앙 재정아문보다도 많은 재정 규모였다. 이 가운데 대부분은 지방재정에 충당되었음은 앞에서 살펴보았다.

영조대에 시행된 균역법 시행이 지방재정의 고갈을 가져오고 중앙재정 부족분을 메우는 데 그치는 미봉책이었으며 여기서 생기는 지방재정의 부족분을 메우는 커다란 재정 원천이 바로 환곡이었던 것이다.[18]

더욱이 '모곡회록(耗穀會錄)'이 시작되면서 중앙 혹은 지방관청의 재

---

17) 727,028석×0.8(피곡)×5냥
18) 정연식, 1989, 「균역법 시행 이후의 지방재정의 변화」, 『진단학보』 67, 40쪽.

정 부족분을 보충하기 위한 목적으로 이용되었으며 이 '모곡회록'은 호조
곡에 한정되어 1638년(인조 16)부터 시작되었다.19)

특히 18세기에는 환곡의 '진분'화와 강제분급이 불가피해졌는데, 특히
정조대 말에 환곡이 점점 많아지게 되자 가호마다 강제로 나누어주던
'거급(擧給)'의 형태를 띠면서 부세화되었다.20) 이 거급의 형태야말로 봉
건의 표징인 '경제외적 강제'에 의한 '폭력성'을21) 나타내 주는 지표인
것이다. 특히 그 '폭력성' 중에서도' 도량형'의 척도인 '되'와 '말'의 자의
적 적용과 피잡곡 1석이 미 3~4두도 되지 않았다는 '환곡의 질', 각종
명분에 의한 '모곡'의 강제적 징수 등이 더욱 문제였다. 이는 환곡운영의
주체인 지방 아전과 이서들이 농간을 부리는 핵심내용이었다. 더 나아가
고리대의 속성을 갖고 있는 환곡에 많은 비중을 두고 있던 봉건정부의
취약한 재정구조는 봉건제 해체의 한 축을 이루게 되었다.

이렇듯 균역법 시행에 따른 부작용이 커지면서 지방재정 부족분을 환
곡이자에 의존해 가는 파행적 재정구조가 심화되었다. 또한 거급·진분
등과 같은 경제외적 강제에 의한 대여 등으로 농민들이 농촌으로부터
유리하게 되고 이러한 현상은 조선 봉건정부의 재정구조를 더욱 취약하
게 하여 사회적 불안을 증대시키는 요인으로 작용하고 있었음을 보여주
는 것이다.

19) 양진석, 1999, 『17·18세기 환곡제도의 운영과 기능 변화』, 서울대 박사학위논문,
    49~50쪽.
20) 양진석, 위의 책, 235쪽.
21) 전근대성의 대표적 특성 가운데 하나를 '폭력성'이라고 규정하고자 한다. 이는
    법 적용에서의 구타, 태형 등과 같은 물리적 폭력성은 물론이고, 가정과 사회
    전반에 걸쳐 자행된 신분제에 바탕한 '폭력성' 그리고 재정의 수취와 운영과정
    에서의 경제외적 강제에 의한 '폭력성'의 개입여부 등이 초점이다.

<표 3-13> 원곡매부수·수입·지출·잉여진고표(정조21년)

구분		경기도	수원부	개성부	강화부	광주부	충청도	전라도	경상도	황해도	강원도	함경도	평안도	총계
진분조	매부수	260,866		10,723	10,053	11,344	350,320	722,913	727,611	313,166	100,930	497,647	740,379	3,746,154
	수입	26,086		1,068	1,005	1,134	35,312	74,291	71,896	31,265	10,093	60,511	75,242	387,907
	지출	17,563		993	990	1,094	20,976	58,695	67,934	28,044	9,497	37,968	65,619	309,377
	잉여진고	8,523		75	15	40	14,336	15,596	3,962	3,221	595	22,543	9,623	78,530
반분조	매부수	120,349	21,102	15,119	2,201	2,189	211,992	554,103	677,033	311,321	71,811	307,180	391,637	2,686,040
	수입	12,035		1,198	220	1,019	21,199	54,684	68,301	30,735	7,181	42,845	75,991	315,408
	지출	14,727		1,294	205	615	32,376	40,162	47,547	22,899	15,714	29,924	76,869	282,333
	잉여진고	-2,691		-96	15	404	-11,177	14,522	20,754	7,836	-8,533	12,921	-878	33,075
정식분급조	매부수				18,328	21,777								40,105
	수입				1,833	2,820								4,653
	지출				2,704	2,176								4,880
	잉여진고				-871	644								-227
2분1분조	매부수						2,390	4,673	39,510			62,778	14,962	124,314
	수입						239	467	3,929			3,139	997	8,771
	지출						192	80	3,555			453	1,233	5,494
	잉여진고						47	387	393			2,685	-236	3,277
1분2분조	매부수						335				102,550			102,886
	수입						33				10,255			10,288
	지출						33				10,048			10,081
	잉여진고						0				207			207
총합계	매부수													6,699,499
	수입													727,028
	지출													612,165
	잉여진고													114,863

* 조선총독부중추원, 『社還米制度』, 소화8년(1933년), 99~132쪽(정조21년)

3. 중앙재정 세입과 상황

이상 살펴본 바와 같이 정조대 중앙아문의 재정 규모를 정리하면 다음 표와 같다.

<표 3-14> 정조대 중앙 재정아문과 환곡의 총세입

구 분	세 입	세 출
호 조	900,000~1,300,00냥	900,000~1,7000,000냥
선혜청	1,259,500냥	1,406,484냥
균역청	1,211,391냥	
환 곡	2,908,112냥	2,448,660냥
5군영	1,159,320냥	
장용영	259,370냥	
총 계	7,897,693냥	

* 호조는 중간 110만 냥으로 계산

위 표에서 보는 바와 같이 중앙아문의 재정 규모는 약 790만 냥 정도였으며 규모면에서는 환곡이 290만 냥 정도로 가장 규모가 컸으며, 호조·선혜청·균역청과 5군영 등이 110만 냥에서 120만 냥 내외의 규모였음을 알 수 있다.

그렇다면 위와 같은 세입 규모를 가진 국가의 재정 상황은 어떠했는가.

아래 <표 3-15>는 정조 재위 기간(1776~1800) 동안 각사·각영에 보관되어 있는 재정 현황을 매년 말 또는 초에 보고한 내용을 정리한 것이다.

각사·각영은 호조·양향청·선혜청·상진청·균역청·병조·훈련도감·금위영·수어청·총융청 등이다. 이를 토대로 하면 정조대 중앙재정을 맡은 관사(官司)는 주로 전세를 관장하는 호조와 대동미를 관장하는 선혜청, 그리고 군문으로 병조와 훈련도감, 훈련도감에 속한 양향청·금

<표 3-15> 정조대의 연도별 재정 상황

구분 / 연도	황금 (냥)	은자 (냥)	전문 (냥)	면포	저포 (모시 베)	마포 (삼베)	미 (석)	전미 (소미 ·좁쌀)	대두 (황두 ·태)	명주 (면주)	각 피곡
1776	190	484,700	1,041,500	7,180	7		276,100	13,400	39,200		6,400
1778	120	455,100	1,397,000	4,430	7	912	223,430	10,600	44,700		5,200
1779	119	453,378	1,597,489	4,255	7	736	221,657	11,129	49,846		4,466
1780	118	441,215	1,176,299	4,653	7	842	319,467	21,528	55,421		4,807
1781	358	431,555	1,281,896	5,332	7	893	377,452	22,698	59,139		4,941
1782	357	434,140	1,362,588	6,568	7	1,022	385,780	30,463	57,490		3,207
1783	354	433,600	1,456,816	6,420	7	1,014	339,129	15,511	53,288		2,163
1784	335	426,063	1,057,696	6,192	7	758	275,653	8,756	44,748		2,583
1785	330	415,400	1,218,200	6,993	56	1,462	340,060	9,400	47,400	93	
1787	300	410,000	1,380,000	3,000	50	1,300	268,000	11,000	47,000	90	
1788	325	415,617	1,299,540	2,661	63	1,323	286,964	11,991	42,403	82	7,736
1789	322	418,876	1,044,633	2,701	60	1,067	323,225	9,325	40,998	88	8,069
1790	326	318,779	875,190	3,641	63	1,125	338,816	9,064	39,860	98	8,511
1791	300	420,113	848,395	3,560	49	1,337	363,552	11,240	50,019	86	9,000
1792	300	419,265	1,005,162	2,996	45	1,479	296,077	10,942	33,629		9,078
1793	299	419,128	1,144,167	3,594	47	1,454	269,619	11,510	28,737	96	9,538
1794	301	422,699	803,076	4,932	39	1,328	271,555	11,825	31,563	106	11,311
1795	267	384,400	651,800	3,710	59	1,244	123,700	6,070	23,000	125	
1796	267	384,824	661,728	4,580	61	1,296	134,980	47,990	24,196	132	8,116
1797	267	413,915	1,311,187	5,982	352	1,173	259,146	8,882	31,297	153	8,561
1798	826	421,677	1,577,799	6,342	57	1,530	260,423	7,510	34,692	135	9,760
1799	260	414,700	1,671,200	6,498	58		261,200	6,500	33,400		10,048
1800	257	398,932	1.374,922	7,393	59	992	323,906	5,778	25,536	121	11,008
평균	300	419,047	1,184,273	4,940	51	1,056	284,343	13,614	40,764	61	6,283

*『정조실록』·『순조실록』에 의거 작성.22)

---

22) 『정조실록』 권2, 즉위년 12월 30일 丁卯 ; 권7, 3년 1월 15일 庚子 ; 권9, 4년 1월
15일 甲午 ; 권11, 5년 1월 15일 戊子 ; 권13, 6년 1월 15일 壬子 ; 권15, 7년 1월
15일 丁未 ; 권17, 8년 1월 15일 辛丑 ; 권19, 9년 1월 15일 乙丑 ; 권21, 10년 1월
15일 庚申 ; 권25, 12년 1월 15일 戊寅 ; 권27, 13년 1월 15일 壬申 ; 권29, 14년
1월 15일 丙申 ; 권32, 15년 1월 15일 庚寅 ; 권34, 16년 1월 15일 乙酉 ; 권37,
17년 1월 15일 己酉 ; 권39, 18년 1월 16일 甲子 ; 권42, 19년 1월 15일 戊戌 ; 권
44, 20년 1월 15일 壬戌 ; 권46, 21년 1월 15일 丙辰 ; 권48, 22년 1월 15일 庚辰 ;

* 면포 · 저포 · 마포 · 명주의 단위는 필, 전미 · 대주 · 각피곡의 단위는 석.
* 면포 · 저포 · 포 · 마포의 경우 동이하 필은 반올림.
* 1782년 금 13냥 제외, 1790년 금 38냥은 제외.

위영 · 수어청 · 어영청 · 총융청 등과 군역을 관장하는 균역청 등이었다. 특히 상진청과 비국은 원칙적으로 수세기관은 아니지만 환자곡을 이용하여 환자이자를 받아들이는 실질적 수세기관이었다. 그리고 정조대에 이르러 군문인 장용영이 추가되었다.

이 기관들도 연도별로 변화되는데 총융청은 1780년부터 보이고 균역청의 명칭은 1785년까지 보이다가 1788년부터 보이지 않는다. 그리고 주목되는 것은 장용영의 명칭이 1798년부터 나타나는 점이다.

주요 재정은 은자(銀子) · 전문(錢文) · 면포(綿布) · 미(米) 등이다. 은자는 1년 재고가 항상 40만 냥 전후를 유지하고 있는데 은 1냥의 가치를 전 4냥으로 환산하면 1백 6십만 냥이다. 그리고 전문(錢文)이 1백만 냥 이상을 유지하고 있고, 면포는 5십만 냥, 미(米)는 1백 4십만 냥을 유지하고 있다. 전문을 1백만 냥 이상 유지하는 것은 화폐경제의 발달을 반영하는 것으로 볼 수 있다.

특히 화성 건설과 관련하여 주목되는 것은 1789년(정조 13) 장헌세자 원침 천봉 다음 해인 1790년(정조 14)과 신읍치 이전이 이루어진 다음 해 1791년의 재정 현황 중 전(錢)이 현저하게 감소한 점을 들 수 있다.

또한 1794년부터 1796년 사이에 전문과 미의 재고가 급격히 준 점이 눈에 띈다. 이 시기는 화성성역이 진행되었던 시기였을 뿐만 아니라 1793년(정조 17)에는 영남 · 강원 · 호서 · 호남 · 제주 등지에 미 30만 9,982석

권51, 23년 1월 15일 甲戌 ; 권53, 24년 1월 15일 戊辰 ;『순조실록』권2, 1년 1월 15일 壬辰.

과 돈 812냥의 진휼이 이루어졌다.[23] 1794년(정조 18)에도 전국적으로 가뭄이 든 해로 제주 및 경상도에 가뭄이 극심하였다. 그리고 1795년(정조 19)에는 총 16만 3,255석에 달하는 진휼을 영남, 제주, 관서, 관북, 경기, 수원 지역에 베풀었다.[24] 엎친대 덮친 격으로 자연 재해에다 화성 축성으로 인한 재정 부족 때문에 중앙재정이 현저하게 줄고 있음을 알 수 있다.

제2절 화성 건설과 경비

1. 신읍치 이전과 진흥시책

1) 원침 이전과 구읍치 대민보상

정조는 1776년 즉위하면서 아버지 사도세자의 묘호를 장헌세자(莊獻世子)로 올렸다. 당시 양주 배봉산(지금의 서울시립대 뒷산)에 초라하게 있던 장헌세자의 원침을 이전하기로 확정된 날은 1789년 7월 11일이었다. 그리고 4일 만인 15일에 수원의 읍소재지를 전격적으로 팔달산 동쪽으로 옮겼다.[25]

그리하여 양주 배봉산의 장헌세자 원침을 수원부 구읍치로 옮기는 작업이 본격적으로 시작되었고 구읍치에 있던 주민들의 가사(家舍)와 전답에 대한 보상도 이루어졌다.

원침 이전에는 기존의 원침에서 시신을 파 내는 비용, 그것을 새로운

---

23) 『정조실록』 권37, 17년 5월 19일 庚戌 ; 『정조실록』 권37, 17년 5월 22일 癸丑 ; 『정조실록』 권37, 17년 5월 24일 乙卯 ; 『정조실록』 권37, 17년 6월 1일 壬戌.

24) 『정조실록』 권42, 19년 5월 8일 戊午 ; 『정조실록』 권42, 19년 5월 11일 辛酉 ; 『정조실록』 권42, 19년 5월 28일 戊寅 ; 『정조실록』 권43, 19년 7월 5일 甲寅 ; 『정조실록』 권43, 19년 7월 5일 甲寅.

25) 『정조실록』 권27, 13년 7월 15일 己亥.

원소(園所) 수원부 구읍치로 옮기는 비용, 그리고 원침을 새로 조성하는 데 드는 돌과 비석, 건물 등의 자재비, 이에 동원된 인건비 등이 소요되었을 것으로 추정된다.

장헌세자의 원침을 이전하기 위한 공역(工役)이 추진되자 당시 수원부 구읍치에 있던 민가들에 대한 보상도 이루어졌다. 보상은 민가 319호에 총 가사(家舍) 2천 417칸으로 원가 4천 818냥에 4천 394냥을 더 주어 총합 9천 212냥이 들었다.26) 이는 1호 당 약 29냥의 보상비용이고 1칸 당 3.8냥이었다.

그리하여 총 경비는 돈이 18만 4천 600여 냥, 쌀이 6천 320석, 목면이 279동 남짓, 베가 14동 등으로 돈으로 환산하면 총 24만 5천 5백냥이 지출되었다.27)

원소 이전과 이에 따른 보상 비용은 화성 축성 비용과 비교하면 근 1/3에 달하는 금액이며 그 성격상 비생산적인 부문에 국가재정이 지출된 것으로 볼 수 있다. 재정 지출은 균역청의 돈 10만 냥 등으로 해결하였으며,28) 이후 내탕금(內帑金) 2천 민(緡)을 원소도감(園所都監)에 내려주어 일꾼을 고용하는 비용에 쓰도록 하였다.29)

정조는 1789년 10월 현륭원이 완공된 후 연신들에게 비용을 절감하고자 한 노력과 응분의 고가(雇價)를 지출한 점에 대해 자부심을 토로하고 있다.

---

26) 『水原旨令膽錄』, 己酉 9월 28일.

27) 『정조실록』 권28, 13년 10월 8일 庚申(6320×5냥=31,600, 279동×100냥=27,900냥, 14동×100냥=1,400냥). 환산율은 <표 3-2>와 같음.

28) 『정조실록』 권27, 13년 7월 13일 丁酉.

29) 『정조실록』 권28, 13년 8월 8일 辛酉. 1緡의 단위는 1貫(10냥)과 동일한 것으로 보고 있다(송찬식, 1997, 『조선후기 사회경제사의 연구』, 일조각, 80쪽).

204

> 나는 원(園)을 옮기는 한 가지 일에 대하여 오랫동안 경영하고 조처한
> 것이 있는데, 반드시 비용을 덜 들이고 백성들을 고달프게 하지 않으려고
> 하였다.……잔디를 떠내는 사람 및 각종 운반을 맡은 군정들도 다 내탕고
> 에 비치해 둔 돈으로 그 양식과 비용을 후하게 주었다.……30)

그렇지만 위에서 본 바와 같이 균역청의 돈 10만 냥이 비용 일부로
사용되었고 내탕금의 지출도 공식 재정기구의 지출은 아니지만 국가재정
규모 전체로 볼 때 면세특권에 의한 축재였기 때문에 국가재정의 감소를
가져오는 요인 중의 하나였던 것으로 추정된다.

이렇게 해서 현륭원의 모든 공역(工役)은 1789년 10월 16일에 완공되었
다.31)

2) 신읍치의 도시시설과 특혜조치

(1) 도시기반 시설

1789년 7월 15일 수원부 신읍치를 팔달산 동쪽에 옮기고 광주의 송동면
과 일용면을 수원에 이관하였다.32)

신읍치는 팔달산을 주산(主山)으로 하고 행궁을 중심으로 동향으로 관
청들이 자리잡았고 행궁 앞에는 십자로(十字路, 鐘路)를 중심으로 상가와
민가들을 배치하였다. 가장 먼저 건설된 건물은 향교였는데 9월에 완성되
었다.33) 그리고 1790년 2월 직접 수원부를 찾은 정조는 동헌(東軒)을 장남
헌(壯南軒)으로, 내사(內舍)를 복내당(福內堂)이라고 이름지었으며, 사정

30) 『정조실록』 권28, 13년 10월 16일 戊辰, "予於遷園一事 積有所經營措設者 必欲不
     煩經用 不勞民力……取莎及各項擔運軍丁 皆出內帑備置錢貨 以厚糧費……".
31) 『정조실록』 권28, 13년 10월 16일 戊辰.
32) 『정조실록』 권27, 13년 7월 15일 己亥.
33) 『정조실록』 권28, 13년 9월 13일 丙申.

(射亭)은 득중정(得中亭)이라 하였는데, 모두 임금의 글씨로 현판(懸板)을 썼다.[34]

약 3개월 후인 5월에는 행궁의 정문인 진남루를 비롯해서 강무당, 와호헌 및 창고와 행랑 등 340여 칸이 완성되었다.[35] 이 관청은 아버지 장헌세자의 원침을 봉심하러 오는 정조가 직접 머무는 행궁의 역할도 하게 될 것이기 때문에 매우 중요한 의미를 가지는 것이었다.

특히 원침을 옮긴 지 이듬해인 1790년 6월에는 원자(元子)인 순조(純祖)가 태어나고 농사도 유례없는 대풍이 들었다.[36] 이러한 일련의 사항은 화성에 대한 계획을 좀더 치밀하게 하는 계기가 된 것으로 보인다.

그렇지만 관청은 어느 정도 그 기틀이 잡혔으나 정조의 다음 언급으로 보아 민가 등 도시 거주지는 그 면모가 영락하였음을 알 수 있다.

이번 행차에 본부(本府)를 둘러보니, 새 고을의 관사(官舍)는 비록 틀이 잡혔으나 민가는 아직 두서가 없다. 그 가운데 이른바 약간 지어놓은 집이라는 것은, 땅굴도 아니고 움막도 아니어서 달팽이 껍데기 같기도 하고 게딱지 같기도 하다.……[37]

하지만 1년 후인 1791년(정조 15)에 다시 수원을 찾은 정조는 번듯한 도시로 변한 수원의 신읍치에 대해 다음과 같이 만족해 하고 있다.

조금 전에 새 고을을 지나오면서 보니, 경외인으로 집을 지은 사람이

---

34) 『정조실록』 권29, 14년 2월 9일 庚申.

35) 『정조실록』 권30, 14년 5월 7일 丁亥.

36) 『정조실록』 권30, 14년 6월 18일 丁卯 ; 『정조실록』 권31, 14년 9월 30일 丁未.

37) 『정조실록』 권29, 14년 2월 11일 壬戌, "今行周覽本府 新治官廨 雖成規模 民家未就頭緒 其中所謂若爾造舍者 非窨非卞 則似蝸殼似蟹匡……".

많아 지붕이 서로 이어져 번듯한 큰 도시가 되었으니, 매우 다행스럽다.[38]

새읍치를 옮긴 지 일년 반만에 겨우 도시로서의 면모를 갖추게 된 점을 지적하고 있는 것이다.

이후 정조는 수원을 본격적으로 진흥시키고자 하는 조치를 취했는데, 1793년(정조 17) 1월에는 수원부를 화성유수부로 승격시키고 판중추부사 채제공을 화성유수로 임명하였다. 좌의정을 역임한 채제공의 이 같은 임명은 화성신도시를 본격적으로 건설하기 위한 조치였다. 이외에도 장용외사(壯勇外使)와 행궁정리사(行宮整理使)를 겸임하게 하고, 판관 한 사람을 두어 보좌하게 하였으며 장용영병방(壯勇營兵房)을 고쳐 장용사(壯勇使)라 하였다.[39]

5월에는 호조판서를 역임한 이명식을 화성유수로 임명하고, 다시 화성축성이 본격화되는 1794년 2월에는 훈련대장을 역임한 조심태를 유수로 임명한다. 이는 실무에 밝은 무관 중 이미 수원부사를 역임하여 수원의 사정에 정통한 인물 발탁을 의미하는 것이다.

특히 화성 성곽이 완성되고 나자 신도시 화성의 도시 골격이 정돈되기 시작하였다. 행정적으로 성곽 안팎 주민들의 거주 구역은 2개 부로 나뉘어지고 다시 그 안에서 4개의 거주지가 편성되었다. 성 안을 남북으로 관통하는 남북대로와 관아 정문에서 동문으로 나아가는 동서도로가 중심대로가 되고, 두 도로가 교차하는 중앙에 십자가(十字街)라 부르는 교차로를 만들었다. 여기가 성 안 중심부이다. 남북대로의 서편, 즉 팔달산이 있는 산 아래쪽은 관아와 객사 등이 차지하였다. 십자가 주변은 전방(廛

---

38) 『정조실록』 권32, 15년 1년 17일 壬辰, "俄過新邑 見京外人築室者甚多 屋相連居然爲大都 殊可幸也……".

39) 『정조실록』 권37, 17년 1월 12일 丙午.

房)이 들어섰다. 나머지 북문과 남문 주변으로 비교적 규모가 큰 민가들이
자리했는데, 특히 남문 주변에 큰 집이 많이 들어서고 상대적으로 북문
주변은 소규모 주택들이 자리 잡았다.

처음에 시가지는 남리(南里)와 북리(北里)로 구분되어 있었다. 이것을
도성의 예에 따라 1796년 10월 3일에 남부(南部)와 북부(北部)로 명칭을
고쳤다. 아울러 같은 날 다시 시내 주민들의 거주지를 네 개의 행정 단위
로 세분하는 조처도 취해졌다. 네 개의 행정 단위는 '자내(字內)'를 써서,
'남성자내(南城字內)', '서성자내(西城字內)', '북성자내(北城字內)', '동성
자내(東城字內)'라 하였다.

'남성자내'는 신풍교 남쪽변에서 팔달문 안 서쪽변, 그리고 팔달문 밖
의 동서로에서 향교까지이며, '서성자내'는 신풍교에서 북으로 장안문
안 서쪽변에서 화서문 밖까지이다. '북성자내'는 십자가 동북모퉁이에서
장안문 안쪽 동쪽변, 그리고 보습곶이[甫十串]의 북에서 장안문까지이며,
'동성자내'는 십자가 동남변에서 팔달문 안의 동쪽변, 그리고 수원천 동
쪽의 아래 위이다.

1795년(정조 19)에는 총리사 채제공이 건의하여 용인·안산·진위 등
3읍을 화성의 속읍으로 삼았다.[40] 그리고 화성을 완성하고 난 후 1797년
9월에는 시흥과 과천을 화성유수부에 예속시켰다.[41]

(2) 특혜조치

가. 과거특설(科擧特設)

정조는 수원에 대한 특혜조치로 과거를 특설하여 관리로 등용하는 기

---

40) 『정조실록』 권42, 19년 윤2월 7일 己丑.
41) 『정조실록』 권47, 21년 9월 24일 庚寅.

208

회를 부여하였다. 특히 팔달산의 주인이었던 남인계통의 이운행을 등용하였다. 그는 여주 이씨 중시조 이고의 후손으로 향교의 건설로 인해 팔달산에 있던 선영 5기를 이장해야 했으며 정조가 이를 갸륵히 여긴 조처였다.[42] 이 같은 특혜조치는 계속되었는데 아버지가 묻혀 있는 이곳이 자신의 고향이나 마찬가지라고 하면서 말한 다음 글에서 그의 심정을 알 수 있다.

> ……부로(府老) 가운데 나이가 80 이상인 자에게는 가자토록 하고, 경내의 유생과 무사들에 대해서는 내년 봄 전성하는 행차를 기다려 설과(設科)하고 시취하고자 하며, 교속(校屬)으로서 오래 근무한 사람에 대해서는 관직을 제수하거나 조천(調遷)시키고 도목 정사 때마다 주의하도록 허락한다.[43]

부로는 물론 경내 유생과 무사들 그리고 교속들에 대한 배려까지 하고 있다. 이와 같은 수원부에 대한 특혜조치는 계속되었다. 새로 만들어진 신읍치 부근에 사는 유생과 무사들을 위해 과거시험을 보이고, 이어 시취(試取)하는 규정을 정하기도 하였다. 그리고 유생이건 무사이건 매월 그달 안에 새로 이주하는 사람의 거주지, 성명, 나이, 부조(父祖)의 직함 및 명가인지, 문벌(班閥)인지, 또는 중인·서인·공천(公賤)·사천(私賤)인지 그 내력을 자세히 적어 보고케 하는 조치도 취하였다.[44]

특히 수원에 행차하면 문과·무과 별시를 설행하여 수원·과천·광주 사람들을 뽑기도 하고, 득중정에 나아가 본부의 유생과 무사들을 시험보

---

42) 『정조실록』 권29, 14년 2월 1일 壬子.
43) 『정조실록』 권28, 13년 10월 11일 癸亥.
44) 『정조실록』 권29, 14년 3월 10일 庚寅.

이고 유생으로서 수석을 차지한 임후상은 전시에 응시케 하고, 무사로서 삼중(三中) 이상은 곧바로 전시에 응시케 하였다.[45]

그렇지만 신읍치에는 유생들과 같이 사회경제적으로 안정된 사람들이 몰려온 것 같지는 않다. 읍치를 옮길 때 수원부 유수 조심태의 다음 발언에서 그 정황을 알 수 있다.

> 각 도의 백성들이 다투어 몰려들어 주인과 나그네가 모두 곤란한 지경에 빠져 이러지도 저러지도 못하다가 끝내 조정에서 양식을 주어 돌려보낸 일이 있다.[46]

그러니까 수원에 몰려온 사람들은 당시 정부가 구상한 지식층이나 경제적 부를 가진 사람들이 아니라 농촌에서 유리된 농민이 대부분이었던 것이다.

한편 수원부 신읍치 조성에 공로가 있는 조심태의 집안과, 새로 들어선 장헌세자의 원침을 최고의 명당으로 지목한 윤선도의 자손들에게도 다음과 같이 과거시험에 대한 특혜조치를 취하였다.

> 경은 수원부의 새 고을을 설치한 공로가 있었으므로 경의 집안 사람이면 이사하였거나 서울에 살거나를 막론하고 이미 모두 본 고을의 과시에 참가하도록 하였는데 더구나 윤씨(尹氏)의 경우이겠는가. 더구나 해남은 수원과의 거리가 끝없이 멀지만 요즘 시권(試券)에 이름이 등록된 것을 보니 윤지운(尹持運)·윤지섬(尹持暹)·윤지홍(尹持弘)·윤지익(尹持翼)·윤지식(尹持軾)·윤지상(尹持常)·윤지민(尹持敏) 등의 성명이 있는데,

---

45) 『정조실록』 권29, 14년 2월 11일 壬戌 ; 『정조실록』 권34, 16년 1월 25일 乙未.
46) 『화성성역의궤』 권1, 계사, 계축년 12월 8일, "各道之民 駢塡坌集 主客俱因 進退不得 末乃有自朝家給糧 還送之擧".

이 밖의 권솔들로서 등록에 들어 있지 않은 자도 또한 필시 있을 것이다. 그렇다면 천리 길을 이사해오느라 자리잡고 살 경황이 없을 것은 미루어 알 만하다. 식목조(植木條)로 따로 등록한 돈 1천 냥을 특별히 떼어주니 경이 직접 관리하여 혹은 집을 사주기도 하고 물건을 사주기도 하여 곧 즐비한 집들이 마을을 이루게 하라. 그리고 열흘마다 보이는 시험과 앞으로 다가오는 과거시험에는 비록 권속이 아니라 하더라도 그 조상의 직계 후손임이 분명하면 모두 시험에 응시를 허락하겠다는 것을 알리라. 이 전교를 한 통 베껴서 주인집에 주라.[47]

특히 윤선도에 대한 정조의 애정은 각별하여 전라남도 해남에 살던 윤선도의 후손들이 수원부 신읍치로 집단으로 이주하는 모습을 보여주고 있다.

나. 인물포상

특히 사직 신기경은 당면 문제 12조항을 건의하는 가운데 다음과 같이 수원에 대한 특별조치를 건의하였다.

……둘째는 수원의 장교와 이졸(吏卒)들에게는 송도(松都)에서 시행하는 법에 따라 매달 급료를 지급하자는 일이고, 셋째는 수원의 군병들은 기병이나 보병을 막론하고 부유한 집의 장정들로 인원을 충당하자는 것이고, 넷째는 임진년과 병자년의 난리 때 창의사(倡義使) 우성전(禹性傳)이 의리를 제창하여 공훈을 세웠고 고(故) 병사(兵使) 김준룡(金俊龍)은 오랑캐를 섬멸하여 공을 세웠으니 마땅히 상 주어 장려하자는 일이고, 다섯째는 수원의 새 고을에 마땅히 성을 쌓아야 한다는 것이고,……[48]

47) 『정조실록』권31, 14년 12월 8일 甲寅.

48) 『정조실록』권32. 15년 1월 22일 丁酉, "……二日 水原校吏 用松都法 月給料 三日 水原軍兵 無論馬步 以富實丁壯者充額 四日 壬丙之難 倡義使禹性傳 倡義

이러한 건의에 대하여 수원의 기병과 보병을 부유한 사람을 골라 충당
시키는 것과 우성전 등을 포상하는 것 등은 그대로 시행되었다. 여기에서
수원 출신인 우성전과 수원의 광교산에서 전공을 세운 김준룡에 대한
포상 등은 수원과 관련한 충신들을 현양하기 위한 특별대우 조치였다.
한편 새로운 읍치에 성을 쌓아야 한다는 문제가 제기되었다. 신읍치에
성을 쌓아야 한다는 의견은 이미 신읍치를 옮긴 다음 해인 1790년 6월에
부사직 강유의 상소에서 제기된 바 있었다.[49]

다. 조세감면

정조는 수원을 고향과 같이 생각하고 이 지역을 진흥시켜 큰 도회로서
의 면모를 갖추고자 조세감면 조치를 취하는 데 다음의 글에서 그 내용을
알 수 있다.

> 따라서 이 고을은 나의 조상이 묻혀 있는 고을이고, 너희들은 이 고을의
> 백성들이다. 나는 너희들을 마치 한 식구처럼 여기면서 먹거리를 넉넉하
> 게 하고 산업을 풍부하게 함으로써, 생활에 안주하고 생업을 즐기는 방도
> 를 알게 해줘야, 나의 책임을 다하고 나의 생각을 풀 수 있을 것이다.……
> 새 고을 소재지에 이르러 경영한 것을 두루 둘러보건대, 집들이 즐비하게
> 늘어서고 거리가 질서정연하여 엄연히 하나의 큰 도회를 이루었으니……
> 원소 부근의 면리 및 이사한 백성들에게는 10년 동안 급복(給復)하고 새
> 환자(還上)를 탕감하며, 수보미(需保米)도 수량을 나누어 탕감하고 그 나
> 머지는 돈으로 대신 받아들이도록 허락하라. 그리고 모든 면리에 1년 동안
> 급복하고, 오래된 환곡 가운데 가장 오래된 3년 조는 탕감하고, 수보미도
> 수량을 나누어 탕감하도록 하라.[50]

樹勳 故兵使金俊龍 殲胡立功 宜加褒獎 五日 水原新邑 宜築城……".
49) 『정조실록』권30, 14년 6월 10일 己未.

아버지 장헌세자가 묻혀 있는 구읍치 주민들과 이곳에서 이사한 주민들에게는 10년 동안의 면세특혜를, 수원부 전체 면리의 주민들에게는 1년 동안 면세조치를 취하면서 기타 환곡과 군역을 탕감해 주는 모습을 볼 수 있다.

이외에도 수원 새 고을의 토지의 조세를 제1등급의 규례대로 면제해 주었는데 그 내용을 보면 다음과 같다.

······수원 새 고을의 민호에게 토지 5백 결에 대한 조세를 제1등급의 규례대로 면제해줄 것을 명하고,······51)

이후에도 각종 신역의 면제 등이 계속해서 이루어졌다. 수원부에 명하여 현릉원 밖에 살고 있는 백성들의 신역을 면제해주고 길을 닦고 눈 치우는 일만을 전담토록 하고, 수호군들에게는 1년 지공에 드는 비용에 준하는 값을 지급해주고, 원역(員役) 이하에게 준 전답은 감히 바꾸지 말도록 하였다.52)

3) 산업진흥책

구읍치에서는 토지와 가사(家舍)의 보상이 이루어지고 신읍치는 신읍치대로 백성을 모으는 작업을 진행하였다. 따라서 신읍치에 이주한 주민들에게도 각종 특혜가 주어졌다. 구읍에서 이사온 민인 469호에게는 모 2석씩, 원거민인 63호, 천사협호민인(遷徙夾戶民人) 16호, 타이래민(他移來民) 141호에게는 모 1석씩, 도합 719호에 모 1,188석을 나누어 지급하였

50) 『정조실록』 권28, 13년 10월 11일 癸亥.
51) 『정조실록』 권31, 14년 12월 8일 甲寅.
52) 『정조실록』 권36, 16년 11월 19일 甲寅.

다.53)

이러한 재정을 뒷받침하기 위하여 1790년(정조 14) 심도(沁都 : 강화도)의 쌀 560석을 수원부에 붙이도록 하였다.54) 같은 해 5월 상업발전을 위해서 균역청에 명하여 돈 65,000냥을 수원부에 특별 대출토록 하였다. 이러한 자금의 조달은 당시 수원부사 조심태의 다음 상소로 구체화된다.

본부의 새 고을 시정(市井)에 점포를 설치하는 일에 대하여 이미 대신들과 여러 재상들의 의견을 들었습니다만……본부는 삼남(三南)으로 통하는 요로이기는 하나 물산이 본디 적어서……반드시 본고장 백성들 중 살림밑천이 있고 장사물정을 아는 사람을 골라 읍 부근에 자리잡고 살게 하면서 그 형편에 따라 관청으로부터 돈을 받아가지고 이익을 남기며 살아가게 하는 것이 좋은 대책이 될 것이라고 하니, 이 의견이야말로 한번 시도해 볼 만합니다. 어떤 관청을 막론하고 利子가 없는 돈 6만 냥을 떼어내 고을 안에서 부자라고 이름난 사람 중에 받기를 원하는 자에게 나누어 주어 해마다 그 이익 나는 것을 거두게 하되, 3년을 기한으로 정하고 본전과 함께 거두어들인다면 백성들을 모집하고 산업을 다스리는 방법에 있어서 아마 하나의 큰 도움이 될 것입니다.……55)

이 같은 건의에 좌의정 채제공과 우의정 김종수도 정파의 차이를 넘어서 동의하고 균역청과 금위영·어영청 두 군영의 관서별향고(關西別鄕庫)에서 적당히 분배해 주도록 건의하여 결국 정조는 균역청의 돈을 떼어주도록 결정하였다. 이러한 조심태의 제의에 당시 노론의 영수인 김종수도 "서울 각 관청에서 차용하고 10년을 기한으로 하여 보상하는 것은

---

53) 『수원부지령등록』, 경술 7월 15일.

54) 『증보문헌비고』 시적고.

55) 『정조실록』 권30, 14년 5월 17일 丁酉.

전부터 이루어진 관례"⁵⁶⁾라고 하면서 동의하였다.

특히 신읍치 이전 다음 해인 1790년에는 수원의 발전 방안 중에서 상업
진흥책이 구체적으로 논의되면서 논쟁이 벌어졌는데, 좌의정 채제공은
서울의 부자에게 무이자 장기 대출을 건의하는가 하면, 번듯한 도시를
건설하기 위해 기와를 싸게 공급하기 위한 방도를 건의하기도 하였다.

옛 고을의 1천여 호에 가까운 집들이 달팽이집처럼 생긴 오두막뿐입니
다.……길거리를 정연하고 빽빽하게 만드는 방법은, 전방(廛房)들을 따로
짓게 하는 것보다 더 나은 수가 없습니다. 지금 우선 서울의 부자 20,
30호를 모집하여 무이자로 1천 냥을 주어서, 새 고을에다가 집을 마주보도
록 지어놓고 그들로 하여금 장사를 하여 이익을 보는 재미가 있게 한
다음, 몇 해를 기한으로 차차 나누어 갚게 한다면, 조정에도 별로 손해가
없고 새 고을에는 부락을 이루고 도회를 형성할 수 있게 될 것입니다.……
만약 1만 냥 안팎의 돈을 시험삼아 본 고을에 내주어 기와를 굽게 하여,
사려는 사람들에게 팔되 절대 이익은 취하지 말고 본전만을 받는다면,
기와집을 어느 정도 세울 수 있고 나랏돈도 축내지 않을 것입니다.……고
을의 근방에다가 한 달에 시장을 여섯 번 세우고 한 푼이라도 절대 세를
거두지 말고 단지 서로 장사하는 것만을 허락한다면, 사방의 장사치들이
소문을 듣고 구름떼처럼 모여들어서 전주나 안성(安城) 못지않은 큰 시장
이 형성될 것입니다.……⁵⁷⁾

더 나아가 시장을 세우되 세를 받지 말 것을 건의하여 시전에 대한
면세조치로 수원의 신읍치를 새로운 상업도시로 키울 것을 건의하고 있
다. 이에 대하여 사직(司直) 김화진·이문원, 형조판서 김사목(金思穆) 등
은 동의하였으나 사직 서유린은 서울 시전상인들과의 문제를 들어 반대

56) 『정조실록』 권30, 14년 5월 17일 丁酉.
57) 『정조실록』 권29, 14년 2월 19일 庚午.

하였다.

> 부자들을 이주시키고 시장을 옮기는 것은, 참으로 백성들을 모아들여 잘살게 하는 방법인 셈입니다. 그러나 전방(廛房)을 따로 짓는 것은, 누원(樓院) 등의 이전의 실례로 미루어 보더라도 서울 시장의 전방과 서로 방해가 될 염려가 있을 것 같습니다.[58]

또한 경기관찰사 서유방도 같은 이유를 들어 채제공의 의견에 반대하고 있다.

> 전방에 대한 한 가지 문제는 혹시 서울과 지방이 서로 지장을 줄 폐단이 없지 않을 것입니다.[59]

그렇지만 대부분의 신료들은 수원의 신읍치를 진흥시키기 위해 부역과 조세의 감면, 도회지 사람들의 이주, 장사 이익의 바탕 마련 등에 대한 의견을 개진하였다.[60]

한편 저수지와 둔전(屯田)도 건설되었는데, 1794년 겨울부터 북성 바깥의 땅을 개간하기 시작하여 1795년 3월에는 만석거 둑을 쌓기 시작하였다. 규모는 길이 875척, 너비 850척, 높이 12척 5치, 두께 10척 5치, 깊이 8척 7치, 수문이 2곳, 몽리답이 66섬지기였으며[61] 이렇게 만든 저수지 옆에 대유둔이 완성되었고, 그리하여 고등동 북쪽 들판에 물을 공급하게 되었다. 여기에는 왕실에서 하사한 돈 2만 냥이 투입되었다.[62] 이러한

---

58) 위의 책.

59) 위의 책.

60) 『정조실록』 권29, 14년 2월 19일 庚午.

61) 『수원군읍지』 堤堰, 광무 3년 5월.

성공에 힘입어 1798년에 용주사 앞에 만년제(萬年提)[63]를, 1799년에는 화성에서 가장 큰 규모의 축만제(祝萬提, 西湖)를 건설하였다.

2. 화성 건설 경비의 지출

1) 화성 건설의 자금 조달

(1) 직급비용(直給費用)

화성 축성을 위한 정치적 명분은 충분하였다. 그렇지만 현실적으로 가장 중요한 것은 자금 조달 문제였다. 정조는 화성성역에 필요한 자금을 조달하기 위한 방안을 대신들과 각신들을 불러 논의하였다. 특히 자금 조달 문제는 성역을 시작하기 바로 두 달 전에도 두서를 잡지 못하고 있었다. 전 수원부사 조심태는 금위영(禁衛營)과 어영청(御營廳)의 두 군영에 딸린 향군(鄕軍)을 10년 동안 1개 초(哨)를 줄이면 해마다 근 1만 냥의 돈을 얻을 수 있다고 하였으나, 비용을 어떻게 조달할 것인지에 대한 구체적인 방략은 아직 강구하지 못했다고 하였다.[64] 정조는 구체적인 방안을 채제공에게 다음과 같이 질문하였다.

> 수원의 성 쌓는 역사를 경이 그곳의 유수(留守)로 있을 때 경영하다가 중간에 정승에 임명됨으로 인하여 중지하고 말았다. 나는 생각하기에 10년 정도면 완공할 수 있다고 여기지만 만일 감독으로 적임자를 얻으면 어찌 꼭 10년이나 끌겠는가. 모든 일은 규모를 먼저 정하는 것이 가장 중요하고, 규모는 미리 경영을 하는 것이 가장 중요하며, 경영은 또 적임자를 얻는 것이 가장 중요한 것이다. 오늘 경들을 특별히 부른 것은 이 때문

62)『화성성역의궤』권수 시일, 부편1, 정거 ;『정조실록』권48, 22년 4월 27일 辛酉.
63)『정조실록』권48, 22년 4월 27일 辛酉.
64)『화성성역의궤』연설, 계축년 11월 16일 ;『정조실록』권38, 17년 11월 16일 乙巳.

이다. 나무·돌·재물·인력 등에 대해서 나의 생각은 원래 국가의 경비를 쓰지 않으려고 한다. 예컨대 금위영과 어영청 두 군영에 속한 정번군(停番軍)이 무는 돈을 가져다가 쓰면 공사간에 조금도 구애될 것이 없을 듯한데 경들의 생각은 어떤가?[65]

이미 금위영과 어영청 두 군영의 정번전을 사용할 것을 굳힌 것이다. 이에 대해 채제공이 동의하고 그 구체적인 금액이 얼마나 될 것인가에 대한 물음에 조심태는 한 해에 2만여 냥은 될 것이니 10년을 한정하여 계산하면 25만 냥이 될 것이라고 하였다. 이에 대해 정조는 "40~50만 냥 정도의 재물이 있으면 넉넉히 준공을 할 수가 있겠는가?"라고 질문하였다. 이에 대해 채제공은 30만 냥이면 충분하다고 하였고, 조심태는 30만 냥 가지고는 부족할 듯하다고 하였다. 그러니까 자금 조달 문제에 대해서는 30~50만냥 정도가 필요할 것으로 논의된 것이다. 이로 보아 당시 자금 조달 문제는 치밀하게 계산된 상태가 아닌 것이다. 실제 성역에 현금 89만 냥이 들어간 것으로 보아도 너무 터무니없는 논의였던 것이다. 이러한 논의 과정에서 보면 무장 출신 조심태가 가장 실무에 밝았음을 알 수 있다.

자금 조달 방법은 유형원의 『반계수록』의 "향군을 정번한 사람의 힘을 빌려야 한다"는 주장을 따른 것이고 축성을 위한 준비자금으로는 1793년에 금위군을 정번한 데서 얻은 돈 28만 냥이 감동당상 조심태에게 지급되었다.[66]

이러한 조치를 거친 이후 1795년 12월 6일 정조는 공사 총괄은 채제공을 맡기고 감동당상에는 채제공의 건의에 따라 수원부사를 역임한 조심

---

65) 『정조실록』 권38, 17년 12월 6일 乙丑.
66) 『화성성역의궤』 권1, 啓辭 계축, 12월 6일.

태를 임명하였다.[67)

　화성성역에 구획(區劃)된 총 금액은 전 87만 3천 517냥 7전 9푼과 특별
회계인 경기회부미 쌀 1천 495석 11두 4홉이었다. 그 중에서 직접 배정된
전은 20만 1천 705.31냥과 추가 투입된 비용 4만 1천 812.48냥을 합해
24만 3천 517냥 7전 9푼이고, 빌려온 돈의 총액은 63만 냥이었다. 먼저
직접 배정된 돈의 내역을 살펴보면 다음 <표 3-16>과 같다.

<표 3-16> 화성성역 배정 금액 중 직접 배정[直給] 내역

획급기관		항목	비용(냥)
직접 배정	關西	小米代錢	25,000
	戶曹	句管米	17,261.6.2
	平安 兵營	月費錢	20,000
	경상 감영	기부전	20,000
	전라도 감영	기부전	15,000
	평양 감영	기부전	10,000
	황해도 감영	기부전	5,000
	금위·어영	양영미 대전	10,000
	각도	을묘 가분모 대전	24,000
	영남	가분모 대전	10,000
	해서 수영	군향소미 대전	6,000
	호남	조창여미 대전	14,443.6.9
	관서	목대전	15,000
	경상도 감영	남창전	10,000
소 계			201,705.3.1
추가 투입	수안	금전세전	9,666.4.7
	각 아문·호남	환무첨보전	23,511.3.1
	책응소	환봉전	8,634.7
소 계			41,812.4.8
총 계			243,517.7.9

　* 자료 : 『화성성역의궤』 권5, 財用 上, 區劃條.

---

67)『화성성역의궤』 권1, 啓辭, 계축 12월 6일 ;『정조실록』 권38. 17년 12월 6일 乙丑.

1795년까지는 평안병영, 관서(關西), 각도와 을묘년의 가분모대전(加分耗代錢), 영남병영, 완영(完營) 등에서 갹출하여 지급하였으나 경비부족으로 호조·평양·황해도·금위영·어영청·호남 등에서 더 투입되었고, 나아가 수안 금전세와 각 아문 상환 전목 및 호남에서 쌀 팔아 오는 몫 및 마차소 및 섬 재목 가지 등을 판 돈도 추가로 지급되었다.[68] 여기서 수안의 금전세가 약 1만 냥 정도 획급된 것은 전체 금액에서는 미미한 것이었음을 알 수 있다.

(2) 대부 및 상환기관

다음으로 꾸어온 돈의 내역을 살펴보자

다음의 <표 3-17>에서 알 수 있는 바와 같이 주요 대부기관과 대부총액은 장용영의 25만 냥, 균역청의 30만 냥, 어영청의 4만 냥, 금위영의 4만 냥 등이었다.

정조가 1800년에 사망한 이후 실제로 상환했는지의 여부는 알 수 없으나, 위 자료에 의하면 화성성역에 실제 사용된 비용의 대부분은 어영청과 금위영으로 들어올 정번전과 기영과 완영 등의 비용이 사용되었다. 그러니까 화성성역에서 실제 자금염출 기관은 어영청 20만 3천 냥, 금위영13만 3천 냥, 기영과 완영이 각각 10만 냥으로 호조와 선혜청과 같은 중앙재정기관에서는 단지 5천 냥과 1만 냥이 투입되었을 뿐이었다. 이외에 경상도 감영에서 5만 냥, 통영 5천 냥, 4영문 1만 8천 냥 등이었다. 그리고 가장 많이 꾸어온 기관인 균역청과 장용영의 돈은 한푼도 사용되지 않았다.

---

68) 『화성성역의궤』 권5, 재용 상, 구획조.

220

<표 3-17> 화성성역을 위한 대부금과 상환기관 및 분담액수

대부기관	대부금액	상환기관	분담액수	분담금조달항목	상환연수(기간)	상환액/1년
장용영	250,000	경상도감영	50,000	남창별비전	10(을묘~갑자년)	5,000
		금위영	7,000★	정번전	0.5(을묘년)	
		금위영	63,000★	정번전	7(병진~임술년)	9,000
		금위영	400★	정번전	1(계해년)	400
		어영청	7,000●	정번전	0.5(을묘년)	
		어영청	56,000●	정번전	8(병진~계해년)	7,000
		통영	5,000	연례별비전	10(을묘~갑자년)	500
		4영문	18,000	월과미대전	5(병진~경신년)	3,600
		선혜청	10,000	별하고전	10(을묘~갑자년)	1,000
		호조	5,000	작지색전	10(을묘~갑자년)	500
		평양	10,000▲	을묘년별비전		
		평양	12,600▲	연례별비전	9(병진~갑자년)	1,400
		각도	6,000	을묘년가분모조		
균역청	300,000	전라도	100,000■	상채곡대전	8(을묘~임술년)	
		평양	77,400▲	연례별비전	9(병진~갑자년)	8,600
		금위영	35,000★	정번전	7(병진~갑자)	5,000
		금위영	13,600★	정번전	1(계해년)	
		어영청	70,000●	정번전	10(병진~을축년)	7,000
		어영청	4,000●	정번전	1(병인년)	4,000
금위영	40,000	금위영	14,000★	정번전	1(갑인년)	
		어영청	14,000●	정번전	2(갑자~을축년)	7,000
		어영청	4,000●	정번전	1(병인년)	4,000
		어영청	8,000●	정번전	1(정묘년)	8,000
어영청	40,000	어영청	14,000●	정번전	1(갑인년)	
		어영청	12,000●	정번전	2(병인~정묘년)	6,000
		어영청	14,000●	정번전	1(무진년)	14,000
합계	630,000					
주요상환기관별합계	203,000	어영청●				
	133,000	금위영★				
	100,000	기 영▲				
	100,000	완 영■				

* 자료 :『日省錄』권22, 정조 19년 7월 15일 ;『정조실록』권43, 19년 7월 15일 甲子 ;『화성성역의궤』권5, 구획조(『정조실록』에는 금위영에서 劃 給한 돈 가운데 어영청에서 병인년에 갚을 금액이 14,000냥으로 잘못 기

재되었고, 마찬가지로 어영청에서 빌린 돈 가운데 무진년에 갚을 금액이
12,000냥으로 잘못 기재되었다. 『일성록』의 기록이 정확한 것이다).
★는 금위영, •는 어영청, ▲는 기영, ■는 완영에서 상환

이상과 같이 화성성역에는 중앙재정뿐만 아니라 기영·완영·통영·
경상도감영 등의 지방재정에서도 충당되었다. 화성성역의 비용이 내탕금
으로 지출되었다는 정조 자신의 발언이나 그렇게 알려진 일반적 풍문은
사실과 다른 것임을 알 수 있다.
이는 정조 자신이 다음과 같이 진술한 데서 연유한다

화성(華城)의 성을 쌓는 공사를 3년 만에 완공시키면서도 백성들을 번거
롭게 동원하지도 않았고 국가의 경비를 축내지도 않았었다. 이는 비록
종전부터 내탕고에 비축해 두었던 저축 덕분이기는 하지만……69)

그러나 축성을 위한 자금이 원활하게 조달된 것은 아니었다. 특히 축성
을 시작한 1794년은 유례없는 가뭄으로 국가재정에 대한 압박이 가중되
었다. 그리하여 잠시 성역을 중단하는 윤음을 내렸다.70) 하지만 화성성역
은 계속 진행되었다.
화성성역을 시작한 지 19개월이 지난 시점인 1795년 7월에 올린 별단에
의하면 직접 떼어준 돈이 13만 냥, 획급(劃給) 비용이 63만 냥으로 이미
76만 냥이 투입되었다.71)

<hr>

69) 『정조실록』 권45, 20년 10월 22일 甲午.
70) 『화성성역의궤』 권1, 筵說, 갑인 11월 1일. 일반적으로 화성성역은 이때 중지된
　　것으로 알려져 있다. 그렇지만 『화성성역의궤』를 자세히 보면 북용성을 중심으
　　로 성역은 계속되고 있었다. 이는 1795년 윤 2월 혜경궁 홍씨의 회갑연을 염두에
　　둔 것으로 볼 수 있다. 따라서 성역기간 33개월에서 6개월을 뺀 기간을 성역기간
　　으로 보는 것은 잘못된 것이다.

화성은 1794년 1월부터 시작하여 1796년 9월에 완성하였다. 따라서 10년 계획에서 2년 9개월로 공기가 단축되었다. 그리하여 축성 비용도 짧은 기간에 한꺼번에 많은 양이 필요하게 되었다.

화성이 빨리 완성된 이유 중의 하나는 혜경궁 홍씨의 회갑인 1795년 윤 2월에 맞추어 축성 속도를 앞당기고자 한 것에 그 원인이 있는 것으로 보인다. 그러니까 행궁의 낙남헌 등 주요 건물과 장안문·팔달문·화홍문·방화수류정 등 주요 시설은 이미 1795년 윤 2월 이전에 완성한 것이다.

1796년 10월 15일의 낙성식에는 정조가 김포의 장릉(章陵)을 거쳐 참가하는 계획을 착실히 준비하였다. 그러나 옹주가 두질(痘疾)을 앓자 정조는 원자와 함께 이문원으로 거처를 옮겼다.[72] 돌발상황이 벌어진 것이다. 낙성식도 중요하였지만 왕위를 이어갈 원자의 보호가 더 중요한 문제였기 때문이었다.[73]

2) 항목별 지출내역

<표 3-18>은 화성신도시 건설에 지출된 항목을 『화성성역의궤』의 분류방식대로 표로 정리한 것이다.

이 표는 앞에서 살펴본 배정된 비용과는 달리 실제 들어간 비용을 정리한 것이다. 분록조는 각소 시설물별로 기록한 조목이고, 도하조(都下條)는 『의궤』의 실입2로 도청에서 내린 조목이며, 별하조(別下條)는 실입3으

---

71) 『정조실록』 권43, 19년 7월 15일 甲子.

72) 『정조실록』 권45, 20년 9월 22일 甲子.

73) 정조가 참가하지 않은 이유를 정치적 붕당관계의 긴장 속에서 파악하려는 것은 모든 사안을 정치적으로 보려는 데 있는 듯 하다(유봉학, 2001, 『정조대왕의 꿈』, 신구문화사, 140쪽). 정조는 1796년에 준비한 대로 다음 해인 1797년에 장릉을 거쳐 화성에 행차하였다.

<표 3-18> 항목별 지출내역

구분	비용(냥.전.푼)	비율(%)		구분	비용(냥.전.푼)	비율(%)
돌떠내는값	126,617			터를 사들인 집과 전답	5,202.2.3	
벼린 시우쇠	32,271.0.7			수레길과 가마의 논밭	362.4.4	
숯	7,317.1.1			수확	1,685.1.6	
담돌 잡석	47,886.3			수레길	1,216.3.8	
산자깨비	608.4.9			신작로	4,629.3.5	
보수 단장 철물	14,214.4.9			(재목)	13,586.2.6	
기와	2,591.3.7			기계값, 삼태기 보수	4,326.7.5	
벽돌,벽돌기와	25,611.4.3			수레 및 보수비용	25,710.4.1	
석회	7,956.5.9		도하조	수레소	3,759.9	
단청	2,020.3.1			(잡물), 가마솥 보수	2,985.0.7	
도배	67.2.3			(종이,먹,붓)	160.7.4	
鋪陳(자리)	81.1.5			현판, 인쇄	5,112.5.6	
소계	267,242.5.4	33.2		가가	4,671.6.8	
석수공전	73,169.1.6			서울 운반 품삯	16,901.6.2	
야장	10,291.8.7			급료	708.7.7	
목수	13,381.4.1			호궤	2,092.2.7	
미장이	24,417.4.2			노자돈	652.9	
기와장이	301.5.9			약물	915.6	
화공	608.2.3			고사지낸 돈	277.3.1	
가칠장이	747.3			고유상량 제수	4,658.1	
부계장	673.6.4			낙성잔치		
조각장	849.2.4			소계	99,615.5	12.4
목혜장	1,107.3.2			축대,표석	294.0.6	
큰끌톱장이	439.8			식목	1,961.9.4	
작은 끌톱장이	612.6			배만든 값	100.1.2	
걸톱장이	437.4		별하조	기술자·모군 특별시상	2,839.5	
기거장이	512.4			기술자·모군 치료비	734.0.3	
선장이	313.9.8			묘를 옮김	939.7	
안자장이	133.5.6			개인 집 사준 돈	1,220	
마조장이	53.7.6			둔전 매득	5,000	
박배장이	90.9.8			병풍	1,430	
병풍장이	5.0.4			갖가지 잡다한 돈	1,647	
자리장이	2.5.2			소계	16,166.3.5	2
소계	128,149.2.2	15.9		총계(돈)-①	804,963.9.1	100
모군고가전	123,424.5			각도 회감곡물-③	13,170섬 6말 8되 1홉 8작	
담군고가전	58,535.5					
거운고가전	53,895.1.6			도청 감동 이하 원역요미-④	1,495섬 11말 4홉	
태운고가전	23,147.3.8					
(모래 흙)	34,787.7.6			遺在(재고)-⑤	12,926. 2.	
소계	293,790.3	36.5		화성행궁, 공해, 단묘, 정자와	55,734.1.1	
分錄條 합계	689,182.0.6	85.6		보 - ②		

* 자료 : 『화성성역의궤』 권6, 재용(하)

로 특별히 내린 조목이다. 실제 들어간 비용은 전(錢)이 ①과 ②의 합 86만 698냥 2푼이고 재고(⑤)까지 합치면 87만 3천 624냥 4전이다. 따라서 구획된 돈 87만 517냥 7전 9푼과는 7냥 6전 1푼의 차이가 있음을 알 수 있다. 그러니까 화성 건설에 쓰인 실제 비용은 재고를 뺀 86만 698냥 2푼과 미리 배정된 도청 감동 이하 원역요미 1,495섬 11말 그리고 각도에서 마련한 곡물 13,170섬 6말 3되 1홉 8작 등이다.

실제 들어간 비용 중 화성행궁 등을 제외한 80만 4천 963냥 9전 1푼에 대해 분석해 보면, 각종 재료는 26만 7천 242냥 5전 4푼이 들었고 여기에 도하조의 재목값 4천 629냥 3전 5푼을 더하면 총 27만 1천 871냥 8전 9푼이 지출되었다. 이는 지출된 돈의 약 33.8%에 달한다. 그 중에서도 돌 떠내는 값에 가장 많은 12만 6천 617냥이 지출되었다.

숙련공에게 지급된 인건비는 12만 8천 149냥 2전 2푼으로 15.9%이고 여기에 모군에게 지급된 12만 3천 424냥 5전과 담군에게 지급된 5만 8천 535냥 5전의 합은 18만 1천 960냥으로 22.7%에 달한다. 이 둘을 합하면 31만 109냥 2전 2푼으로 38.5%에 달한다. 공사 비용 중 인건비에 근 2/5가 들어간 셈이다.

3) 시설물별 투입액

다음 <표 3-19>에서 보는 바와 같이 화성 성곽 시설물별 건설비용에는 돌·재목·철물·벽돌·석회 등 각종 재료비와 석수·목수·대장장이 등의 공임, 잡부(모군)·짐군·수레운반의 품삯 등이 포함되어 있다. 가장 비용이 많이 소용된 단일 건물은 팔달문으로 5만 2천 423냥 1전 3푼이 들었다.[74]

---

74) 장안문의 홍예문 규모가 커서 장안문에 투여된 비용이 가장 많은 것으로 알고

<표 3-19> 화성 시설물별 공사비용

시설물	비용 (냥.전.푼)	시설물	비용 (냥.전.푼)	시설물	바용 (냥.전.푼)
평지북성	63,735.5	수문청	139.8.1	동북공심돈	3,002.6
평지남성	23,417.0.4	동옹성	3,002.4.4	봉돈	5,320.1.7
산상서성	75,198.9.6	화서문	12,668.8.1	서봉산봉돈	258.4.9
산상동성	110,873.3	수문청	139.7.7	동북각루	5,352.1.3
여장	47,866.5	서옹성	2,480.2.7	용연	684.0.8
북동치	2,150.8.9	남암문	4,287.8.3	서북각루	411.8.9
서1치	1,407.3.1	동암문	1,712.1.9	동남각루	410.0.9
서2치	1,180.9.6	북암문	1,107.0.9	서남각루	885.1.2
서3치	1,168.4.3	서암문	1,253.1.4	甬道	5,408.9.2
남치	1,239.8.4	서남암문	1,777.9.5	북동포루	3,188.5.2
동3치	1,727.9.1	화홍문	30,940.4.3	북서포루	3,308
동2치	1,535.9	남수문	30,446.7.5	서포루	2,647.5.4
동1치	1,728.1.2	濬川募軍 品삯	5,902.6.6	남포루	3,203.5.8
장안문	50,890.2.2	다리건설	247.2	동포루	3,280.9.4
수문청	187.5.9	北池募軍 品삯	552.9	동북포루	2,775.2.2
북옹성	15,608.8	東池募軍 品삯	1,420.5	북포루	2,955.2.3
북동적대	4,682.2.6	南池募軍 자재	1,728.6.4	서포루	2,667.3.2
북서적대	4,743.3.7	서장대	7,910.7.5	동이포루	2,721.0.9
팔달문	52,423.1.3	동장대	13,574.7.9	동일포루	2,881.8.4
수문청	186.5.3	수직청	294.4.5	중포사	214.9.4
남옹성	15,703.9.9	동북노대	3,748.9.3	내포사	179.9.2
남동적대	4,855.9	서노대	1,815.3.1	성신사	2,279.6.2
남서적대	4,992.7.5	서북공심돈	3,530.6.4		
창룡문	13,335.7.3	남공심돈	3,620.6.3	계	689,182.0.6

* 자료 : 『화성성역의궤』 권5, 재용(상) ; 권6, 재용(하)

이는 팔달문 공사를 위해 터파기를 할 때 엄청난 양의 지하수가 분출하여, 기초돌 쌓는데 비용이 많이 들어갔기 때문이다. 다음은 장안문·화홍문·남수문·동장대·창룡문·화서문·서장대 순이었다. 그리고 각루 중 동북각루(방화수류정)는 가장 심혈을 기울여 건설되었으며 암문 중에

있는 풍문은 사실과 다른 것이다.

226

서도 남암문이 가장 비용이 많이 들었고, 포루와 공심돈 등에 2,000냥에서 4,000냥 사이의 건축 비용이 소요되었음을 알 수 있다.

<표 3-20> 화성행궁 및 공해·단묘 기타 시설물별 공사비용

행궁	비용(냥.전.푼)	공해	비용(냥.전.푼)	단묘	비용(냥.전.푼)
봉수당행각	4,329.7.2	남북군영	1,993.0.9	사직단	398.1.9
장락당	3,236.9.1	외정리소	2,766.6.1	문선왕묘	7,599.9.5
경룡관	1,354.7.4	서리청	1,488.1.8	제기	137.0.4
복내당	1,702.0.8	강무당행각	1,753.1.1		
유여택	5,064.2.5	무고행각	990.7.7	정자와 보	비용(냥.전.푼)
낙남헌	8,655.7.	화약고	773.0.8		
동행각	27.7.4	화약도침소	459.8.7	영화정	2,105.7
동삼문	1,314.9.	수성고	1,849.9.7	만석거 둔사	411.3.3
득중정	2,489.6.4	지소	2,623.5.2		
신풍루행각	739.5.6				
신풍교	917.5.3				
마랑	578.6.7			계	55,734.1.1

* 자료 :『화성성역의궤』附編3, 財用.

화성행궁은 앞에서 살펴본 바와 같이 1789년 7월부터 시작하여 1790년 5월에는 약 340여 칸에 달하는 규모로 완공되었다. 처음에는 수원행궁이던 것이 1793년에 행정구역명이 화성유수부로 승격되면서 '화성행궁'으로 그 명칭이 바뀌었고, 1794년부터 화성행궁을 확장 증축한 내용이 바로 위 표인 것이다.

총 비용은 5만 5천 734냥 1전 1분이 들었다. 이 중 가장 규모가 큰 것은 낙남헌이었다. 그리고 봉수당에 행각과 장락당이 덧붙여졌다. 그리고 정조가 화성에 행차하면 접견하는 장소로 사용한 유여택이 새로 건립되었다. 임금 행차 준비를 담당하는 외정리소와 서리청 그리고 남·북군영이 이때 완성된 것이다. 특히 향교가 더 큰 규모로 확장된 것으로 보이며 만석거 주변에 영화정이 새롭게 건립되었다.

제4장
화성 축성방략과 성제

제1절 기존 성제의 고찰

1. 중국성제

화성 축성 전 과정을 기록한 공사보고서 『화성성역의궤』의 「어제성화주략」에서는 "규형(圭形)의 성벽은 '경성의 성'을, 곡성이나 초루의 법은 '유성룡의 성제'를, 문루와 누조는 '모원의의 『무비지』'의 법을 참고했음을 밝히고 있다.

정약용은 중국성제 중 가장 먼저 모원의(茅元儀)가 편찬한 『무비지(武備志)』[1]를 참고해서 「성설(城說)」을 지어 정조에게 올렸다. 그 후 정조는 궁중에 내장되어 있는 도서 『기기도설』을 다시 내려주었다. 이 『기기도설』은 『고금도서집성』에 실려 있는데 여기에서 주요하게 거명되는 책도 『무비지』이다.[2] 이 『무비지』가 조선에 유입되는 과정을 살펴보기로 하자. 『무비지』는 1737년(영조 13) 중국 사행에서 구입한 것을 이듬해인 1738년(영조 14)에 50권을 평안병영에서 간행한 것이다.[3] 또한 1777년(정조 1)에 『고금도서집성』 5천 20권을 구입해 왔는데,[4] 여기에도 『무비지』의 내용이 실려 있다.

조선에서 성제(城制)에 대해 고민하기 시작한 것은 무엇보다도 임진왜란을 기점으로 보아야 할 것이다. 당시 파죽지세로 한반도를 점령한 왜군이 평양성에 자리잡고 있을 때, 명나라 장수 이여송이 평양성을 함락시켰

---

1) 명나라 말엽 무관 출신 모원의가 지은 240권의 책. 병략과 전략, 무기, 군수 등 국방에 관한 역대 모든 저서와 논저 및 평론 등을 집대성하였다(국방군사편찬위원회, 1989, 『民堡議 · 民堡輯說(附, 魚樵問答)』, 12쪽).

2) 정약용, 『여유당전서』 시문집 권10, 「城說」.

3) 『영조실록』 권47, 14년 10월 20일 己亥.

4) 『정조실록』 권3, 1년 2월 24일 庚申. 1725년 완간되었는데 1만 권이다.

다. 이때 승리한 정황을 이덕형은 다음과 같이 보고하였다.

　　불랑기(佛狼器) · 호준포(號蹲砲) · 멸로포(滅虜砲) 등의 기구를 사용하
였습니다. 성에서 5리쯤 떨어진 곳에서 여러 포를 일시에 발사하니 소리가
하늘을 진동하는 것 같았는데, 이윽고 불빛이 하늘에 치솟으며 모든 왜적
들이 붉고 흰 깃발을 들고 나오다가 모두 쓰러졌습니다. 그러자 중국 병사
들이 우르르 성으로 들어갔습니다.[5]

　　또한 유성룡은 다음과 같이 산성의 유리함을 주장하면서 조총을 사용하
는 왜군을 방어하기 위해 편찬한 『기효신서』의 우수성을 지적하고 있다.

　　『기효신서(紀效新書)』를 보면 중원의 성 제도가 옛날과 다릅니다. 옛날
성을 공격하는 것은 운제(雲梯) · 충차(衝車) · 지도(地道)일 뿐이었는데,
적(賊)은 조총을 많이 쏘아 사람들이 감히 접근하지 못하게 하고 마음대로
공격하므로 지키기 어렵습니다. 『신서』의 성제(城制)는 대체로 왜를 방어
하기 위하여 마련한 것입니다.……그러나 산성의 경우는 토루로 공격할
수 없고 조총도 위로 향하여 쏘기가 어려우니 지키기에 쉬울 것 같습니
다.[6]

　　임진왜란 때 명군(明軍)이 왜군을 물리치고 평양성 전투를 승리로 이끄
는 데 중요한 군사교본으로 척계광(戚繼光, 1528~1587)[7]의 『기효신서』
가 대두된 것이다. 이 책은 1560년 척계광이 왜구를 소탕하기 위해 편찬한

---

5) 『선조실록』 권49, 27년 3월 20일 戊戌.

6) 『선조실록』 권53, 27년 7월 17일 癸巳.

7) 明의 定遠人이다. 독서를 좋아하고 經史의 大義에 통하였다. 副建總督에 승하고
　都督同知를 거쳐 太子太保에 올랐다. 저서로 『기효신서』 · 『練兵實記』 등이 있
　다.

것으로, 1593년 이여송이 『기효신서』의 전법으로 평양성 전투를 승리로 이끌었다고 하여 선조가 어렵게 구입하여 우리에게 알려진 것이다. 이에 따라 임진왜란을 겪은 선조대부터 숙종대 서북 변경 방비에 대한 논의나 군병과 관련한 '시무책'를 올릴 때, 그리고 영조대 봉대(烽臺)에 관련한 상소 때8)에는 모두 이 『기효신서』의 병법에 기초하여 상소하는 것이 일반화되어 강병의 기본 지침서가 되었다. 특히 정조대에는 『기효신서』를 모방하여 『병학통』, 『병학지남』 등의 병서와 이를 더욱 발전시켜 『무예도보통지』를 간행하였다.9)

『기효신서』10)의 내용을 보면 성제는 권13 수초편(守哨篇)에 수록되어 있는 바 '치제(雉製)', '현안제(懸眼製)', '타구전제(垜口磚製)', '중문대루제(重門大樓製)', '옹성권문제(甕城券門製)', '기성포제(騎城舖製)', '우마장제(牛馬墻製)', '돈후제(墩堠製)' 등에 관해 그림을 곁들여 설명하고 있다.

먼저 '치제'의 특징은 50타(垜)마다 치를 두고 타마다 현안을 1개씩 뚫었다. '현안제'에서는 타마다 중간에 현안을 둘 것과 전돌로 현안을 만드는 방법을 그림으로 설명하고 있다. '타구전제'에서는 전돌로 타구(垜口)를 만드는 방법에 대하여, '중문(重門)대루제'에서는 중문에 화려하고 위용을 나타내는 루가 반드시 있어야 한다는 것, '옹성권문제'에서는 옹성은 정성의 크기에 따라 넓거나 좁게 만들어야 한다는 것, '기성포'에 대해서는 1치마다 1포를 두어야 한다는 것, '우마장'제는 성 밖에 호를 파고 우마장을 만들고 위에는 대장군포 등의 대포를 쏘는 포혈(砲穴)을,

8) 『광해군일기』 권39, 3년 3월 29일 己巳 ; 『숙종보수실록』 권19, 14년 6월 14일 乙卯 ; 『영조실록』 권114, 46년 윤5월 26일 辛未.

9) 『정조실록』 권20, 9년 9월 11일 丁巳.

10) 본 책에서는 규장각본 『기효신서』를 저본으로 하였다. 국방군사연구소에서는 1998년 이를 바탕으로 『기효신서』를 펴낸 바 있다.

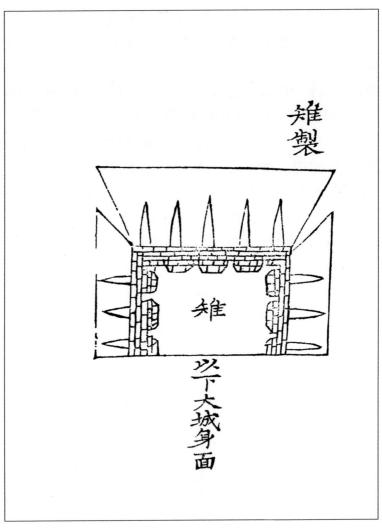

치도(雉圖) | 볼록 여장에 치의 벽면마다 현안이 세 개씩 뚫려 있다.

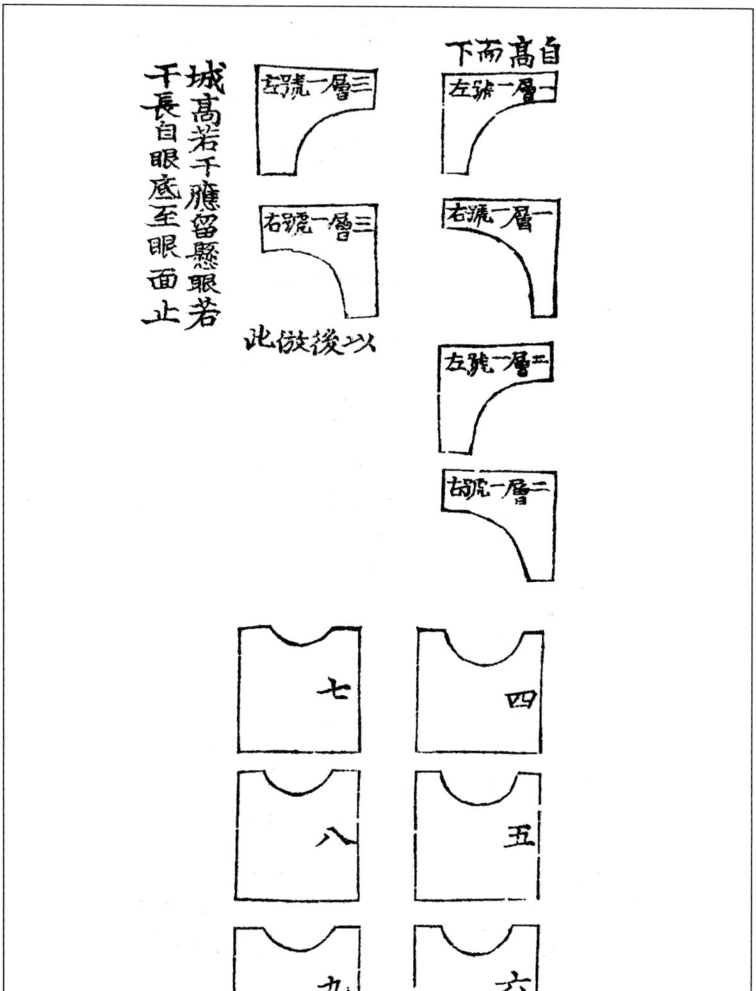

下而高自
左號一層一

右號一層一

左號一層二

右號一層二

右號一層三

右號一層三

此倣後以

城高若千應留懸眼若
千辰自眼底至眼面止

七

八

九

四

五

六

上接下自

현안제(懸眼製) | 벽돌로 현안 만드는 방법을 설명한 것이다.

234

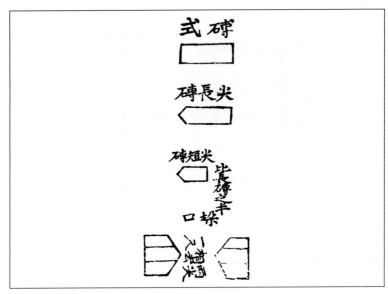

전식(磚式) | 벽돌의 크기와 쌓는 방식

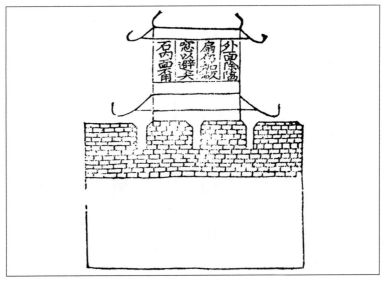

중문대루제(重門大樓製) | 대문 안에 거듭세운 2층의 문루다.

옹성권문제(甕城券門製) | 옹성에 세운 문의 제도다.

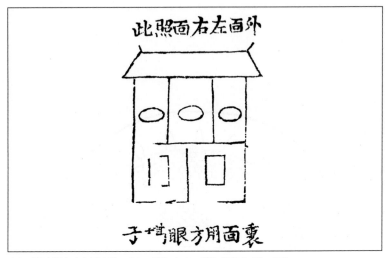

기성포(騎城舖) | 치에 설치하는 것으로 몸을 숨기고 적을 살필 수 있는 포다.

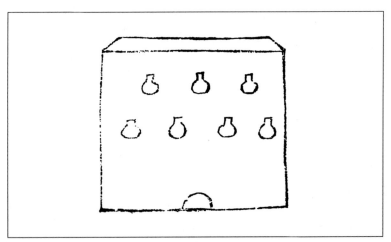

우마장제(牛馬牆製) | 해자 안쪽의 방벽으로 총구멍을 내었다.

돈후제(墩堠製) | 적정을 살피기 위한 돈대다.

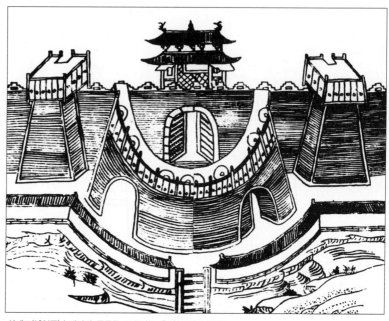

성제도(城制圖) | 해자와 문루를 보호하는 옹성 그리고 적대

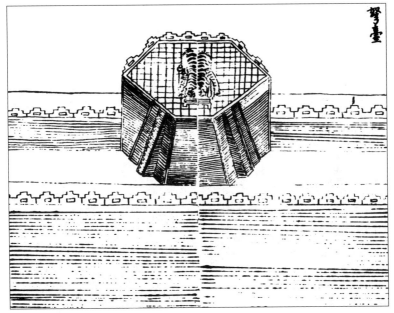

노대도(弩臺圖) | 화성의 서노대에 적용되었다.

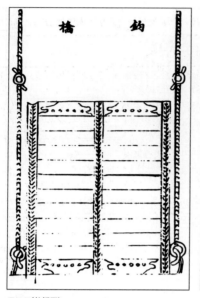

조교도(釣橋圖)

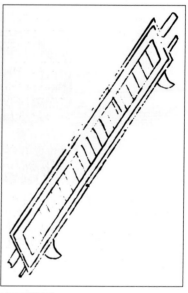

기교도(機橋圖)

오성지(五星池) | 화공에 대비한 5개의 물구멍이다. 아울러 쾌창이나 화살을 쏘거나 돌 등으로 공격하는 시설이다.

242

실대·허대(實臺·虛臺) | 좌측은 속이 빈 허대고, 우측은 실대다.

공심돈(空心墩) | 석축 위에 전돌로 만들었다. 화성에서는 비슷한 모양으로 지었으나 그대로 모방하지는 않았다.

244

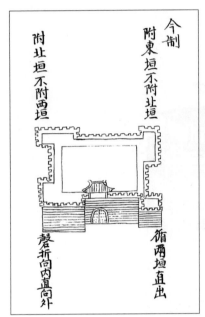

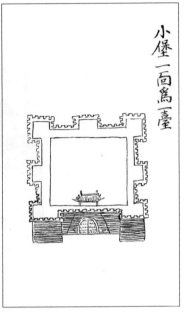

각대도(角臺圖) | 평지선의 네 귀퉁이에 있는 각대.
성벽 네 귀퉁이에 있는각대의 형태가 제각각이다.

적대도(敵臺圖) | 문 양편에 바로 붙여 문을 보호하
는 시설물이다.

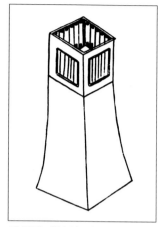

적대현판도(敵臺懸板圖) | 적대 상층을 현
판으로 둘러싸고 있다.

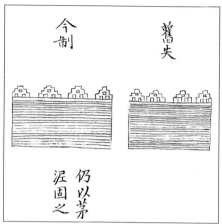

비예도(陴蜺圖) | 옛 제도에는 여장이 붙어 있었으나 지금은
일정한 간격을 유지하고 있다.

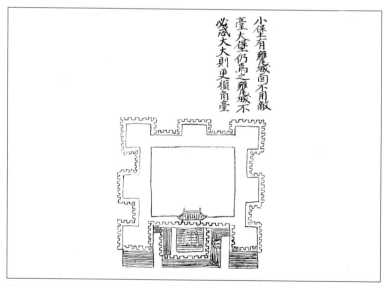

옹성도(甕城圖) | 형태가 직각이고 문이 측면에 있다.

아래에는 소총안을 만들어 불랑기 등을 쏠 수 있어야 한다고 하였다.

이에 비해 모원의가 편찬한 『무비지』는 어떤 내용인가. 『무비지』의 '성제(城製)'에서 '현안제', '타구전제', '중문대루제', '옹성제', '기성포제', '우마장제' 등에 관해서는 『기효신서』와 그림을 비롯한 내용까지도 똑같다. 나아가 『무비지』에는 '성제도'와 '노대도', '조교도(釣橋圖)', '기교도(機橋圖)' 그리고 '오성지도(五星池圖)', 허적대(虛敵臺)와 실적대(實敵臺)를 그린 '적대도(敵臺圖)', '공심도설(空心圖說)'이 추가되어 있다. 여기에 무비지 114권과 115권에 있는 '보약(堡約)' 중 '삼약 보제(三約堡制)'의 '각대도', '적대도', '적대현판도', '비예도', '옹성도', '호장도' 등이 추가되어 있는 것이다. 그러니까 성제에 대해 『기효신서』보다는 좀 더 많은 정보를 제공하고 있다.

이 성제도는 마치 우리의 성제와 비슷한 것 같지만 적대에 현안이 없고 옹성에는 문이 두 개이며, 해자 안쪽에 양마장이 있으나 양마장에도 포혈(砲穴)과 총안(銃眼)이 없다.

이와 같이 『기효신서』와 『무비지』에 실린 병법과 성제는 당시 식자층들에게는 일반적이고 보편적인 내용이었던 것으로 보인다. 실학자 정상기(鄭尙驥, 1678~1752)는 그의 저서 『농포문답(農圃問答)』에서 『기효신서』를 인용하면서 고금의 치성·포루·옹성·돈대·현안 등의 제도를 주장하였고,[11] 또한 1785년(정조 9) 유학(幼學) 조익도 방어책·병제·무기에 대한 상소문에서 『무비지』를 보았다는 기사는 이를 잘 나타내 준다.

2. 조선성제와 성제도설

1) 유성룡의 산성론

---

11) 鄭尙驥, 『農圃問答』.

유성룡은 임진왜란 당시에 재상으로 있으면서 왜군과의 전투경험을 바탕으로 산성의 중요성을 주장하였다. 그는 고구려가 당의 공격을 막아 낼 수 있었던 것은 산을 의지해서 성을 만들었기 때문이라고 하여 그 이유를 다음과 같이 예시하였다.

> 산성은 높게 있어 아래를 내려다보기 때문에, 왜적의 장기가 여기에서 는 그 빛을 잃을 것이다. 비록 조총을 가졌지만 하늘을 향해 쏘는 데 불과 하고 힘이 다하면 곧 땅에 떨어져서 사람을 해칠 수가 없을 터이니, 토산과 구름다리를 놓을 곳이 없어서 성 안의 사정을 끝내 알아내지 못하니 이것 이 두 번째 이점이다. 왜적이 비록 용맹스럽고 사나워 돌격하는 데 능하나, 산밑에서부터 붙잡고 오르다가 겨우 성 밑에 닿아서는 숨이 차고 기운이 빠지는 데 반하여, 우리 군사는 마음이 한가롭고 기운이 안정되어 적이 향하는 바를 따라서 대응하매, 다만 큰 돌만 굴려도 적이 흩어져 달아날 터이니 이것이 세 번째 이점이다.[12]

라고 하면서 산성의 지리적 이점을 논하고 임진왜란 때 황주의 이사림(李 思林)이라는 자가 400여 명의 남녀노소를 거느리고 '산산(蒜山)'에서 다 만 큰 돌만 굴리고서도 평행장(平行長)의 일본 군사 만 명을 물리친 일과, 권율의 행주대첩도 역시 산 위를 먼저 점거했기 때문이라고 보았다. 그렇 지만 "이러한 산성은 튼튼하고 작은 곳이 좋다"며 "크고 넓으면 힘만 많이 들고 지키기는 어렵다"고 하였다.[13] 이는 둘레가 1만여 보에 달하는 한양성(漢陽城)보다는 작은 산성이 가지는 방어의 유리함을 강조한 것이 다.

아울러 방어시설물에 대한 견해를 밝히고 있는데, 첫째 여장의 높이를

---

12) 『西厓集』, 雜著 山城說.

13) 『西厓集』, 雜著 山城說.

높일 것과 둘째 타와 타 사이를 좁힐 것, 셋째는 옹성을 만들고 치를 둘
것, 넷째는 현안과 양마장을 두어야 한다고 주장하였다. 특히 포루(砲樓)
만 설치하면 여러 성의 제도가 필요없다고 강조하였다. 이외에도 여러
가지 대포를 배치하고 대포 속에 철환을 넣어 공격할 것을 주장하였는데
특히 양마장의 제도는 성 밖 참호 안에 한 길 정도의 담을 쌓고 대포와
소포를 쏘는 방어시설물이었다.14) 이와 같은 유성룡의 견해는 바로 척계
광의 『기효신서』를 참고한 것이다.

이러한 견해는 화성을 축성하는 데 산성론의 일부와 고대부터 서양성
제인 양마장의 설치만 제외하고 대부분 수용되었다. 그렇지만 유성룡의
전수기의(戰守機宜) 십조는 적을 제압하고 수비하는 대책에 대한 국방의
일반론적인 이론서일 뿐이었지, 구체적인 시설도면이 그려져 있는 것은
아니었다.『기효신서』보다 한발 더 나아간 것은 바로 ‘포루의 제도’를
적극 주장한 것이다. 이는 임진왜란 중 왜성제도를 경험한 것이 그 바탕이
되었을 것이다.

그렇지만 이러한 변화는 조선 초기 이전으로 다시 돌아간 것이다. 조선
초기 산성입보(山城入保)라는 전통적인 수비 방법에서 국경 가까이에서
적을 방어하려는 읍성축조(邑城築造)의 방식이 세종대에『축성신도(築城
新圖)』라는 부전(不傳)의 규식에 의하여 정형화되었다. 이 시기에 옹성·
적대·여장·해자 등이 화약을 이용한 전쟁을 예상하여 반드시 규식화되
었다. 그러나 임진왜란을 계기로 읍성 중심의 해안 방비로는 대규모 외적
이 집중적으로 한 지역에 침입할 경우에는 취약하게 되어 요소요소에
산성을 수축하게 되는 것이다.15)

14)『西厓集』, 戰守機宜 10條 ;『만기요람』, 군정편4, 附 관방총론.

15) 차용걸·심정보 편, 1989,『임진왜란 전후 관방사 연구』, 문화재연구소, 184쪽.

2) 유형원의 읍성론

반계 유형원은 다음과 같이 읍성의 필요성을 역설하였다.

　성은 본디 읍을 보호하기 위한 것인데 곧 사는 집에 울타리를 만들어
보위하는 것과 마찬가지이다. 그런데 우리나라에는 읍이 빈약하고 산이
많아서 산성과 읍이 서로 떨어져 있으니, 본말이 뒤바뀐 셈이다. 대개
성은 다른 곳에 쌓고 급할 때에 비로소 읍내에 사는 백성들을 성안으로
옮기게 되니 그들이 잘 들어가려고 하지 않으며, 서로 끌고 도망쳐 버리니
누구와 함께 지킨단 말인가?……설사 굳게 산성이 지켜졌다 하더라도
읍내에 있던 인민과 가축들이 깡그리 적에게 넘어갈 터이니 홀로 산마루
를 지키다가 결국 어디로 돌아간단 말인가? 우리나라 사람들은 걸핏하면
산성을 말하지만 지난 번에 금주성은 곧 평지인데 3년 동안 포위 당한
채 서로 싸웠으나 끝끝내 함락되지 않았다. 만약 외따른 산성으로 별안간
들어갔다면 몇 달을 넘지 못하여 양식은 떨어지고 사람은 흩어져 지키지
못하였을 것이다.[16]

이와 같은 유형원의 주장은 임진왜란 초기에 적이 쳐들어왔을 때 인민
들이 싸울 엄두도 못내고 뿔뿔이 흩어진 일이나, 병자호란 때 인조가 남한
산성에서 농성을 하다 항복한 정황을 나타낸 것으로 보인다. 즉 유형원은
읍성 내에 평상시와 같이 살면서 생산과 방어를 동시에 하는 것을 염두에
두고, 모든 성지는 규격을 정해서 인가를 수용할 수 있어야 한다고 주장하
였다. 그의 축성론을 살펴보면, 성의 높이는 5장 이상으로 하며, 호의 언덕

---

16) 『만기요람』 군정편4, 부 관방총론, 유형원 축성론, "城本所以衛邑 如入居舍有籬
以衛之也. 而我國. 邑殘山多. 故因有山城邑居之異. 其不知本末甚矣. 夫築城於別
處臨 急始抽邑居之丁民不肯入猝至 空城百爲齱(齰) 入者亦無顧戀之意 相率而逃
將誰與爲守……假令固守山城盡其邑里倉 人民頭畜付爲賊屯則 獨守山頂終何歸
乎. 必亡之道也 我國人例言山城 而向時金州城乃是平地被圍三年相戰而卒不陷.
若如孤絶山城猝然投入者則不待數月粮盡入散不得保矣".

은 반드시 벽돌로 쌓고 모든 성은 밑에서부터 2장은 비스듬히 쌓아올리고 2장 이상부터는 차츰 곧게 올리며 치첩, 옹성, 우마장은 모두『기효신서』의 법에 의한다고 되어 있다. 이외에도 성의 기초를 튼튼히 하고 타(垜)는 반드시 벽돌로 쌓고 석회를 개서 사이를 붙일 것을 주장하였다.

이렇듯 반계 유형원은 바로 읍성론(邑城論)을 주장하였다. 즉 일정한 인민이 항상 있으며 그들이 항산(恒産)하면서 관아가 같이 있는 곳에서 관민일치의 정신으로 적을 방어하자는 개념인 것이다. 그리고 벽돌의 사용을 적극 주장하였다. 이는 화성 축성시 부분적으로 채택되었다.

3) 전국 성제의 검토

화성 축성에서 가장 중요한 것은 축성 전에 전국 각지의 성곽을 취합하여 검토한 것이다. 성곽 축조 전인 1793년(정조 17) 12월 17일 충청, 전라, 경상, 황해, 평안, 함경도 감영에 명령하여 도내의 순영, 병영, 수영, 방영, 독진, 각 읍의 진보의 성에 있는 축성등록을 올려보내게 하고 각 성의 둘레, 여첩의 타수, 포루의 규모와 숫자, 치성의 규모와 숫자와 높이, 성문의 정황 등을 일일이 그림을 그려 넣어 올려 보낼 것을 공문으로 발송하였다.[17]

이는 우리나라 전국 각지의 성제를 모두 참고한 것을 말하며 이러한 작업이 화성 축성에 가장 많은 도움을 준 것으로 보여진다.

우리나라에 성책(城柵)이 설치되기 시작한 것은 고조선의 왕도 왕검성에서 시작되었다고 여겨진다. 그렇지만 아직 고고학적인 성과는 미흡하다. 한반도 중남부 지방에서는 경주 월성, 대구 달성, 서울 몽촌토성, 마산 성산성 등과 같은 성이 서력 기원을 전후한 시기에 축성된 것으로 추정한

---

17)『화성성역의궤』권3, 이문 계축년 12월 17일.

다.

삼국시대에 들어서서 삼국간의 항쟁이 격화되고 한족(漢族)과의 대립 과정에서 우리나라 성은 크게 발전하여[18] 옹성, 적대, 치, 암문 등을 비롯한 여러 가지 방어시설물들이 창안되었다.

고려시대에도 몽고의 침입 때 수많은 진성(鎭城)과 산성이 축조되었으며 군현들에서는 산성이나 바다 속의 섬으로 들어가서 보전하였다고 한다.[19] 고려 말기에는 화약과 화포의 발달로 인해 파괴력을 가진 화포에 대비하여 성벽도 견고하게 축조되어야 했다. 이에 따라 성제에 커다란 변화가 일어났으며, 전축도 일부 시도되기도 했다.

조선 초기까지만 해도 우리나라는 여러 가지 화약병기들에 대한 연구를 했으며, 유사시를 대비해 이를 배치하였다. 15세기 말엽 군기시에 소속된 640여 명의 장공인들이 여러 가지 화포와 창, 칼과 활, 화약과 화차들을 대량생산하였다. 1440년대(세종대) 초에는 천자포, 지자포, 현자포 등 여러 가지 화포들이 제작되었다. 이 시기 제작된 천자포의 최대 사거리는 1,300m였다. 1470년대(성종대)에는 성능이 좋은 새로운 화포인 6총통이 나왔다. 이 밖에도 대완구, 중완구, 소완구 등의 화포가 있었다.

이와 같이 조선 초기에는 화약무기 등이 발달하였으나 봉건통치체제가 문란해지고 군사제도가 허물어져 이러한 전통은 올바로 이어지지 않았다. 산성의 보수도 태종대를 제외하고는 임진왜란 직전까지 이루어지지 않았다. 산성 수축의 중요성이 활발히 논의되기 시작한 것은 임진왜란이 일어난 다음 해인 1593년(癸巳年)에 들어와서였다.[20]

---

18) 차용걸, 1977, 앞의 책, 16~17쪽.

19) 『芝峰類說』 권3, 兵政部, 倭賊.

20) 이장희, 1995, 「임란중 산성수축과 堅壁淸野에 대하여」, 『부촌 신연철교수 정년 퇴임기념 사학논총』, 622쪽.

임진왜란은 우리에게 기존의 성제에 대한 반성의 기회를 준 엄청난 사건이었다. 이때 산성의 장단점이 활발히 논의되었고 치성(雉城)과 포루(砲樓)의 중요성이 대두되었다.

따라서 화성 축조 전에 전국의 모든 성의 구조를 그려오게 하여 이를 검토한 것은 당시 조선에 있었던 삼국시대의 성이나 고려시대부터 조선조 초·중기를 거쳐 쌓여진 모든 성을 참고하였다는 것을 의미하는 것이다.

4)『성제도설(城制圖說)』(『성제고(城制考)』)

위에서 살핀 바와 같이 중국성제와 조선의 성제를 검토하여 화성성역을 위한 기초 자료집 형태의『성제도설』이 완성되었다.[21] 이『성제도설』의 초고본이 연세대학교에 소장되어 있는『성제고』일 것으로 추정한 노영구의 연구 업적이 있다.[22] 또한 이『성제고』에 대해서는 이미 차용걸이 1979년에 화성의 성제와 비교 검토한 바 있다.

이 책의 편제는「중국성제」,「성제도설」,「동국성제」로 나뉘어져 있다.「중국성제」는 중국 각처에 있는 성에 대한 기록이다. 문의 수, 둘레, 높이, 방어시설물의 종류 등이 기록되어 있다.「성제도설」은『무비지』,『기효신서』,『삼재도회』[23] 등을 인용하면서 성제의 그림과 설명을 곁들이고 있다. 여기에『두씨통전』,[24]『몽계필담』,[25]『도서집성』「고공전」,『형천무

---

21)『弘齋全書』권180,「群書標記」.

22) 노영구, 2000,「성제고」,『정조대의 예술과 과학』, 문헌과 해석사, 249쪽. 노영구는 이『성제도설』의 초고본이 연세대학교에 소장되어 있는『성제고』라고 추정하였다. 그리고『성제고』라는 제목을『성제도설』에 붙여진 가제목으로 보았다. 그러나『성제고』는 연세대학교에서 도서를 찾기 위해 임의로 붙인 책명이고 저자도 유형원으로 편의상 붙인 것으로 생각된다.

23) 명나라 王圻가 찬한 천문·지리·器用 등에 관한 총 106권의 책.

편(荊川武編)』26) 등의 성제설을 싣고 있다. 특히 주목할 것은 이 「성제도설」의 그림설명 부분이 모원의의『무비지』와 동일하다는 점이다. 따라서 이 자료는 성제를 검토하기 위해 중국과 조선의 자료를 모은 기초자료에 불과한 것이지 화성 축성의 기본 설계도는 아닌 것이다.

「동국성제」에는『문헌비고』,『서애집』,『징비록』,『반계수록』및『보유편』을 참고로 우리나라 성의 규모와 크기, 여첩의 수, 치성과 옹성 등과 같은 방어시설물의 숫자 등이 기록되어 있다.

책의 간행은 '남당성' 설명 중 '영종 45년 부 읍성 토축'이라는 기록으로 보아 영조 45년 이후 여러 성제를 모은 것으로 보이며, 유형원의『반계수록』을 참고로 하고 있는 것으로 보아 유형원의 저서는 아닌 것으로 판단된다. 제목 또한『성제고』로 편의상 부르고 있으나 정확한 것은 아니다. 그렇지만 모든 정황을 보건대, 정조대에 들어와 여러 성곽의 축조와 화성 축성을 위해 각종 참고문헌을 검토하고 모은 자료 중의 하나로 추정된다.

제2절 신읍치(新邑治) 축성방략(築城方略)

1. 신읍치 읍성 축성 논의

수원에 성을 쌓고 참호를 설치하여 유사시에 대비하자는 건의는 신읍치로 옮긴 다음 해인 1790년(정조 14)에 부사직 강유의 상소에 의해서

---

24) 당나라 杜佑가 찬한 食貨·兵 등에 관한 총 200권의 책.
25) 송나라 沈括이 찬한 故事·기용·雜志 등에 관한 26권의 책.
26) 형천은 명나라 당순지의 호다. 형천의 저서로『荊川稗編』이 있으나『형천무편』이 그것을 지칭하는 것인지는 불확실하다.

254

제기된다.

> 수원은 곧 총융청(摠戎廳)의 바깥 군영으로서 국가의 중요한 진(鎭)이고
> 더구나 또 막중한 능침을 받드는 곳이니……성지도 아울러 경영하는 것이
> 마땅하다고 봅니다.……만약 여기에 성을 쌓아 독산성(禿山城)과 서로
> 견제하는 세력을 만들고, 유사시에 협공의 형세를 이루게 한다면 설사
> 난폭하고 교활한 적이 있다 하더라도 병법에서 꺼리는 것임을 알고 감히
> 두 성 사이를 엿보지 못할 것입니다.[27]

수원은 군사적 요지로서 장헌세자의 원침을 수호하기 위한 읍성의 필
요성을 역설한 것이다. 아울러 석성이 비용이 많이 든다면 토성도 가능하
다며 각 군문으로 하여금 새 읍 부근에 둔전을 설치하게 하여 군병들이
농사를 짓게 하고 군문에서 그 세를 징수하게 할 것을 건의하였다. 이듬해
인 1791년(정조 15)에도 사직 신기경이 수원 부흥책을 상소하면서 "수원
의 새 고을에 마땅히 성을 쌓아야 한다"고[28] 주장하였다.

이러한 축성론은 도성방위체제를 확립하려는 목적도 있었던 것으로
볼 수 있다. 도성 북쪽에는 북한산성이, 동남쪽에는 남한산성 그리고 서쪽
에는 강화도가 도성을 둘러싸고 있는데 서남쪽 방향이 허(虛)한 것을 보충
해 주는 의미도 있었을 것이다. 또한 수원이 삼남으로 가는 교통로의 중심
지로 변하면서 그 역할이 증대되고 물자유통의 변화에 걸맞는 성곽을
건설하여 이를 뒷받침해주자는 건의인 것이다.

화성축성 필요성에 대한 이러한 일련의 움직임은 1793년(정조 17) 수원

---

27) 『정조실록』 권30, 14년 6월 10일 己未, "……水原 乃摠戎廳之外營 而爲國家之重
　　鎭 況又奉莫重之地……城池而經紀宜矣……今若築於此 與禿山之城 爲角掎之
　　勢 當不虞之時 而成夾攻之形 則雖有桀".
28) 『정조실록』 권32, 15년 1월 22일 丁酉.

부를 화성으로 행정명칭을 바꾸고 부사(府使)를 유수(留守)로 승격시키면서 장용외사(壯勇外使)와 행궁정리사(行宮整理使)를 겸임하게 하고, 판관(判官) 한 사람을 두어 보좌하게 하면서 그 기초를 마련하고 채제공을 초대 수원부 유수로 임명하면서[29] 가시화되었다. 당시 남인의 영수 채제공을 화성 유수로 임명한 것은 바로 수원부 새 읍치에 성곽을 쌓으려는 정조의 치밀한 계획이 반영된 것이었다.

정조는 채제공을 초대 화성유수로 임명하여 축성에 관한 방략을 연구하도록 하고 약 5개월이 지난 후에 그를 영의정에 임명하여[30] 화성축성을 국가적 사업으로 벌이고자 하는 의도를 드러냈다. 채제공의 영의정 임명은 화성을 축성하자면 재원은 물론, 전국 각지에서 필요한 인력과 물품을 조달하여야 하는데 이에 필요한 행정지원을 최대로 보장하기 위한 조직 개편인 것이다.

채제공은 화성유수로 임명되어 성곽 축조에서 가장 중요한 돌의 조달 등에 대한 방책을 정조에게 다음과 같이 보고하였다.

> 팔달산(八達山) 건너편의 지역은 읍과의 거리가 3리에 지나지 않고 석재(石材)가 많으면서도 좋아서 무진장하다고 이를 수 있습니다. 그곳의 지명이 바로 공석면(空石面)이기에 신은 항상 신명이 이를 감춰두었다가 오늘을 기다린 것은 모두가 전하의 효성이 하늘을 감동시켜서 그렇게 된 것이라고 생각합니다.[31]

이와 같은 내용은 거리로 약 3리 내지 7리 정도 떨어져 있는 지금의

29) 『정조실록』 권37, 17년 1월 12일(丙午).

30) 『정조실록』 권37, 17년 5월 25일 丙辰.

31) 『정조실록』 권38, 17년 12월 6일 乙丑. 공석면은 돌이 없어질 것을 예견한 것이고 산이름은 '숙지산'이니 돌이 없어질 것을 미리 熟知하고 있었다는 의미이다.

숙지산과 여기산을 말하는 것이다. 아울러 조심태를 감동당상(監董堂上)
으로 삼고 채제공에게 총괄하여 살피는 일을 주관하게 하였다.32)

2. 『성설(城說)』과 『도설(圖說)』33)

『성설』은 정약용이 지은 화성 축성방략에 대한 기본지침서이다. 정약
용은 이를 정조에게 올리고 정조는 이를 그대로 「어제성화주략」으로 삼
았다. 『화성성역의궤』에 실려있는 정조의 「어제성화주략」은 완벽하게 정
약용의 『성설』과 일치한다. 『성설』과 「어제성화주략」에는 여덟 가지의
기본 지침을 마련하였는데 그 내용을 살펴보면 아래와 같다.

첫째는 성의 규모와 용척(用尺, 分數)에 관한 것이었다. 이에 따라 둘레
는 3,600보, 높이는 약 2장 5척으로 정해졌고 모든 비용은 여기에 기준을
두었다. 그렇지만 성터를 잡을 때 북성 쪽에 있는 기존의 집을 허물지
않기 위해 밖으로 더 넓혔기 때문에 실제는 4,600보가 되었다.34)

둘째는 재료에 관한 것이었다. 성을 쌓는 재료가 돌로 결정되었고 벽돌
은 굽는데 익숙치 못하고 땔나무 조달의 어려움 때문에 배제되었다.35)
그러나 실제는 돌과 전돌을 아울러 사용하였다.

셋째는 호참을 파는 일이다. 성을 쌓는 것은 산에 의지해서 쌓을 것과
땅을 파서 호를 만들고 그 흙으로 성을 쌓고자 하였다.36) 그리하여 호를

---

32) 『정조실록』 권38, 12월 6일(乙丑).

33) 정약용은 『성설』을 기본으로 『고금도서집성』을 참고하여 甕城圖說·砲樓圖
   說·懸眼圖說·漏槽圖說·起重圖說 등을 편찬하였는데 이들 각종 도설을 임시
   로 '『圖說』'로 부르고자 한다.

34) 『화성성역의궤』 권1, 御製城華籌略 ; 정약용, 『여유당전서』 시문집 권10, 「城說」.

35) 위의 책.

36) 위의 책.

파는 데 대한 구체적 푼수와 도구까지 구체적으로 제시하였다. 이러한 지침도 실제 성벽을 쌓는 과정에서 북쪽의 자연해자 형태의 도랑이 있었고 서쪽은 산지(山地)에 의지하였으므로 실현되지 않았다.

넷째는 기초를 쌓는 데 관한 것이다. 기초를 만드는 데는 1보마다 푯말 1개씩을 세우고 너비는 약 1장, 얼어붙지 않는 깊이 4척에 냇가의 흰 조약돌을 캐어 다져 만들 것을 제시하였다.

다섯째는 돌 뜨는 데 관한 것이다. 돌은 다듬어서 그 무게를 줄여 실어 나르는 데 편리하게 한다. 그리고 성을 쌓을 때는 큰돌은 아래에, 중간 돌은 중간 층에, 작은 돌은 위 층에 놓아야 한다.

여섯째 길을 닦는 일[治道]이다. 돌이 있는 곳으로부터 성터까지 수레가 잘 달릴 수 있도록 평탄하게, 숫돌면 같이 평평하고 화살처럼 곧게 만들어야 한다.

일곱째, 수레를 만드는 일이다. 이 지침에서는 큰 수레나 설마 등의 단점을 열거하고 유형거의 사용을 적극 권장하였다.[37] 그리하여 륜(輪)과 축(軸)에 대해 만드는 방법과 자세한 설계도까지 제시하고 있다. 특히 유형거는 정약용이 창조한 것으로 돌을 나르는 데 긴요하게 사용되었다.

여덟째는 성제에 관한 것이다. 성제는 성이 무너지는 것을 방지하기 위한 방략이었다. 성의 높이를 3등분하여 2/3까지는 점점 안으로 좁혀 매 층의 차이를 1촌(3cm)씩 줄인다. 위의 1/3에서부터는 점점 밖으로 넓히는 듯이 하되 매 층의 차를 3푼쯤으로 한다.[38] 즉 '규(圭)'자 형과 같은 모양을 지향하였다. 이는 경성(鏡城)의 성제를 본 딴 것이다.

정약용은 위와 같은 성설을 작성하여 정조에게 올렸다. 물론 성설은

---

37) 위의 책.
38) 위의 책.

258

구체적인 설계도가 아니고 기본 지침만을 여덟 가지로 정리하여 올린 것이다. 정약용은 성설을 작성하면서 참고한 자료를 적시하였다. 여러 가지 수레의 제도와 문루의 누조는 모원의의 『무비지』, 곡성(옹성)과 초루 (망루)는 유성룡의 견해, '규(圭)'형 성벽은 경성의 예를 따른 것이라고 밝히고 있다. 정조는 특히 정약용이 지은 위의 여덟 가지 지침이 담긴 '성설'을 화성을 쌓는 기본으로 채택하고 「어제성화주략」이라 하여 정조 자신의 저서로 채택하였다. 그러면서 이 법은 윤곽적인 것이고 전문적인 것이 아니라고 밝히고 있다.[39]

정약용이 『성설(城說)』을 작성하여 올리자 정조는 『기기도설』을 주어 옹성, 포루, 현안, 누조 등의 제도와 기중(起重)의 모든 설을 빨리 강구하라 고 명하였다. 정약용은 이를 참고로 「옹성도설」·「포루도설」·「현안도 설」·「누조도설」·「기중도설」 등의 구체적 설계에 들어갔다. 「옹성도 설」에서는 성문을 방비하기 위해 옹성을 만들 것을 강조하였는데 주로 모원의의 『무비지』와 「보약」을 참고하였다.

「포루도설」에서는 치를 만들고 여기에 포루(砲樓) 7, 적루 4, 적대 9, 포루(舖樓) 2, 노대 1, 각성(角城) 7개 등을 만들고 그 위치까지 구체적으로 적시하고 있다. 이 제도는 유성룡의 「전수기의(戰守機宜)」, 모원의의 『무 비지』, 곽자장의 성제 등을 참고한 것이다. 「현안도설」에서는 적병이 성 벽 밑에 바짝 붙어서 공격하는 것을 방지하는 구멍을 만들 것을 주장하면 서 옹성과 여러 치의 성벽 전면에만 각각 몇 개씩의 현안을 두도록 하였 다. 이 제도에서는 여곤(呂坤)[40]의 성제를 주로 인용하고 있다. 「누조도 설」에서는 화공에 대비하기 위한 누조와 오성지의 설치를 주장하였는데

---

39) 위의 책.
40) 명나라 영릉인으로 형부시랑을 지냈고 『실정록』 등 여러 가지 문집을 저술하였
    다.

이 제도는 여곤의『실정록(實政錄)』을 인용하고 있다.「기중도설」에서는 40근의 힘으로 2만 5천근의 무게를 움직일 수 기중기에 대해서 설명하고 있는데「기기도설」을 참고하고 있다.[41] 특히 주목되는 것은 도설마다 "상하도(詳下圖)"라고 한 부분이다. 그러니까 현재 남아 있지는 않지만 각 도설을 완성하고 대강의 그림을 그려 축성 지침으로 삼았다는 것을 알 수 있다. 그렇지만 정교한 설계도가 아니라는 것은 정약용이 1795년(정조 19) 가을 금정찰방으로 좌천되어 화성을 지나면서 "도본(圖本)만 보고 '오성지(五星池)'를 가로로 잘못 뚫었다"며[42] 개탄한 글에서 알 수 있다.

이상 살펴본 바와 같이 기본지침이 전부 그대로 실행된 것은 아니었으며,[43] 또한 축성과정에서 수 많은 연구와 논의를 거쳐 현장에 있던 관료들과 건축가들의 재량에 의하여 건설되었다는 것을 알 수 있다.

3. 성터잡기

1789년(정조 13) 영우원을 수원부 구읍치로 옮긴 후 신읍치가 어떻게 지금의 수원시 중심부에 있는 팔달산 동쪽에 자리잡게 되었는가. 이에 대한 해답은 정조시대보다 120여 년 전에 간행된 반계 유형원의『반계수록(磻溪隨錄)』의 다음과 같은 내용에서 찾을 수 있다.

상고하건대 지금의 읍거(邑居)는 또한 좋다고는 하나 북평에 비기면 천양의 차가 있다. 북평은 산이 크게 두르고 땅이 크게 평탄하여 판국의

---

41)『여유당전서』권10,「甕城圖說・砲樓圖說・懸眼圖說・漏槽圖說・起重圖說」.

42) 정약용,『여유당전서』권14,「華城五星池記」.

43) 앞의 논문에서 정연식은『무비지』를 화성 축성의 기본 교범으로 보았다(158쪽). 뒤에서도 언급하겠지만『무비지』는 기본 교범이 아니라 화성을 건설하기 위해 검토한 중국성제 중의 하나일 뿐이라고 생각한다.

맺침이 깊고 넓고 규모가 크니 치소(治所)를 설(設)하고 성(城)을 세우면 이는 참으로 큰 번진(藩鎭)의 기상이요 땅의 안팎에는 만호(萬戶)를 넣을 만하다.[44]

하지만 이 평야가 지금의 팔달산 동쪽을 의미하는지는 불명확하다. 다만 기존의 좁고 막힌 '봉건적' 읍치에서 교통이 편리하고 물산이 모이는 평야지대로 옮기자는 '근대적' 발상임에는 틀림없다. 정조는 반계의 읍치 이전과 성곽축조에 대한 의견에 탄복하고 "수원의 지형을 논하면서는 읍치를 옮기는 데 대한 계책과 성을 쌓는 데 대한 방략을 백년 전 사람으로서 오늘날의 일을 환히 알았다"며 그의 학문이 "매우 실용성 있는 학문"이라고 칭찬하면서 유형원에게 이조참판 성균관 좨주(祭主)를 증직하였다.[45] 정조는 아버지 사도세자의 원침을 남인인 윤선도의 『산릉의』에 따라 길지로 옮겼고, 읍치 이전문제 역시 남인인 유형원의 『반계수록』에 의해 해결한 것이다. 특히 읍치를 평야로 옮기자는 주장은 '근대적'이고 실용적 발상으로 정조도 그 실용성에 대해 의미를 부여하고 있다. 이전의 읍치는 적의 침략에 대한 방어를 염두에 두어 좁고 막힌 곳에 자리잡았다. 그러나 정조는 17세기에 이미 제기된 교통의 편리성과 물산의 집산 등을 고려하여 평지로 옮겨야 한다는 주장을 받아들였다. 이러한 역사가 이루어지기까지는 무려 120여 년의 세월이 필요했던 것이다.

1793년(정조 17) 12월 9일 수원에 가서 성터를 살피고자 하는 조심태에게 화원을 데리고 가서 형세를 그리되 성터뿐만 아니라 부치(府治)내의 마을, 거리, 산과 들 등 눈에 보이는 것을 모두 그려오라고 하교하였다.[46]

---

44) 『磻溪隧錄』補遺 권1, 郡縣制, 水原都護府, "按今之邑居 亦云可矣 然方之北坪 則不啻霄讓 北坪 山大轉 地太平 結作深奧 規模宏遠 設治建城 眞是藩鎭氣象也".
45) 『정조실록』권38, 17년 12월 10일 己巳.

또한 동년 12월 11에는 감독하는 당상과 도청(都廳)이 성터를 살펴보고 1794년(정조 18) 1월 14일에는 정조가 직접 수원에 행차하여 표지를 세워 터를 정하였다.[47] 이때 본래의 기표는 북리(北里)의 인가를 꿰뚫고 지나게 되었으므로 북리의 인가가 많이 뜯겨 나가 인화(人和)를 해친다고 하여 인화의 중요성을 강조하였다. 그리하여 더 뒤로 물려서 터를 팔 것을 지시하고 성의 모양은 앞의 유천(柳川)의 모양대로 버들잎과 같이, 그리고 천(川)자 모양을 본떠 구불구불하게 할 것을 지시하였다.[48] 그 결과 화성의 둘레가 원래 3,600보에서 4,600보로 바뀐 것이다.

한편 당시 관료들은 조선과 중국의 성 쌓는 제도가 다른 이유가 그 지세의 다름에 있다는 것을 명확히 인식하고 있었다.[49] 김종수(1728~1799)는 「화성기적비문」에서 팔달산 정상 장대에서 보면 멀고 가까이에 산봉우리들이 둘러있는 것이 마치 뭇별들이 북극성을 옹호하고 있는 것과 같다.[50]고 하였다. 이는 높이가 143m밖에 안 되는 팔달산이 평지에 솟아있어 사방 백리를 조망할 수 있는 형상을 표현한 것이며 높이는 그리 높지 않지만 사방 어디에서도 공격할 수 없는 지리적 이점을 논한 것이다. 따라서 팔달산이 진산이 되었다.

한편 화성 전체 국면은 행궁을 중심으로 동쪽을 향해 열려 있는데 서쪽에는 팔달산이 주산, 앞에는 일자 모양의 구릉이 안산의 역할을 하며 북에서 남으로 '한내'가 화성을 관통하게 되었는데,[51] 이는 한양이 청계천을

---

46) 『화성성역의궤』 권1, 연설, 계축년 12월 8일.

47) 『화성성역의궤』 권수, 時日.

48) 『화성성역의궤』 권1, 연설, 갑인년 정월 14일 ; 정월 15일.

49) 『화성성역의궤』 권首, 圖說, 국면.

50) 『화성성역의궤』 권2, 비문.

51) 『화성성역의궤』 권수, 도설, 局面. 지금의 수원천은 당시에 '한내'(큰 개울의 뜻), '柳川' 등 여러 가지로 불렸다. 지금은 수원천으로, 남수문 남쪽은 龜川으로 매교

262

앞에 두고 남향으로 방향을 잡은 것과 향만 다를 뿐 동일한 것이다. 또한 정조는 1794년 1월 화성에 행차하여 직접 성터를 살폈는데, 행궁 앞의 안산에 이르러 일자문성(一字文星)[52]의 중요성을 지적하고 용연에 이르러 북쪽의 용두암과 남쪽의 구암을 가리키며, 거북과 용이 상대하였으니 이는 정기와 신령함이 있다며 찬탄하였다.[53]

제3절 화성 성제의 검토

1. 화성의 척도

화성의 척도에 대하여는 화성 전체 둘레가 27,600척이므로 4,600보가 된다(주척으로는 6척이 1보가 되고 영조척으로는 3척 8치가 1보가 된다. 아래도 모두 이와 같다)[54]라는 기사로 보아 주척 6척을 1보로 한 것이다.[55] 또한 영조척으로는 3척 8치를 1보로 계산하였다.

이를 확인하기 위하여 그동안 화성을 실측하거나 복원하면서 조사된 시설물을 중심으로 좀더 자세히 살펴보자.

근처는 柳川에서 파생된 細柳川으로 불리고 있다.
52) 案山이란 화성행궁을 중심으로 팔달산을 주산으로 하고 동남각루에서부터 창룡문까지의 봉돈이 있는 앞의 구릉을 가리킨다. 이 구릉은 마치 '一'字와 같이 펼쳐져 있어 풍수지리상 '일자문성'으로 명명한 것으로 생각된다.
53) 『화성성역의궤』 권1, 연설 갑인년 정월 15일.
54) "周圍爲二萬七千六百尺作四千六百步(用周尺六尺爲一步營造尺則三尺八寸爲一步下皆倣此)" 『의궤』 권수, 도설. 10,000釐(리)=1,000分(푼)=100寸(치)=10尺(척)=1丈(장).
55) 27,600÷4,600=6.

<표 4-1> 시설물별 보당 실측자료 및 적용척

시설물	화성성역의궤 자료 둘레	화성성역의궤 자료 너비	실측자료(m)	보당 길이(m)	척당 길이(cm)	적용척
북암문		1보	1.12(성외)	1.12	18	주척
서암문		1보 1척	1.30(성외)	1.11	18	주척
서남암문		1보 2척	1.86(성외)	1.39	23	주척
동서적대	22보 1척		26.2	1.18	19	주척
서북 공심돈	23보		23.45	1.01	16	주척
서砲루	18보 4척		22.5	1.2	20	주척
서포루	20보		29.58	1.47	24	주척
서3치	14보 4척		17.68	1.2	20	주척
용도	367보	6보 (길이 177보)	6.9(200)	1.15(1.12)	19(18)	주척
남포루	20보 2척		24.35	1.19	19	주척
남치	14보 2척		16	1.11	18	주척
봉돈	23보 4척		30.27	1.27	21	주척
북동포루	21보 1척		20.6	0.97	16	주척
장안문 전체너비		26보	31.2(육축)+9.4 (옹성두께)=40.6	1.7	28	?
장안문 홍예문		16척2촌(밖) 18척2촌(안)	4.960(밖) 5.573(안)	1.56	30(30)	영조척
팔달문 전체너비		25보 4척	31.2(육축)+9.2 (옹성두께)=40.4		26	?
팔달문 홍예문		16척(밖) 18척(안)	4.995(밖)5.62(안)		31	영조척
정문~ 옹성문		10보 3척	19.436	1.8	30	영조척(6척)
무사석		14보	31.2	2.22	37	?

창룡문	16보 2척	20.64	1.26	21	주척
홍예문	12척(밖), 14척(안)	3.67(밖) 4.29(안)		30.58, 30.64	영조척
화서문	14보 4척	20.2(육축)+3.6(옹성두께)=	1.81	31	영조척(6척)
홍예문	12척, 14척	3.78(밖) 4.32(안)		31,30	영조척
무사석	6보 3척	8.1	1.2	31	영조척(3척 8치)
화홍문 전체너비	25보	31.6	1.26	21	주척(6척) 또는 영조척(3척 8촌)
홍예문	8척	2.48		31	영조척
홍예문(가운데)	9척	2.79		31	영조척
봉돈화두 너비	1척 5촌	1.71		19	주척
봉돈화두 길이	3척 1촌	3.075		16	?
봉돈 화두 윗부분 지름	1척	1.17		19	주척
서노대 8면 각 길이	8척 5촌	2.75		32	영조척
여장 (1타)	높이: 5척 너비: 20척				영조척56)
터파기					用영조척

* 척당 길이는 주척 6척 1보, 영조척으로는 3척 8치가 1보.
수원시, 2000, 『세계문화유산 '화성' 수리백서』 ; 경기도, 1980, 『수원성복원정화지』.

---

56) 營造尺五尺爲一把四把爲一堞(『의궤』권수 도설. 영조척으로 따져서 5척을 1파라 하고 4파를 1첩이라 한다). 현재의 여장은 대부분 파괴된 것을 최근 복원한 것으로 대부분 높이는 1.5~1.8m, 너비는 대개 4.6~7m다. 조선 초기부터 陵室의 穿壙, 刑具를 만들 때, 집을 지을 때, 곡·두·승·홉의 제도, 봉화배설제도 등에는 영조척을 사용한 것으로 추정된다.

위의 표를 보면 서남암문과 서포루를 제외하고 1주척을 약 20cm 내외, 1영조척을 30.85cm 내외로 하고 1보는 모두 1.2m 내외로 축성되었다.[57) 영조척 3척 8촌을 1보로 하는 경우를 살펴보면 다음과 같다.

<표4-2> 영조척 적용 시설물

시설물	보	척	보당 척수
남·북옹성	55	209	3척 8치
동옹성	24	91	3척 7.9치
서옹성	29	110	3척 7.9치

*자료 :『의궤』권수, 도설.

위의 표를 보면 네 군데 옹성의 둘레는 모두 163보로 설명하고 이후 세부 시설물에서는 척으로 표시하였는데, 이를 보당 척수를 계산해 보면 영조척 3척 8치가 1보가 된다.

그렇지만 경기도에서 1998년에 간행한『경기도 지정 문화재 실측조사 보고서』의 결론에 따르면, 영조척 6척을 1보로 하여 1척의 길이는 30.85cm다.[58)

필자가 실제 창룡문을 실측한 결과 역시 홍예문 안쪽이 14척으로 429cm 1척당 30.64cm, 바깥쪽이 12척으로 367cm 척당 30.58cm로 확인되었다. 이는 문루와 같은 건축물일 경우에는 척당 영조척 30.85cm로 건설하였음을 보여준다.

---

57) 영조척은 30.515~30.685cm로 평균 30.59cm,, 주척은 20.46~20.64cm로 평균 20.54cm로 조사되었다(문화재관리국, 1992, 「同律度量衡」).

58) 1795년에 건설되어 파괴되지 않고 그대로 보존되어 있는 팔달문과 화서문에 대한 실측으로, 성곽을 측정한 기록에서 步단위가 자주 사용되는데 홍예의 경우 영조척 6척을 1보로 표현한 것이다. 그러나 경우에 따라서는 주척 6척 또는 영조척 4척을 1보로 잡기도 하였다(경기도, 1998,『'98년도 경기도지정문화재실측조사보고서』, 371쪽). 4척의 경우 영조척 3척 8치를 1보로 한 것이다.

위의 글을 정리해 보면 성곽의 둘레와 너비는 주척 6척을 1보, 또는 영조척 3척 8치를 1보로 하여 약 1.2m 내외로 건설된 것이다. 『의궤』에 보면 ○보 ○척으로 기술되어 있다. 여기에서 척의 단위도 5척까지만 보이는데 이는 6주척을 1보로 기준한 것으로 추정된다. 그러나 문루나 각 방어시설물들의 홍예문이나 기둥들은 ○○척으로 기술되어 있다. 즉 문루의 순수 건축물에서 5척 이상으로 기술된 것은 영조척으로 건조되었다고 생각된다.

한편 화성의 둘레는 지금까지 5.7km로 알려져 왔다.[59] 이는 27,600척을 척당 주척 20.81cm로 계산한 것이다. 그렇지만 옹성 둘레 163보와 용도 둘레 367보, 합하여 530보는 성 전체 둘레에서 빠진 것이다. 그리하여 화성의 총 둘레는 4,600보에 530보를 더하면 5,130보로서, 주척 평균 20.54cm로 계산하면 약 6.3km가 된다.[60]

2. 성벽과 여장

1) 성벽

기초를 조성할 때 평지는 6척(1.8m)[61]으로 파고 전(磚)을 3중으로 깔았다. 동북쪽 산은 땅을 깊이 4척 5치(1.4m)를 파서 구덩이 안을 석저(石杵)로 강다짐한 후에 자갈과 물을 붓고 다졌는데 두께는 5~6치(15~20cm) 정도이다. 다음에는 파냈던 흙을 도로 3치(9cm)쯤 넣고 다진 뒤에 다시

---

59) 수원시, 1986, 『수원시사』, 342쪽.

60) 5,130보×6척×20.54cm.

61) 환산율은 문화재청에서 발간한 『성곽문화재 안전점검방안 연구보고서』(2001)에 따랐다. 1자[尺]=0.303m, 1촌(寸)=1치=30.3cm, 화성의 영조척은 30.85cm(덕수궁에 소장되어 있는 황종척의 길이로 환산하면 영조척 1척은 30.65cm라고 함), 1보는 117.23cm.

자갈을 넣고 흙으로 메우고 또 다졌다. 이렇게 하기를 거듭하여 평지와 같은 정도가 되면 두께 1척(30cm) 정도의 전석(磚石)을 이어서 간 다음 돌로 덮어 다진 뒤에 비로소 성석(城石)을 붙였다. 성석의 밖으로 물려서 전석을 세 둘레 정도 깔았는데 그 너비가 8~9척(2.4~2.7m)쯤 되었다. 여기에 흙을 덮고 또 단단히 다져 성석 1층까지 북을 돋구고 다시 흙을 덮었으며 이 작업을 세 차례 거듭하였다. 노대의 북에서 동남각루까지는 흙빛이 붉고 미끄러운 진흙이므로 부토(浮土)를 걷어내고 땅을 5척(1.5m) 깊이로 팠다. 흙을 다져 쌓는 모든 법은 다 위와 같았다. 그리고 전(磚)을 이중으로 깔았다.

그렇지만 상황에 따라서 기초다지기는 다른 방식으로 진행되었다. 북문의 터는 10척 7치(3.2m) 정도 땅을 파서 모래와 물로 다져 쌓고 평지 위에 3척 2치(96cm)의 두께로 더 쌓고 회다짐을 1척 5치의 두께로 하였다. 남문 터도 5척을 파니 샘물이 솟아나와 9척을 더 파고 모래와 물로 다진 다음 회다짐하였다. 남수문은 14척 깊이로 파고 모래에 진흙을 섞어 다져서 쌓고 전을 2중으로 깔았다. 남포루 근처는 샘물이 끊임없이 솟아나와 6척 깊이로 파내고 잡석을 채우는 방식으로 쌓았다.[62]

그렇다면 실제 발굴결과는 어떠했는가. 화성은 1975년부터 1979년 사이에 대부분 복원되었는데 성곽복원 전에 장안문에서 서쪽으로 50m 지점에서 성신의 밑을 가로세로 1.5m, 깊이 1m 이상 파본 적이 있다. 그 결과 기단석 다짐순서는 다음과 같았다.

장석 길이 178cm, 천석 두께 18cm, 점토 두께 20cm, 천석 두께 15cm, 점토 두께 15cm, 천석 두께 15cm, 점토 두께 15cm, 천석 두께 15cm, 바닥은

62) 『화성성역의궤』 권首, 圖說, 局面.

잔자갈[63]

위와 같은 성벽 기초다지기는 바닥에 잔자갈을 깔고 전통적인 판축방식으로 점토와 냇돌을 번갈아 다져가면서 기초작업을 한 것을 알 수 있다.

성의 높이는 2장(6m)를 기준으로 하고 산 위는 1/5을 감하였다. 따라서 산탁(山托)으로 쌓은 곳은 약 4.8m로 낮아졌다. 이러한 성벽의 높이는 삼국시대의 삼년산성·견훤산성 등의 성벽의 높이보다는 낮아진 것이지만, 조선조 문종대 읍성의 평균 높이 10.37척(4.17m)[64]보다 낮아졌다고는 볼 수 없다. 이는 지형에 따라 성곽의 높이를 조정한 것으로 공성포에 대비하여 화성의 성벽 높이가 낮아졌다는 주장[65]은 설득력이 없다고 보여진다. 오히려 임진왜란 이후 공성포에 대비하여 숙종대 이후 쌓아진 성에서 성돌의 크기가 커진 것에서 설명되어야 한다는 해석이 타당성이 있다고 생각한다. 아울러 성벽의 높이는 고려조 화포의 발달로 조선 초기부터 낮아진 이후 조선조 전시대에 걸쳐 일반화되었다는 것이 설득력이 있다. 화성의 성벽은 평지에서는 약 6m로 높아졌다.

돌로 편축을 한 성벽 뿌리 주변에는 자갈을 둘러쌓고 몽둥이로 바수어 돌로 틈을 채웠다. 다음에는 다시 자갈을 다져서 두께를 반장(1.5m)정도로 쌓아 올렸다. 다음에 흙으로 겹쳐 쌓았다.

중국의 성은 들판에 쌓기 때문에 안팎으로 겹쳐 쌓는 '협축'이지만 우

63) 최무장, 1975, 「수원성곽 축조의 문헌적 조사」, 『문화재』 제9호(보고서에는 장석 길이가 1,78cm로 표기되어 있다. 확인 결과 1.78m의 오기로 판명되었다).

64) 정연식, 앞의 논문, 135쪽.

65) 노영구, 앞의 논문, 299~300쪽. 여기에 대해서는 정연식의 앞의 논문에서 반박한 내용이 타당하다고 본다. 성벽의 높이는 고구려 대성산성이 약 9m, 평지성인 국내성은 성벽 높이가 5~6m, 숙종연간에 지은 북한산성도 지형에 따라 4~4.6m, 험한 곳은 3.3m 정도이다.

적대(敵臺)의 규형성벽(圭形城壁)

리나라는 산등성이와 산기슭을 타고 쌓기 때문에 내탁(內托)의 방법으로 쌓았다.[66] 따라서 서쪽의 팔달산 지역과 동북각루부터 동남각루까지의 동쪽은 자연구릉을 이용하면서 지형여건상 편축(외겹쌓기)이면서 산탁으로 쌓은 것으로 생각된다.[67] 남쪽(남포루부터 남공심돈 사이)과 북쪽(화홍문 서쪽부터 화서문)은 평지성으로 내탁으로 쌓았다. 산탁은 내탁보다 성 바깥쪽을 편축으로 한 다음 내탁 뒷채움 작업의 양이 적은 이점이 있었다. 그렇다고 해서 화성에 협축(양면쌓기)의 방식이 전혀 없는 것은 아니다. 4대문의 옹성과 용도는 '협축'의 방식을 적용한 것이다. 그렇지만 화성은 대부분 내탁방식으로 쌓았다. 이는 산이 많은 우리나라 실정에 맞는 성벽쌓기 방식인 것이다. 특히 돌은 길이로 세워서 표면에 보이는 면보다 들어간 뿌리가 더 길게 하였다. 특히 적심돌이라 해서 성벽 중간 중간에 보통의 성돌보다 더 뿌리가 긴 돌을 박아 성벽이 무너지지 않게 쌓았다. 성의 두께는 아래는 대체로 5장(15m) 정도 되고 위는 줄어들

---

66) 『화성성역의궤』권首, 圖說, 局面.

67) 『화성성역의궤』에서는 내탁과 산탁을 구분하고 있다. 화성에서 북쪽과 남쪽의 평지는 순수한 내탁이고 서쪽의 팔달산과 동쪽의 북암문부터 동남각루까지의 자연구릉은 내탁이면서 산에 의지한 산탁으로 쌓은 것으로 생각된다. 그러나 현재 창룡문부터 동남각루 사이는 순수한 내탁으로 되어 있다. 1975~1979년 화성복원공사 때 길을 내고 공원을 조성하면서 잘못 만든 것으로 추정된다. 옛 사진자료나 복원 이전을 기억하는 사람들에 의하면 이곳은 나즈막한 구릉지였고 특히 창룡문 근처는 소나무가 빽빽하게 들어찬 곳이었다.

어 3장(9m) 정도로 하였다.

특히 성벽은 조금씩 욱여 들어가다가 허리에서부터 위로는 밖으로 약간 뻗은 듯하게 쌓는 '규(圭)'형으로 쌓았다.[68] 화성 성제에서 '규'형은 매우 중요한 것으로 우리가 상식적으로 알고 있는 '들여쌓기'와는 차이가 있는 것이다. '규'형은 우리나라 경성의 성제와 왜성의 성제[69]를 받아들인 것으로 인식되고 있다. 이 '규'형은 경성의 성제를 본받기는 하였지만 일본성제를 따른 것은 아니었다.

화성의 '규'형 성벽은 두 가지가 있는 것으로 생각된다. 첫째는 일반 성벽에 나타나는 '들여쌓기' 방식이고, 둘째는 적대와 공심돈 그리고 포루와 치들을 쌓을 때 보이는 '사다리꼴' 축성방식이다. 계단모양의 '들여쌓기'는 약 5~10cm 정도 들여쌓는 것이 보편적이지만 화성의 체성은 약 3cm 정도로 들여쌓았다.[70] '사다리꼴' 축성방식은 적대와 공심돈 그리고 각종 포루와 치의 벽면에서 볼 수 있다. 성돌을 비스듬히 깎아서 성돌과 성돌 사이의 틈을 없게 하였다. 돌을 들여쌓은 것이 아니라 한 치의 틈도 없이 첨성대식으로 쌓은 것이다. 즉 일본성이나 경성의 성제는 성돌의 뿌리가 수평면보다 밑으로 처지지만 화성에서는 수평선을 유지하면서 쌓아올렸다. 이러한 축성방식으로 성벽 면은 편편하게 되고 아름다움 또

---

68) 위의 책. 노영구는 앞의 논문에서 圭형 성벽은 실제 공사에 전혀 반영되지 않았다 (318쪽)고 하였다.

69) 화성에서 왜성의 성제를 말할 때 성벽의 '圭'형을 언급한다. 그러나 그 근거는 도청 이유경이 정조와 대화하면서 "왜성도 그렇다고 들었다"는 것이다. 그러니까 본 것이 아니고 들은 것이다(『화성성역의궤』 권1, 연설, 계축년 12월 8일). 왜성의 성벽은 화성과 비교도 할 수 없을 만큼 그 기울기가 낮고 경성도 왜성보다는 덜하지만 그 기울기가 화성보다는 낮다.

70) 이러한 들여쌓기 구간은 북성서적대부터 화서문 사이(특히 북성서적대에서 10~15타 사이)에서 볼 수 있는데 화성의 성벽 전구간을 전부 들여쌓기로 한 것 같지는 않다.

'타(垛)'와 여장(女墻)

한 배가시킨 면이 있는 것이다. 화성의 방어시설물의 선이 아름다운 것은
바로 이러한 축성방식 때문인 것이다. 성벽을 '규'형으로 한 것은 성벽을
오르지 못하게 하는 군사적인 측면과 안정감을 주어 견고성을 보장하고
자 하는 측면 그리고 건축미학적 측면 모두를 갖고 있는 것이다.

그리고 성벽을 쌓은 다음 성벽 안쪽의 위 부분은 어떻게 처리했는가.
이에 대해서는 '토약(土約)'의 방법으로 처리했음을 알 수 있다. 중국의
성제 용어인 토약(土約)은 우리말로 '두둑'을 의미하는 것이다.[71] 세종조
의 「축성신도」에는 '사토(莎土)'라 되어 있다. 사토란 잔디를 덮어 내경케
하여 물이 아래로 내려오게 하는 것[72]을 말하는데 정조대에 와서는 성벽
을 흙으로 덮어 마감했음을 알 수 있다.

2) 여장(女墻)과 미석(眉石)

71) 『화성성역의궤』 권수, 圖說, “使城身自成圭形 而循址培土約闊四五丈”;『宋史』,
    宋昌言傳, “宋昌言 建議 欲於二股 河口西岸新灘立土約 障水使之東流”.
72) 차용걸, 1989, 「조선초기(태종·세종대)의 축성양상」,『임진왜란 전후 관방사연
    구』, 문화재연구소, 127쪽.

근총안(近銃眼) 통천미석(通穿眉石)

벽력온(霹靂溫)

　여장(女墻)[73]은 순수 우리말로 '살받이' 또는 '성가퀴'라 하는데 여첩(女堞), 여원(女垣), 여담 등으로도 불린다. 여장은 '타(垛)'로 이루어져 있다. '타'는 피할 '타(躱)'에서 온 것이다. 화성의 여장은 높이는 5척(1.5m), 너비는 20척(6m)을 기준으로 하였다.

　여장의 두께는 북옹성 철형여장의 경우 높이는 5척(1.5m), 두께는 2척 8치(0.85m)로 하였는데 옛날 그대로의 높이를 갖고 있는 서노대 뒤쪽 여장을 실제 측정한 결과 1.5m정도인 것으로 판명되었다.[74] 체성과 여장 사이에는 3치(9cm) 정도의 미석을 튀어나오게 하고 타구의 너비는 5촌(15cm) 정도로 하고 타와 타가 만나는 모서리는 깎아내어 뾰족하게 마주 보게 하였으며, 이는 보는 각도를 넓혀주어 적의 동향을 쉽게 살필 수 있게

---

　73) 여장은 城에 비해 작은 것이 마치 丈夫에 대한 여자와 같다고 해서 붙은 이름이다.

　74) 그렇지만 1975~1979년 사이에 복원된 여장의 높이는 대부분 2m 가까이 되고 근총안이 원총안과 같은 높이로 잘못 복원되었다.

하였다. 여기에서도 『기효신서』의 '타구전제'를 그대로 따르지 않고 돌로
다듬어서 타구를 만들었다. 1타에는 원총안 2개에 근총안 1개를 뚫었다.

『의궤』에 보이는 '근총안 통천미석'은 지금까지 의견이 분분하였다.
이는 장안문 좌우 여장의 일부에서만 보인다. 즉 타구 안쪽에 보이는 조그
마한 구멍이 바로 근총안이며 성벽 바깥쪽으로는 총안 위쪽에 통돌로
된 미석이 붙어있다. 『의궤』에는 전 성에서 볼 수 있다고 기록되어 있으므
로 복원할 때 잘못된 것으로 추정된다.

이외에도 서장대 뒤쪽 여장 밑에는 하수구같기도 하고 포구멍같기도
한 구멍들이 있는데 이에 대해서는 정연식이 벽력온(霹靂溫)으로 추정한
바 있다.[75] 평소에는 진흙으로 막아놓고 적이 볏짚이나 잡초를 성 밑에
쌓아 올릴 때 성안에서 긴 창을 이용하여 그 구멍을 다시 뚫고 화약 수십
말을 기름종이에 싸서 적이 쌓아 놓은 잡초 밑으로 밀어 넣어 불을 지르는
시설이라는 것이다. 임진년과 정유년에 부산·김해·진주·남원성 등에
서 이 방법이 사용된 예가 있었다.[76]

3) 재료

성의 재료에 대한 논의는 화성 축성 때부터는 아니지만, 맨 처음 1790년
(정조 14)에 강유가 토성을 쌓을 것을 주장하면서부터이다. 그는 석성(石
城)이 토성(土城)보다 비용이 많이 드는 단점이 있다며 토성에 성가퀴를
설치하고 군데군데 치성(雉城)을 설치하면 방어하는 방도로는 석성이나
토성이나 차이가 없을 것이라고 주장하였다.[77]

실제 화성 축성 한달 전인 1793년(정조 13) 12월 6일까지도 의견은 분분

---

75) 정연식, 2001, 앞의 논문.
76) 『민보의』, 1989, 군사편찬위원회, 36쪽.
77) 『정조실록』 권30, 14년 6월 10일 己未.

274

했던 것으로 보인다. 남쪽과 북쪽은 돌로 쌓기로 하였으나 안산격인 서쪽
과 주봉격인 동쪽은 흙으로 쌓자는 의견이 많았던 것이다. 그러나 총리대
신 채제공은 다음과 같이 주장하였다.

　　주봉과 안산은 자연적으로 이루어진 지세이기 때문에, 그 흙을 파내거
나 뚫거나 하여 산맥을 상하게 해서는 절대로 아니될 것입니다. 그러므로
먼 땅에서 흙을 파와야 하는데 그렇게 되면 돌을 떠서 쌓는 것보다 더
들 것이고, 성 자체로 말하더라도 돌이 흙보다 나을 것은 뻔한 일이 아니겠
습니까? 그러므로 동쪽 서쪽의 가장자리도 남쪽 북쪽의 가장자리와 같이
돌로 쌓는 것이 좋을 듯 합니다.[78]

즉 풍수상 맥을 끊을 수 없다는 의견과 함께 비용절감의 측면에서 돌로
쌓게 된 것이다. 돌의 크기는 대·중·소로 나누어 대석은 앞면이 2척
(60cm), 뒷길이 3척(90cm) 이상, 중석은 앞면이 1척(30cm), 뒷길이 2척 5치
(75cm), 소석은 앞면이 1척(30cm), 뒷길이 2척(60cm) 이상으로 하고 앞면이
비록 크기는 하나 뒷길이가 2척(60cm) 미만인 것은 잡석으로 쳤다.[79] 그렇
지만 팔달산 지역과 동쪽 지역은 일정한 크기로 규격화하지 않은 것으로
보여진다. 대·중·소로 규격화한 곳은 4대문을 비롯한 각 시설물들과
북성 적대부터 화서문 지역으로 추정되며 그것도 많은 부분이 1975~
1979년 사이에 다시 복원되었기 때문에 정확히 알 수 있는 것은 아니다.
2002년 서포루와 서남치 사이 화장실 신축 공사시 발굴된 성돌을 보면

---

78) 『화성성역의궤』 권1, 계사, 계축년 12월 6일, "主峰與案山 故議者皆以土築爲便更
　　思之主峰案山 天作之地不可掘鑿 其土以傷山脉[脈] 則其勢 當於遠遠地取土 以
　　來若然則工費反 有浮於石築而以 城體言之石勝於土其理較然 東西邊亦依南北
　　邊一體石築似好".
79) 『화성성역의궤』 권4, 감결, 갑인년 7월 3일.

큰 돌은 밖으로 보이는 면의 가로가 65cm, 세로는 50cm, 그리고 속으로 박히는 돌의 뿌리가 약 110~130cm, 작은 돌은 30·35·90cm로 뒷길이가 매우 긴 것을 알 수 있다.

전돌은 부재로써 사용되었다. 차용걸은 '석전교축(石磚交築)'이라고 규정하였다.[80] 그렇지만 성벽에서는 여장의 덮개돌을 전으로 사용하였고 4대문의 옹성, 적대의 여장, 암문의 대부분, 수문의 여장부분, 노대의 여장과 몸체, 공심돈의 대부분, 봉돈의 대부분, 동북각루의 누대와 벽, 포루(砲樓)의 대부분, 동북포루(舖樓)의 여장과 몸체 일부, 북포루의 여장, 중포사의 벽 등이 전으로 건설되었다.

전은 접착력이 강해 포로 맞으면 그 부분만 부서지고 다른 부분은 그대로 있는 것이 특징이고 돌보다 작으므로 섬세한 건축물을 만들 때 유리한 것으로 알려져 있다. 그렇지만 화성 축성에서 최초로 전이 사용된 것이 아니라 1746년 남한산성을 개축할 때 벽돌을 사용한 적이 있고, 강화 외성을 벽돌을 구워 개축한 바도 있었다.[81] 그러나 11년이 지난 시점에서 무너지고 말았다고 한다.[82] 아무튼 전(磚)의 사용은 화성 축성에서 갑자기 나타난 것이 아니라 그 이전에도 여러 가지로 적용해 본 바가 있었던 것이다.

그렇지만 벽돌은 벽돌 자체만으로 그 견고성을 유지할 수 있는 것이

---

80) 石磚交築이 돌과 벽돌을 섞어서 성벽을 쌓았다는 의미라고 한다면 그 의미를 재고해 볼 필요가 있다고 보여진다. 교축한 시설물은 방화수류정의 누대와 서노대를 들 수 있다.

81) 『정조실록』 권8, 3년 8월 7일 戊午 ; 『영조실록』 권55, 18년 10월 10일 乙未.

82) 『영조실록』 권79, 29년 2월 5일 辛卯. 무너진 이유는 원래 토성에다 벽돌로 덧대어서 쌓았기 때문인 것으로 보인다. 축성 재료로 돌이 더 나은 것인가 아니면 전이 더 나은 것인가는 기초와 전의 질은 어떠하며 쌓을 때의 축조 방식 등에서 차이가 날 것으로 생각된다.

아니라 삼물(三物 : 회·모래·진흙)이라는 접착제가 잘 만들어져야 했다. 서양의 경우 조개껍질을 원료로 하는 몰탈이 접착제로 이용되는 데 우리의 경우 이 삼물이 핵심 접착제였던 것이다. 이 삼화토에 대해서는 박제가의『북학의』에 언급되어 있는데 중국에서는 석회·모래·기와가루 세 가지를 합한 것을 '삼화회(三和灰)'라 한다며 삼화회 중 기와가루 대신 흙으로도 많이 사용되고 있음을 밝히고 있다.[83]

『기효신서』에는 벽돌성이 첫째이고, 돌성이 둘째이며, 토성은 셋째라고 하였다. 화성 축성에서는 중국 병서의 내용을 그대로 적용하지 않고 우리의 조건과 여건에 맞게 돌을 주 축성재료로 쓰면서 벽돌을 부재로 사용하였다.

4) 지형을 이용한 축성

(1) 평지성과 포곡식 산성

화성의 서쪽은 팔달산을 의지하여 포곡식으로 산성을 쌓았고, 동쪽은 산성의 형태는 아니지만 자연구릉을 그대로 이용하여 쌓았다. 따라서 화성을 산성과 평지성을 아우르는 평산성(平山城)이라고 하고 그 기능상 읍성이라 한다.[84]

(2) 해자(垓子)

화성을 축성하면서 해자의 필요성을 몰랐던 것은 아니다. 특히 당시 검토한 중국의 성제에는 호참이라고 하는 해자가 필수적이었다. 특히 해자를 의지해서 양마장과 조교를 설치하는 것은『기효신서』와『무비지』의

---

83)『北學議』, 甓.

84) 성의 기능상 산성과 읍성으로 구분하지만 산성으로서 읍치를 겸하는 곳은 칠곡의 가산산성과 남한산성, 경주읍성을 들 수 있다(차용걸, 1978, 앞의 논문, 13쪽).

기본 내용이었다. 그렇지만 성 자체가 이미 산을 의지하고 있고, 남쪽성과 북문 옆에는 자연적으로 깊은 도랑이 있고, 서남쪽 골짜기와 동성의 아래에도 자연적인 해자가 있었다. 따라서 도랑을 일부러 파지 않아도 되었던 것이다.[85] 이것이야말로 바로 우리 자연지형에 맞게 처리한 것이다. 특히 양마장은 설치되지 않았는데 이 양마장의 제도도 우리나라에서 이미 사용되어진 성제이다.[86]

3. 문

1) 4대문과 옹성

(1) 4대문

화성에는 동서남북에 각각 1개씩의 문을 세웠다. 한양에서 출발한 임금을 맞이하는 북쪽문 장안문이 화성의 정문이다. 또한 남쪽에는 삼남의 요로이며 화성에 행차하여 아버지 장헌세자의 원침에 참배하기 위해 드나드는 팔달문을 건설하였다.

이 두 문은 그 용도에 걸맞게 2층의 문루를 만들어 한양의 숭례문이나 흥인지문과 격이 같게 만들었다. 문 앞에는 한양성에는 없는 중앙문식 옹성을 두어 오히려 더욱 웅장해 보인다. 그리고 서쪽과 동쪽에는 화서문과 창룡문을 세웠다. 이곳은 사람과 물량의 이동이 적은 곳이므로 단층문루를 올리고 옹성도 편문식 옹성으로 둘렀다.

85) 『화성성역의궤』 권首, 圖說, 局面. 지금과 같이 완전히 바뀐 화성 주위의 지형을 상정하면 자연적인 해자는 상상을 할 수 없는 일이다.
86) 양마장에 대한 유구는 하동읍성에서 발견되었는데 해자의 바깥에 위치하며 해자를 보호하고 또한 성벽 앞에서 방어하는 또다른 방벽이다(이일갑, 2003, 「하동읍성에 대하여」, 『한국성곽연구회 정기학술자료집』, 61쪽).

278

(2) 옹성

옹성은 성문을 보호하기 위한 것이다. 『기효신서』와 『무비지』에는 옹성제도에 대한 그림과 설명이 있다. 『기효신서』에는 우측에 문을 만들었고 정면에는 3층의 문루가 있다. 『무비지』에는 우측문이 없어졌다. 특히 『무비지』의 그림에는 옹성에 문이 좌우에 2개가 있다. 유성룡과 정약용은 우리나라 성제에서 가장 미흡한 것으로 옹성을 들고 홍인문이 유일하다고 말하고 있다.[87]

그러나 옹성의 제도는 고구려 때 쌓은 대성산성과 황룡산성, 능한산성 등[88]에서, 고려시기의 개성 나성의 성문과 평북 피현군의 용주성 등에서 볼 수 있다. 점차 옹성제도는 4각형에서 반원형으로 발전되어갔다.[89] 그렇지만 화성의 성제에서 가장 중국적인 것으로 이 옹성을 들 수 있다. 특히 장안문과 팔달문의 옹성은 『기효신서』의 '옹성권문제'와 『무비지』의 '성제도'·'옹성권문제'의 형태를 닮았다. 또한 『화성성역의궤』에도 '성서운(城書云)'이라고 표현되어 있어 『무비지』를 참고했음을 밝히고 있으나,[90] 중국의 옹성제도와 똑같지 않다. 『무비지』의 '성제도'에는 편문이 좌우에 2개가 있는 반면에 화성의 정문인 장안문과 남쪽문인 팔달문에는 반월형 '중앙문식 옹성'으로 1개만 설치하였다.

그리고 서쪽의 화서문과 동쪽의 창룡문에는 서울의 동쪽문 '홍인지문'과 유사한 반월형 '편문식 옹성'을 설치한 것이다. 옹성의 두께는 아래는

---

87) 『서애집』, 잡저 ; 『여유당전서』, 설, 옹성도설.

88) 신형식 외, 2000, 『고구려산성과 해양방어체제연구』, 백산, 137~161쪽.

89) 사회과학원 고고학연구소, 1977, 『조선고고학 개요』, 173~174쪽.

90) 『화성성역의궤』 권首, 圖說. 옹성은 첫째 화공을 당하기 쉬운 문루를 보호하기 위해 돌로 쌓아야 하며, 적은 항상 좋은 길을 찾기 위해 성문을 먼저 공격하기 때문에 옹성이 필요하다는 것이다.

팔달문(八達門) 옹성(甕城)

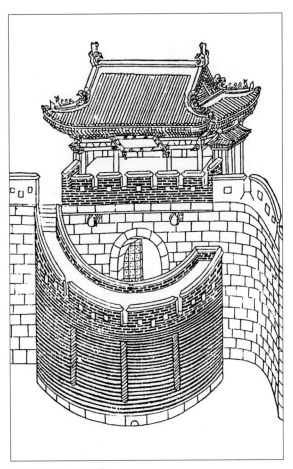

창룡문(蒼龍門) 옹성(甕城)

15척(4.5m), 위는 줄어들어 12척(3.6m)이다. 편문식 옹성은 홍인지문의 선례가 있었다. 그렇지만 장안문과 팔달문에 둘러싼 전돌로 만들어진 옹성의 중앙에 문을 낸 '중앙문식 옹성'은 우리나라에서 최초로 만들어진 것이었다. 성문을 보호하기 위한 군사적 측면도 있지만 이는 군사·건축미학적 측면을 아울러 가지고 있다.

   2) 수문
   화성에는 성내 중심으로 광교산에서 발원한 수원천이 북에서 남으로 흐르는데 이 하천 위에 북쪽에는 북수문, 남쪽에는 남수문을 건설하였다.
   수문은 다리, 망루, 놀이터의 구실은 물론, 포를 쏘는 기능을 함께 갖고 있는 다용도 방어시설물인 것이다. 1922년 홍수에 멸실되었는데 북수문 (화홍문)만이 1933년 복원되었다.
   이 수문의 제도는 『기효신서』나 『무비지』 등 중국의 성제와 우리나라 어느 성에서도 볼 수 없는 독특한 성제이다. 이러한 홍예수문은 물론 중국에도 있지만 우리나라의 한양의 광희문이나 영변수구문 또는 보성의 홍교[91] 등을 참고하여 창조적으로 건설한 것으로 보인다. 물의 수량에 따라 상류에는 있는 북수문은 7개 홍예문으로, 하류에 있는 남수문은 9개의 홍예문으로 처리하였다. 특히 북수문의 경우 1층에는 포를 쏠 수 있는 시설을 두었고 남수문은 병사들이 은폐할 수 있는 포사를 전돌로 만들었다. 이 수문을 건설할 때에도 그 제도를 두고 홍예로 할 것인가 아니면 평교로 할 것인가에 대한 논의가 있었다.[92]

---

91) 『민보의』(1989), 군사편찬위원회, 79쪽 ; 과학백과사전종합출판사, 1989, 『조선건축사』(1).
92) 『화성성역의궤』 권1, 연설, 계축년 12월 8일.

282

화홍문(華虹門：北水門)

서암문(西暗門)

3) 암문(暗門)

화성에는 암문이 5개가 있다. 암문은 평소에 양식이나 짐을 은밀히
나르는 곳으로 전쟁이 일어나면 흙으로 메꾸어 폐쇄시킨다고 알려져 있
다. 암문은 우리나라 어느 성에서나 볼 수 있는 성제이다. 그렇지만 기존
의 성제와는 전혀 다르게 멋을 부린 점이 그 특징이라고 할 수 있다. 특히
서암문은 대표적인 암문으로 적이 정면에서는 볼 수 없게 옆으로 문을
내었다. 이 서암문과 동암문은 자연지형을 파내어 문을 내었다. 또한 전돌
을 사용하여 홍예문을 만들고 상층부분은 전부 전돌로 만들었다. 특히
전돌로 만든 여러 가지 여장을 볼 수 있는 데 서암문과 서남암문은 평여
장, 북암문과 동암문은 원여장으로 멋을 내었다. 이러한 암문은 중국에서
는 좀체로 볼 수 없는 성제로서 산성이 많은 우리나라 성제의 특징인
것이다.

4. 루(樓)

화성에는 루의 종류가 포루(砲樓), 포루(舖樓), 각루(角樓) 등과 같이 3종류가 있다. 이층집을 루(樓)라 하고 군막(軍幕)을 포(舖)라 한다.[93]

1) 포루(砲樓)

화성에 포루는 모두 5개가 있다. 포루의 제도는 유성룡이 주장한 것을 현실화한 것이다. 유성룡은 다음과 같이 포루의 중요성을 강조하였다.

> 마땅히 성의 4면에다 포루를 만들되, 옹성의 제도와 같이 하여 왼쪽과 오른쪽 그리고 전면에 모두 구멍을 만들어 위로는 '천지현황총통'을 안치시키고, 다음에는 '승자총통'을 안치하고 그리고 맨 위에는 누를 만들어 활도 쏘고 적의 동정을 관망하는 장소를 만들어서……[94]

그는 특히 옹4성·현안·양마장 등 여러 가지 성제를 합하여도 이 포루의 제도 하나에 비할 수 없다고 하여 포루의 중요성을 우위에 두었다.

화성의 포루는 성밖으로 돌출되어 전돌로 치를 만들고 속은 3층으로 사다리를 타고 오르내릴 수 있게 하였다. 체성까지는 2층이고 체성 위에 1층이 있는 루이다. 건축양식은 밖으로 돌출된 부분은 전부 전돌로 만든 것이 특징이다. 특히 북서포루와 북동포루는 지붕 양식이 매우 독특하다. 성 밖은 우진각지붕이고 성 안쪽은 맞배지붕으로 한 것이다.[95]

---

93) 국방군사연구소, 1997, 『병학지남연의』(Ⅲ), 장조정식, 133쪽.

94) 『西厓集』書, 答金士純書 ; 『西厓集』雜著, 戰守機宜10條, "當於四面爲砲樓 如甕城之制 而左右前面 多穿孔穴 上安天地玄黃銃筒 次安勝字銃筒 上層爲樓通望 且爲射矢之所……".

95) 이러한 지붕 양식은 부석사의 법고각에서만 볼 수 있다. 그러니까 당시 승려 예술가들이 전국의 모든 지붕 양식을 검토한 끝에 만든 지붕이라고 생각되어진

포루(砲樓)

다. 신영훈은『수원의 華城』(1998, 조선일보사, 58쪽)에서 이는 깃발을 든 기병이
말 달리는 데 방해를 주지 않기 위한 것이라 하였다. 그렇다면 서·남·동포루의
지붕도 모두 맞배지붕으로 해야 옳다.

화성 축성이 끝난 뒤 성 위나 건물에 배치한 총포의 종류를 나열한 '절목'을 보면 대총 2좌(자모포와 승자포), 수총이 2자루, 백포기가 하나, 청·홍·백·흑색의 소포기가 각 하나, 등불을 넣는 등롱이 셋, 큰 목어와 작은 목어 각 하나, 기간이 하나, 성을 지키는 기계는 타마다 현등 하나, 목탁 하나, 조총 1문, 혹은 쾌창 하나(작은 데는 타 두 군데에 조총 1문), 단창이나 혹은 참마도 각 한 자루, 크고 작은 돌멩이 100개씩, 칼, 도끼, 곤봉, 활, 화살, 다섯 타마다 낭기(狼機) 하나(작은 곳은 10타마다 하나), 물항아리 하나 등이었다.[96)]

그러니까 불랑기의 배치는 고려하고 있었지만 홍이포에 대한 배치는 고려하고 있지 않았다. 홍이포는 영조 7년 훈련도감에서 두 개를 준비한[97)] 뒤 더 이상 제작되지 않은 것으로 판단된다. 그렇지만 화성 축성 당시 홍이포의 위력에 대해 모르지는 않았다. 정약용은 홍이포의 위력을 다음과 같이 말하고 있다.

……홍이포라는 것은 그 속력이 매우 좋고 파괴력이 대단히 맹렬하여, 전고의 무기에는 비할 바가 없는데, 중국과 일본에서는 이를 사용한 지가 이미 오래이다.……[98)]

하지만 화성 축성에서 홍이포에 대한 대비책은 세워지지 않은 것으로

---

96) 『화성성역의궤』 권2, 절목.

97) 『영조실록』 권30, 7년 9월 21일 辛巳. 紅夷砲는 그것을 싣는 수레는 52폭이고, 동포의 탄환 도달거리는 2천여 보, 홍이포의 도달거리는 10여 리라 함. 중국에서는 紅衣砲로 표기하고 있다.

98) 『여유당전서』 시문집 권11, 군기론2, "……紅夷礮者 其迅熱酷虐 前古無比 中國 日本 使用已久……". 그러나 공성포나 조총 등의 새로운 무기가 출현했다고 해서 활과 창 그리고 칼이 무용지물이 된 것은 아니다. 근접거리나 백병전에서는 이들 재래식 무기가 필수적이었다.

생각된다. 그 이유는 홍이포의 공격에 대비하려면 내탁으로 쌓은 체성
부분이야 어느 정도 견디겠지만 목조나 속이 빈 시설물과 여장 등은 무용
지물이 될 것이기 때문이다.

2) 포루(舖樓)

포루(舖樓)

화성에는 포루가 서·북·동북·동일·동이포루 등 5개가 있다. 이
포루의 용도는 판문으로 사방이 막힌 루에서 적을 감시하는 곳이다. 이
곳에서는 포를 쏘기보다는 총을 쏘는 곳이다. 『화성성역의궤』에는 "『성
서(城書)』에 이르기를 치성 위에 지은 집을 포(舖)라 한다"99)고 하여 『무비
지』의 기성포 제도를 모방하였음을 밝히고 있다.

건축양식은 체성까지는 돌로 치를 만들고 체성 위부터는 루를 만들었

---

99) 『화성성역의궤』 권首, 圖說, 동북포루.

다. 그렇지만 건축양식은 제각기 다르다. 서포루는 바깥 여장을 전돌로 둘러치고 치 안에 포사를 만들고 나무계단으로 루(樓)에 오르도록 하였다. 동일포루는 치 위의 여장을 전돌로 만들고 3칸의 긴 포루를 만들었다. 동이포루는 역시 치 위의 여장을 전돌로 만들고 2칸의 포루를 만들고 한 칸만 판자를 깔았다. 북포루는 2층 루 평면과 둘러친 전돌 평여장이 이어지며 여장에는 포구멍을 내었다. 동북포루는 치의 밑부분은 돌로, 중간부분부터 전으로 쌓았다. 전으로 만든 여장과 포사 사이는 역시 전돌을 깔아 올라서서 주위를 살필 수 있게 하였다. 지붕도 동일과 동이포루는 우진각으로, 나머지는 팔작으로 멋을 내었고 계단도 동북포루는 돌로, 나머지는 나무로 하는 등 변화를 주었다.

이와 같이 같은 포루라 하더라도 건축양식이 모두 다른 것은 당대의 건축예술가들이 나름대로의 예술적 재간을 마음껏 재량을 갖고 이곳에 멋을 부린 결과라고 생각된다.

3) 각루(角樓)

화성에는 서북·동북(방화수류정)·동남·서남(화양루)각루 등 4개의 각루가 있다. 말 그대로 성의 모서리에 세워진 루인 것이다. 각루는 정성(正城)이 밖으로 조금 돌출하여 마치 치의 형태를 이루고 그 안쪽에 루를 세운 것이 특징이다.

특히 동북각루는 지형상 광교산으로부터 뻗어오는 지맥의 끄트머리인 용머리에 자리잡고 있다. 따라서 이 곳은 군사상 요지일 뿐만 아니라 수원천이 옆을 지나고 그 밑에 인공적으로 조성된 용연과 어울려 우리나라 최고의 정자라고 할 수 있다. 이 방화수류정은 1층에 온돌방과 포를 쏠 수 있는 시설이 되어 있다. 이 방화수류정에서는 우리나라 건축양식의

동북각루(東北角樓) | 방화수류정(訪花隨柳亭)

독특한 특징들을 볼 수 있다. 다각형 지붕, 그 위의 절병통, 2중 난간, '십(十)'자문양, 돌과 전이 만난 '벽체석연', 원통과 사각 모양을 함께 갖는 나무기둥, 활을 쏘기 위한 누대 등이 그것이다.

중국의 병서『무비지』의 「보약」에는 각대가 있는데 이것은 중국성제의 기본인 평지에 방형(方形)을 짓고 네 모서리마다 각대를 지은 것이다. 이 각루는 중국의 성제에만 있는 것이 아니라 우리나라 성제에도 있었다. 화성에서는 자연지세를 따라 성을 쌓았기 때문에 동북각루는 용두암이라는 바위 위에, 서남각루는 용도의 끝 남쪽의 요새지에, 동남각루는 구천의 위쪽 구릉 '일자문성'의 머리에, 서북각루는 화서문 남쪽 산이 휘어 굽은 곳에 자리잡고 있는 것이다.

5. 돈(墩)·대(臺)

1) 공심돈(空心墩)

화성에는 공심돈이 3개가 있었다. 서북공심돈과 동북공심돈 그리고 남공심돈이 그것이다. 남공심돈은 지금 남아 있지 않다. 서북공심돈은 200여 년 전 모습을 그대로 간직하고 있고 동북공심돈은 1975~1979년 사이에 복원한 것이다.

특히 서북공심돈의 형태는『무비지』의 공심돈도와 거의 같다. 그리고 동북공심돈은 중국 계주의 평돈을 본뜬 것이라고 하였다.[100] 공심돈의 제도야말로 화성의 성제 중 가장 중국적인 것이다.

정연식은 중국의 성제 그대로 화성시설물을 구분하는 기준으로 삼았다. 그렇지만 화성은『화성성역의궤』에서 구분한 성제를 따라야 한다. 특히 정연식은 무지비에 실린 '허적대'와 '공심돈'을 동일시하고 있다.

---

100)『화성성역의궤』권수, 圖說, 동북공심돈.

동북공심돈(東北空心墩)

서북공심돈(西北空心墩)

이 두 종류의 시설물에 대해『무비지』도 분명히 구분하여 설명하고
있고『화성성역의궤』에서도 '적대'와 '공심돈'을 다른 시설물로 분명히
분류하고 있는 것이다.

화성의 공심돈이 중국의 공심돈 제도를 그대로 따오긴 했지만 총구의
위치와 수효, 문의 위치 등은 새롭게 변형하여 만들었다.

2) 봉돈(烽墩)

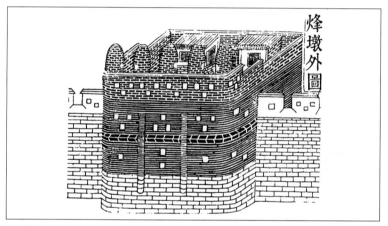

봉돈(烽墩)

화성에는 어느 읍성에도 없는 봉돈이 하나 있는데 이는『화성성역의
궤』에 나와 있는 명칭 그대로 봉수의 역할을 하는 '돈'인 것이다. 이 봉돈
은 100% 전돌로 만들었다. 성 바깥에 전돌로 치를 만들고 화두 5개를
세웠다. 여기에서는 적의 위험을 알리는 신호뿐만 아니라 적을 방어하는
시설도 아울러 갖고 있는 것이다. 즉 치를 만들고 이곳에 총포를 쏠 수
있는 시설을 둔 것이다. 그렇지만 그 주 기능은 육로와 해로로 오는 적의
위협을 행궁에 신속하게 제보하는 시설물이다.

해봉(海烽)인 화성시 홍천대까지는 너무 멀어 중간 지점인 서봉산에 간봉(間烽)을 설치하였고 육봉(陸烽)으로는 용인의 석성산을 통해 화성의 봉돈으로 다시 행궁으로 직보하는 것이다.[101] 봉돈제도야말로 우리나라 고대로부터 있는 시설로 재료를 전으로 만든 새롭게 창조한 방어시설물인 것이다. 또한 도성제도에만 있는 봉돈의 설치는 이상적이고 완전한 성곽을 설치하고자 하는 의도에서였다.

3) 장대(將臺)

화성에는 군사지휘소인 장대가 두 곳 있다. 서장대(西將臺)는 용인의 석성산 봉화와 남쪽의 황교의 물이 한눈에 들어오는 백리 안쪽의 모든 동정을 앉은 자리에서 통제할 수 있는[102] 팔달산 정상에 자리하고 있다.

동장대(東將臺)는 그리 높은 곳은 아니나 시야가 트여 있고 앞에 조련장이 있어 군사훈련을 지휘할 수 있는 곳이다. 이 장대는 남한산성의 수어장대, 독산성의 진남루 등을 비롯해서 기존 우리나라 성에 필수적으로 있었던 시설물인 것이다.

4) 노대(弩臺)

화성에는 노대가 서노대와 동북노대 두 개 있다. 노대는 여러 개의 화살을 동시에 쏠 수 있는 시설물로서 서노대(西弩臺)는『무비지』에서 모방한 것이다. 위는 좁고 아래는 넓어야 한다는 형태는 그대로 따왔다. 그러나『무비지』에 있는 그대로 지은 것은 아니다.『무비지』에는 육각으

---

101)『화성성역의궤』권1, 전교, 병진년 9월 21일 ;『화성성역의궤』권1, 계사, 병진년 정월 22일 ;『화성성역의궤』권3, 장계, 병진년 9월 21일.

102)『화성성역의궤』권首, 圖說, 서장대.

서장대(西將臺)

동북노대(東北弩臺)　　　　　　　　　　　서노대(西弩臺)

로 되어 있고 오르는 계단이 두 개이며 노수가 들어가는 집이 있었으나 서노대는 팔각으로, 오르는 계단은 한 개로, 집은 얹지 않았다.[103] 동북노 대는 그 형태를 완전히 달리하였다. 이 두 시설물은 석과 전을 혼축한 것이 특징인데 서노대는 팔달산 최고 정상에 위치하였고 돌축대 사이를 전으로 채워 쌓아올렸고 동북공심돈 바로 동쪽, 당시 광주로 가는 길을 바라보고 있는 동북노대는 돌로 된 치 위에 전으로 쌓아 대를 만들었다. 여장도 전으로 만들었는데 서노대는 철형여장으로, 동북노대는 원여장의 전형을 보여주고 있다.

　5) 적대(敵臺)

---

103) 『화성성역의궤』 권수, 도설, 서노대.

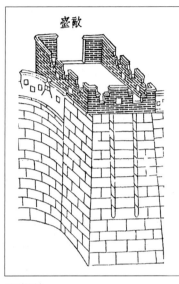

적대(敵臺)

적대는 화성의 정문인 장안문 동서에 각각 북성동적대와 북성서적대 각각 1개씩, 남쪽문인 팔달문 동서에 남성동적대와 남성서적대 각각 1개씩을 건설하였다. 이는 분명히 성문과 옹성을 공격하는 적을 방어하기 위한 시설이다. 이에 대한 그림 자료로는 『무비지』의 '성제도'에 나타나 있다. 화성의 적대와는 그 모양과 형태가 매우 비슷하다. 그렇지만 성문 양쪽에 바짝 붙어 있고 상층은 지붕이 덮여 있는 것이다.

화성의 적대는 전면에 현안이 뚫려 있고 대 위에 지붕이 없다. 그리고 명칭도 '적루'라고 표현되어 있다. 그리고 무비지에는 '적대도'의 자료가 별도로 있는데 이 적대도에는 실적대(實敵臺)와 속이 비어 있는 허적대(虛敵臺) 두 개의 종류가 있다. 그러나 허적대는 오히려 화성의 공심돈의 형태와 거의 같다. 그렇지만 『무비지』에는 공심돈도가 별도로 있어 적대와 공심돈은 별개의 시설물로 구분하고 있다.

그런데 화성의 서북공심돈이 『무비지』의 허적대와 그 형태가 비슷하다고 하여 서북공심돈을 적대와 동일한 것으로 보는 것은 문제가 있다고 보여진다. 『화성성역의궤』에는 분명히 적대와 공심돈을 구분하고 있다. 그리고 이 적대는 고구려 대성산성에도 있었던 제도이고 황해북도 사리원시의 정방산성 등에서 볼 수 있는 우리나라 고유 성제의 하나인 것이다.

298

그러니까 화성에 적용한 중국의 성제든, 조선의 성제든 그것은 대략적이고 대강의 지침만이 주어진 것이고, 실제 축성과정에서 50여 개의 시설물들은 감동당상 조심태, 도청 이유경과 같이 뛰어난 군사전문가들과 건축가, 그리고 예술가들의 재량에 따라 건설된 것으로 생각된다. 정조가 축성이 끝난 다음 해인 1797년(정조 21) 화성에 행차하여 한 다음과 같은 말에서 이를 유추해 볼 수 있다.

……이제야 우리나라도 성의 제도가 있다고 말할 수 있겠다. 다만 초루(譙樓)나 돈대(墩臺) 등속은 가끔 엉뚱한 모양만 낸 것 같아서 실용에 적합하지 않다. 이것은 유수(留守)와 도청(都廳) 이유경(李儒敬)이 다투어 논란하던 것으로 결국 도청의 주장에 따라 시행하게 되었지만 나의 본 뜻은 아니다.104)

6) 돈대(墩臺)

화성에는 성곽시설물 이외에 북쪽에 용연·문암·애현, 서쪽에는 숙지·고양 그리고 남쪽은 귀산 등 여섯 곳에 돈대를 설치하였다. 특히 남쪽은 구 수원부 읍치의 산성 독성산성이 중심이 되어 화성을 호위하게 하였다. 『절목』에 의하면 이 돈대에는 장교 1인과 군졸 2인이 배치되어 적의 동향을 먼저 알 수 있도록 하였다. 특히 귀산돈대는 화성에서 가장 높고 군사지휘부 서장대 가까이에 있는 서노대와 연락을 주고받았다. 이때 적이 서쪽에 나타나면 흰색, 동쪽이면 청색, 북쪽이면 흙색, 남쪽이면 붉은색으로 신호를 주고받았다. 『화성성역의궤』에서는 돈대를 방어시설물로 보기보다는 적의 동향을 지휘부로 신속히 알리기 위한 척후의 의미로

---

104) 『정조실록』 권46, 21년 1월 29일 庚午, "……今以後 我國始可曰有城制 但譙樓墩臺之屬 往往有近於奇巧 不適實用 此則留守與都廳李儒敬爭難 畢竟都廳之說得行 非予之本意也".

보아 성곽시설물로 소개하지 않고 있다.

6. 사(舍)

화성에는 성곽과 붙어 있는 서남포사와 화성의 중심부에 자리하고 있었던 중포사, 행궁 내에 있던 내포사 등 3개의 포사가 있었다. 지금은 서남포사만 남아 있다. 포사란 왕이 행차할 때 행궁과 행궁 밖에서 경보를 알리고 안과 밖이 서로 응하는 시설이다. 그리고 『화성성역의궤』에는 "포사가 치 위에 있으면 포루가 되고 성 안에 있으면 포사가 된다"[105]고 하였다. 즉 포루와 거의 같은 기능을 하지만 밖의 동정을 행궁으로 알리는 기능을 하며 내포사에서는 각종 경보에 대한 호령을 하는 것이다.[106]

7. 치(雉)와 용도(甬道)

치는 성벽에서 돌출되어 전면과 좌우 양 측면, 즉 3면에서 적을 공격할 수 있는 시설물이다. 이 치는 화성의 기본 시설물이면서 모든 방어시설물들은 모두 이 치 구조 위에 세운 것이라고 할 수 있다. 정약용은 『포루도설(砲樓圖說)』에서 많은 제도들을 참고하고 좋은 방법들을 모아서 치를 만들고 치마다 포루(砲樓), 적루, 적대, 포루(舖樓), 노대 등을 세워야 한다고 주장하였다.[107]

이 치제에 의해서 화성에는 순수한 치 8개를 비롯해서 적대 4개, 노대 2개, 공심돈 3개, 봉돈 1개, 포루(砲樓) 5개, 포루(舖樓) 5개, 각루 4개가 설치되었다. 이는 모두 치 구조물에 설치한 방어시설물로 실제 화성 축성

---

105) 『화성성역의궤』 권2, 절목, 병진년 정월 ; 『화성성역의궤』 권首, 圖說, 중포사.
106) 『화성성역의궤』 권2, 절목, 호령.
107) 『여유당전서』, 說, 포루도설.

치(雉)

에는 정약용의 『포루도설』보다 공심돈, 봉돈, 각루 등이 더 추가되어 축성
된 것이다. 이러한 이유는

> 평지 밖에 산세와 지형을 따라……치를 설치할 필요가 없다. 네 모서리
> 와 같이 치를 설치해야만 하는 곳에 혹 루를 세우고 혹 포를 세울 수도
> 있는데 이것은 경들이 적절한 것을 헤아려서 시행하도록 하라.108)

고 명령한 정조의 지시에 의한 것이다. 그러니까 실제 구체적인 화성 축성
은 현장의 책임자들에게 많은 재량권이 주어졌다는 것을 의미한다고 하
겠다.

　『기효신서』와 『무비지』에는 치의 그림이 있고 그에 대한 설명이 되어

---

108) 『화성성역의궤』 권1, 연설, 계축년 12월 8일, "平地外依山因地……不必設雉 若其
　　 四角必須設雉處 或築臺或起樓或建舖 此則在卿等相宜設施耳".

있다. 전자에는 치 전면에 현안이 5개, 후자에는 3개로 차이가 있으나 대동소이하다고 할 수 있다. 이 치 그림을 그대로 화성에 적용했다고 볼 수는 없다. 실제 화성의 치를 보면 모서리를 각지게 쌓은 곳도 있고 둥글게 쌓은 곳도 있으며, 그 재료도 벽돌 또는 돌 등 다양하게 사용하고 있다. 따라서 이러한 것들은 군사시설물로서의 특징도 갖지만 건축미학적 측면도 함께 갖는 것이라고 할 수 있다. 그리고 이 치는 고구려 성의 가장 뛰어난 성제 중의 하나이며, 삼국시대 성을 비롯해서 우리나라 어느 성에서도 볼 수 있는 제도인 것이다.

이외에도 화성에는 '용도(甬道)'라는 시설물이 있다. 이 '용도'는 치를 길게 잡아늘인 모양을 하고 있는데 군량을 운반하고 매복을 서기 위해서 낸 길[109]을 의미한다. 3면을 성가퀴로 둘러싸 마치 협축으로 쌓은 듯하다. 용도에 관한 자료로는 『관방집록』에 '용도지법'이 있다.[110]

8. 현안(懸眼)과 누조(漏槽)

1) 현안

『기효신서』에는 타와 여장 그리고 여장 하단에 뚫린 현안 그림이 있다. 이 그림은 『기효신서』에만 있는 그림이다. 그렇지만 『기효신서』의 여장과 현안의 제도는 화성에 그대로 반영이 되지 않았다.

특히 화성에서는 1타에 근총안 1개와 원총안 1개를 뚫었는데 이는 『기효신서』의 타와는 전혀 다른 형태이다. 아울러 『기효신서』에는 타마다 현안이 뚫려 있지만 이것은 채택되지 않았다. 이 현안은 성벽 바로 밑에

---

109) 『화성성역의궤』 권首, 圖說.
110) 『관방집록』은 정조대 이만운이 지은 것으로 추정되는 책으로 '甬道之法'에 "개성은 청석동을 가로질러 성을 쌓았는데, 용도처럼 되어……"라는 표현이 있다(『만기요람』 군정편, 附 관방총론, 관방집록용도지법).

302

현안(懸眼)

달라붙은 적을 공격하기 위한 시설물인데 명대에 개축한 중국의 '만리장성'과, '평요고성'에는 여장의 밑 부분에『기효신서』의 현안과 비슷한 구멍이 나 있다. 그렇지만 성벽 밑 부분을 공격할 수 있게 밑으로 길게 내리 뽑지는 않았다.『기효신서』는 이 제도를 좀 더 발전시켜 길게 아래로 향하게 한 것이다. 이러한 현안의 제도는 1616~1672년 사이에 개축한 함경북도 경성(鏡城)에서 건설된 바 있다.111)

화성에서 현안은 장안문 정면의 북옹성에 16개, 팔달문 정면 남옹성에 12개를 뚫었다. 현안은 전돌로 만들었다. 북성에는 적대를 좌우에 1개씩 만들었는데 현안은 전면에 각각 3개로 멋을 내었다. 그렇지만 남성의 좌우 적대의 현안은 전면에 2개를 뚫었다.『기효신서』에 있는 대로 전으로 하지 않고 돌로 다듬어 조립112)한 것으로 성벽에 붙어 있는 적을 공격하는 시설이라기보다는 차라리 평면에 2개 또는 3개의 선을 내리 그은 예술가의 장난으로 보일 정도이다. 그리고 화서문과 창룡문의 옹성에는 각각 3개씩, 북암문 좌우에 1개씩, 동북노대에 2개, 서북공심돈과 남공심돈의 2개면에 각각 2개, 봉돈에 2개, 서북각루에 2개, 동북포루와 북포루 그리

111) 리화선 외, 1989,『조선건축사』(1), 과학백과사전종합출판사, 333쪽.
112) 정조는 화성 축성 전인 1793년 12월 8일 "벽돌이 아니면 안 된다"고 하지만 돌을 써도 안 될 까닭이 없다고 생각한다며 현안제도에 대해 언급하고 있다(『화성성역의궤』권1, 연설 계축년 12월 8일).

고 동포루에 각각 1개, 동삼치에 2개, 그리고 서일치・서이치・서삼치・
동일치・동이치・남치・북동치 등에 각각 1개씩 설치하였다.

2) 누조와 오성지(五星池)

누조와 오성지는 본래 화공(火攻)에 대비하여 물을 쏟아 붓는 시설물이
다. 장안문과 팔달문 옹성 그리고 북・동암문에는 문을 불로써 공격할
때, 물을 내려보낼 수 있는 구유 모양의 오성지가 설치되었다. 그렇지만
이 오성지는 『화성성역의궤』에 있는 대로 복원이 안 되었고 정약용 본인
이 설계한 대로 건설되지 않았다고 개탄한 시설물인 것이다. 이 오성지는
100% 중국의 성제를 따른 것이다. 오성지는 『무비지』에 그림과 함께 자세
히 설명되어 있는데, 『화성성역의궤』에는 여곤의 『실정기』에서 참고했음
을 밝히고 있다.[113] 이 오성지도 적의 화공에 대비한 방어시설물이라기보
다는 차라리 디자인의 차원으로 보아 할 정도로 아름다운 것이 특징이다.

누조는 문의 규모에 따라 장안문과 팔달문에 각각 4개씩, 화서문과
창룡문에 각각 2개씩 설치하였다. 이 또한 화공에 대비한 군사적 시설물
이라기보다는 건축미학적 측면이 더욱 강하다고 생각된다.

9. 은구(隱溝)와 연못

화성에는 북쪽에 북은구와 남쪽에 남은구 두 개의 은구가 있다. 북은구
에는 성 밖의 물을 끌어들여 연못 북지를 만들었고, 남은구에는 상남지와
하남지 두 개의 연못을 만들고 안에는 섬도 만들어 홍련과 백련 등 각종
나무를 심었다. 이는 도시 조경적 효과와 아울러 화재에 대비하기 위한
시설인 것이다. 이외에도 동쪽에는 상동지와 하동지 두 개의 연못이 있었

---

113) 『화성성역의궤』 권首, 圖說.

304

다.

수원의 물의 흐름은 북에서 남으로 흐른다. 이 지세를 십분 감안하여 화성의 중심부로 수원천을 준설하였다. 그리고 조선에서 가장 빼어난 정자 방화수류정 밑에는 인공적으로 용연을 조성하였다.

결 론

　수원의 구읍치는 조선조에 음택(陰宅) 길지(吉地)로 지목되어 선조와 효종의 능침 선정 과정에서 그 후보지로 대두되었고, 마침내 정조대에 장헌세자의 원침을 수원부로 천봉하게 되는 과정을 살펴보았다.

　먼저 기자헌(奇自獻)이 수원부 구읍치를 선조의 능침 최적지로 지목하였는데, 그는 수원부 구읍치의 산을 주장하면서 이미 지정한 건원릉의 제5강(第5崗)을 금방(金方)과 목생인(木生人)의 상극이론(相克論理)에 입각한 '오음상극론(五音相克論)'을 논거로 들었다. 그러나 이항복 · 심희수 · 윤승훈 등은 기자헌의 '풍수' 논리를 잡학(雜學)의 수준으로 격하시키고 '성리학적(性理學的)' 입장에서 이를 논박하였다. 결국 이 논쟁에서 선조의 능침은 건원릉 제5강으로 결정됨으로써 기자헌의 주장은 폐기되었다.

　그러나 이후 50여 년이 지난 다음 효종(孝宗)의 능침을 선정할 때 남인 계통의 윤선도에 의해서 수원부 구읍치가 다시 '천재일우(千載一遇)'의 길지로 지목되었다. 이에 대응하여 송시열을 중심으로 한 서인측은 표면적으로는 '오환(五患)의 논리'를 중심으로 한 '성리학적' 풍수 논리를 근거로 하면서 음택풍수 논리로 대응하였다. 이와 같은 논쟁에서 효종의 능침은 건원릉 건좌의 산으로 결정됨으로써 송시열을 중심으로 한 서인

계통의 논리가 채택되었다.

이와 같이 붕당(朋黨) 간에는 '복제(服制)'를 어떻게 할 것인가의 문제 뿐만 아니라, 왕의 능(陵)을 어디에 선정할 것인가를 두고도 논쟁을 하였다. 환언하면 능침 선정 문제는 복제 문제를 중심으로 한 '예송논쟁'의 전초전적 성격을 갖는 것이라고 할 수 있다. 이렇게 해서 광해군·현종 때 음택풍수 논리에 의한 수원부로의 능침 이전이 실패로 돌아갔으나 한편 양택풍수 논리에 의한 능침 이전론도 결코 뒤지지 않았다. 실용적 이유에서 수원부 읍치를 개활지(開豁地)로 이동해야 한다는 주장은 남인계 유형원의 『반계수록』에서 제기되었다.

이후 정조는 어느 정도 왕권을 강화한 시점인 1789년(정조 13)에 박명원의 상소를 계기로 장헌세자의 원침을 구 수원부 읍치로 이전하기로 하고 수원부 읍치를 지금의 수원시 중심부에 있는 팔달산 동쪽으로 이전하였다. 장헌세자의 원침(園寢)을 길지로 옮기는 문제는 정조가 즉위한 이후 끊임없이 치밀하게 준비하고 추진했던 사업이었다. 따라서 읍치를 옮겨 그 곳을 왕권강화의 기지(基地)로 활용하려는 정치적 계산과 이 곳을 부흥시키려는 치밀한 계획도 이미 짜여져 있었던 것으로 추정해 볼 수 있다.

더욱이 1786년(정조 10) 5살에 죽은 문효세자와 세자의 생모인 의빈성씨가 임신 중에 죽은 사건은 조선 최대의 길지를 얻고자 하는 염원을 정조에게 더욱 고무시켰을 것으로 여겨진다. 그리하여 정조는 남인계 윤선도의 음택풍수설과 유형원의 근대적이고 실학적인 양택풍수설(陽宅風水說)을 결합하여 치밀하게 정치적 구상을 펼쳤던 것이다. 수원부 읍치를 옮긴 5년 후인 1794년에 남인의 영수(領袖)인 채제공이 화성 건설의 총책을 맡게 되는 일이나 화성의 기본설계를 남인인 정약용이 맡게 되는 일들은 정조가 왕권강화를 위해 남인 계통의 의견을 채택하고 그들을 주로 활용하였음을 보여준다.

한편 '임오의리'의 공론화 또한 정조가 1776년 즉위하면서 의도하던 바였다. 이러한 의도가 1786년 5살 난 문효세자의 죽음, 후궁 의빈성씨의 죽음에서 파생된, 아버지 원침 영우원에 대한 불신으로 이어지고 새로운 명당자리 수원부 읍치의 대두, 이후 1790년 순조의 탄생으로 이어지는 일련의 역사적 조건 속에서 하나하나 이루어지게 된다. 순조의 탄생으로 그가 15살이 되는 1804년 왕위를 물려주고 정조가 노후를 보내면서 임오 의리를 공론화시킬 기지를 만들려는 논리가 바로 '화성 건설'로 귀착된 것이다.

이러한 일련의 정치적 목적을 달성하고자 바로 임오년의 사도세자의 죽음을 억울하다고 생각하고 이에 반대하는 세력을 견제하는데 앞장 설 수 있는 인물로, 정조는 남인의 영수 채제공을 선택하였다. 채제공의 중용 이야말로 정조의 꿈, 아버지 사도세자를 추숭하고자 하는 모든 목적을 이루게 할 수 있는 든든한 울타리였다. 그를 편애하면서 화성 건설의 총책임자로 임명한 것은 일관하여 의도된 수순이었다. 또한 화성 건설에서 유이민의 발생과 성과급제의 시행은 모군을 모집하고 노동력을 동원하는 유리한 역사적 조건을 만들고 있었다. 이러한 역사적 조건은 강제 부역이라는 '경제외적 강제'의 시대에서 '경제적 시대'로 나아가는 역사적 발전 과정을 의미하는 것이었다. 18세기에는 토지를 잃은 농민들이 속출하였으며 대다수 농민들은 병작농민들로 되거나 일부는 품팔이꾼으로 전화하였다. 이들은 화성 건설의 고용노동의 원천을 이루었다.

화성 건설에서 노동력 동원은 가장 먼저 공사를 총괄할 채제공(蔡濟恭)을 총리대신으로, 조심태(趙心泰)를 감동당상으로, 이유경(李儒敬)을 도청으로 임명하여 현역 관료조직을 완료한 데서 출발하였다. 그리고 그 하부에 전 관료 및 잡역직들로 조직된 작업관리 및 현장감독 분야와 수원 판관을 우두머리인 책응도청으로 하는 사무관리 및 지원부서를 나누어 조직하였다. 여기에서 작업관리 및 현장감독 분야는 작업한 일수도 다양할 뿐만 아니라 일관되게 계속 참여하지는 못하였다. 여기까지는 정부에서 임명한 조직이었다. 이러한 조직에 더하여 모든 중앙부처와 현직 지방 수령들도 화성 건설의 인원 및 자재 동원에 총력을 기울여 전국적으로 화성 건설을 독려하였다.

기술자[工匠]는 총 549명이 동원되었는데 중앙관청과 전국의 지방관청 공사(公私) 공장(工匠)들을 부역토록 하였다. 그렇지만 정부에서 의도한 대로 원활하게 동원되지는 않았다. 모군(募軍)의 경우는 첫째 신역(身役)이 없는 사람들의 모군 방식과 둘째 품삯을 지불하는 수원 인근의 자원(自願) 부역자로 충당되었다. 이러한 모군의 방식은 조선 초기 강제 부역보다는 보다 진전된 인력동원 방식으로, 이미 17세기 초반부터 출현한 형태였다. 기술자와는 다르게 모군들이 지나치게 많이 몰려들어 정부 측에서 곤란할 지경이었다. 이는 농촌으로부터 유리된 '유이민'이 광범위하게 존재하였다는 것을 보여주는 것이며, '농민층의 분해'와 '신분제의 해체'의 단면을 보여주는 징표라 여겨진다. 따라서 화성 건설이 정조가 의도한 대로 '빈민구제'를 위한 방책이 되었음은 물론이다. 1794년 화성 건설 초기에는 약 4,000명, 1796년경에는 약 2,000명의 내외의 인원들이 항시 화성에 머물면서 화성 건설을 마무리하였다.

화성 건설의 노임지불 방식은 관리 감독 분야의 경우 내도청을 제외하고 별감동, 경감관, 부감관, 경·부패장, 경 책응감관까지는 월급으로 정식을 삼았지만, 임금지불은 일당으로 계산하여 지급하였다. 이하 경포교

부터 서리, 서사, 부포졸까지는 화성 건설 전 기간에 걸쳐 일한 것으로
보이며, 월급으로 정해진 임금을 받았을 것으로 추정된다. 그렇지만 일당
은 경사령, 경부문서지기, 사환군 등을 제외하고 일반 모군 2.5전에도 못
미치는 금액이었다. 그리고 기술자는 전형적인 하루 3전 이상의 '일당제'
였으며 모군의 경우는 일당제에 기초한 성과급제로 추정된다.

한편 화성 건설에서의 노임지불 방식에는 봉건적 유제도 남아 있었다.
즉 하루 정식화되어 있는 노동량을 어기는 담가군(擔架軍)을 곤장으로
다스리도록 한 것이다. 이는 의연히 '경제외적 강제'의 봉건적 관행이
여전히 작동하고 있음을 보여주는 것이다.

반면, 각처에서 동원 및 고용된 관리 및 노동자들의 사기 진작을 위하여
각종 특혜도 베풀었다. 가족이 없는 관리자 및 노동자들을 위해 임시건물
을 세우거나 더위를 이기게 하는 척서단 등과 같은 약품 제공, 부채, 방한
복, 음식 등을 지급하거나 병가, 휴가는 물론 상금과 시상도 베풀고 특히
일반관료는 물론 잡역직과 천역에 종사하는 사람들에게 품계를 올려주거
나 신분상승의 기회를 부여하였다.

화성 건설의 물자 조달에서 가장 중요한 석재는 숙지산, 여기산 두
산에 각각 2곳, 권동에 1곳 등 모두 다섯 군데서 채취하였다. 그러나 공사
중 팔달산에서도 석맥을 발견하여 서성은 제 자리에서 캔 돌을 사용하여
돌을 캐낸 곳은 모두 6곳이 된 셈이다.

석맥이 있는 논과 밭은 국가에서 매입하고 이 곳에 석수를 투입하여
돌를 떠 내었다.

돌 뜨는 일은 석수 1명과 조역 1명이 1패가 되어 진행되었다. 쑥돌과
온돌석을 제외한 모든 석재는 수원 성역소 현지에서 조달되었으며, 석맥
과 산지는 국가에서 매입하여 제공하고 돌의 크기에 따라 차등 지불되었

310

다.

　목재는 국가에서 관리하던 재목을 베어 오거나 사오는 두 가지 방식으로 조달되었다. 먼저 국가에서 관리하던 안면도에서는 방풍림을 베어 왔다. 안면도에서 수원부의 구포까지 운반하는 기일은 2일이 걸렸으며, 30척에 달하는 배의 재목은 2월 9일부터 시작하여 3월 3일까지 1달이 채 안되는 기간에 모두 실어 날랐다. 황해도에서는 장산곶의 재목을 오차포(五叉浦) 앞바다에서 취합하여 구포로 수송하였다.

　관동(강원도)에서는 금성(현 금화)에서 베어진 재목을 낱개로 금성천에 떠내려 보내면 북한강을 거쳐 낭천현 방현포(芳峴浦, 지금의 화천군 화천읍 아리)로, 양구에서 베어진 재목들도 강을 따라 낭천현으로 집산되었다. 여기서 대개 55개를 한묶음으로 해서 뗏목으로 묶어 춘천을 거쳐 가평·청평·양수리로 띄워 보냈다. 이 목재들은 경강에 집결되었다. 경강부터는 조운선으로 수원부까지 운반하게 되는데, 경강→ 인천 팔미도 앞바다 → 안산 옥구도 앞바다→ 화성유수부 쌍서도→ 우음도→ 구포로 운반하였다.

　한편 안면도·관동(강원도)·장산곶의 국가 금양처에서 조달된 것과 전라 좌우수영에 책정된 나무값은 계산되지 않았다. 다만 베고 끌어내리는 값과 운반비만이 공곡에서 회감하는 방식으로 지급되었다.

　돈을 주고 산 재목은 사온 것(貿來·貿取), 사서 베어 온 것(貿斫) 2종류였다. 사온 것은 경기강 상류 도는 광주 지역·경강 등지였다. 경기강 상류와 경강 등의 지역에는 장송판, 큰서까래나무 등을 매매하는 목재상들이 존재했다는 것을 의미한다. 사서 베어 온 것은 산지에서 쓸 만한 나무들을 살펴보고 필요한 나무를 사서 베어 온 경우이다. 이는 주로 수원부, 광교산, 남양, 광주, 서봉동, 용인, 경기강 상류 등지였는데, 수원 인근 지역과 경기강 상류에서 필요한 나무들을 조달하였다.

화성성역에서 기와와 벽전의 조달은 왕륜면 백운동에 땔나무산을 성역소에서 마련하고 왕륜면과 사근평 두 곳에 기와는 6개소, 벽돌은 3개소에 나누어 설치하였다.

지붕에 올라가는 모든 건축재료는 모두 '와자(瓦子)'로 표현되고 전(甎)으로 표현된 재료는 대방전(大方甎), 소방전, 반방전이고, 벽(甓)으로 표현된 재료는 종벽(宗甓), 귀벽이[耳甓], 개벽(蓋甓), 홍예벽 등이다.

벽전은 왕륜과 서봉동, 그리고 북성 밖, 3곳에서 조달되었다. 벽돌가마는 모두 20좌가 설치된 것으로 보인다. 1좌당 1일 62.5장을 구워내 총 1,250장의 벽돌을 생산해 내었다.

철물은 그 사용 용도가 다양하였다. 그 가공 단계별로 철광석, 생철, 수철(무쇠), 작철(斫鐵), 정철(正鐵), 강철, 추조철물, 정조(精造)철물, 정정조철물로 나뉘는데 해서(황해도), 호서(전라도), 관동(강원도), 서울, 수원부 등 각처에서 사 왔다.

무쇠를 불려서 만든 정철은 타 지역에서 사 오거나[貿來], 사상한테 사 왔다. 또한 사온 작철로 정철을 만들기도 하였다. 작철·강철도 마찬가지로 사 왔다. 이는 철물이 광범위하게 상품화되어 있음을 보여준다.

정철이나 강철을 일정한 규격으로 만든 중방철의 경우는 서울에서 살길이 없어 단양·영춘·청풍·충주·제천 등지와 강원도의 영월·삼척·평창·정선 등지에 내려 보내서 이를 사 오게 하였다. 그 값은 서울로 오는 상납전으로 획급하고 하역비와 선가는 각 감영의 공곡에서 회계 차감토록 하였다. 또한 해서의 풍천에서 조달된 정철과 강철은 초도의 토선 1척에 적재하여 운반 납부하였다.

또한 수원부에서 지나가는 상인들에게 직접 사들였다. 철엽·자물쇠·신쇠·확쇠·장부쇠 등은 철제 상품으로 주로 서울에서 사 왔다.

나머지 자물쇠, 돌촉에 씌우는 신쇠[靴金], 문지도리의 장부를 받는 구멍이 있는 확쇠, 문짝의 지도리에 씌우는 장부쇠는 서울에서 전부 사왔으며, 특히 남·북문의 용모양의 자물쇠[龍鎖金], 수철확쇠(水鐵碓金), 장부쇠(丈夫金) 등은 수원 대장간에서 만들 수 없어 서울 기술자로 하여금 도성문에 들어간 모양대로 만들어오게 하였다. 절병통 2좌만 화성성역소에서 주조하였다.

거중기 등 기계와 도구는 내하(內下), 새로 만든 것[新造], 사 온 것[貿來], 수원부에서 사들인 것[貿取], 자납(自納)한 것으로 구분되는데, 거중기는 왕실에서 1부를 내려주었다. 거중기의 사용여부에 대해서는 여러 이견이 있다. 그렇지만 『의궤』에 명백히 얼마를 절약했다는 구절이 있고 실제 무거운 돌의 경우, 이를 들어올리는 역할을 수행한 것으로 추정된다.

정약용의 발명품인 유형거는 1량은 왕실에서 내려주고 10량은 새로 만들었다. 유형거는 저울과 같이 좌우로 움직이는 독특한 수레로 끝부분이 뾰족하여 이를 돌밑에 찔러 일정하게 돌을 수레로 이동하고 손잡이를 누르면 별 힘을 안들이고 들어올릴 수 있는 특수 수레였다. 녹로 2좌는 역소에서 새로 만든 것인데 이 녹로는 돌을 묶어 전후 좌우로 운반하는 기계로, 이는 이전 시기에도 활용되었고 특히 화성성역에서 돌을 쌓는데 가장 큰 역할을 했을 것으로 추정된다.

화성성역에는 이외에도 각종 재료와 잡물이 조달되었다. 숯은 경기도 지역 지평, 광주, 용인에서 사 오고, 석회는 금천, 풍덕, 평신 등지에서 사서 배로 운반하였으며 수원부에서 사들였다. 석회는 황해도 금천에서 주로 조달되었고, 단확은 뇌록만 장기에서, 나머지는 전량 서울에서 사 왔다. 종이, 붓, 먹, 벼룻돌은 전량 서울에서 사 왔다.

이외에도 『의궤』에 잡물로 분류한 약 80여 가지의 재료는 강원도, 황해도, 경기 각 지역과 수원부, 서울, 개성부 등지에서 사 오거나 사들였으며, 충청도 각 지역과 경기도 여러지역에서 나누어 거두어 들였다. 나머지 잡물은 주로 수원부에서 사들이거나 서울이나 경강에서 사들였다. 숫돌의 경우는 주산지인 연일과 단성에 책정하여 조달하였다. 이러한 물품 중에서 서울에서 사 온 잡물들은 주로 말과 소로 육로로 운반되었고 그 다음이 일부 배로, 수레의 이용은 극히 적었다.

이상 살펴본 바와 같이 화성성역에 조달된 물자들의 거의 대부분은 돈을 주고 구입하였다. 이로써 당시 높은 상공업 발달의 수준을 알 수 있고, 화성 건설은 당시 상품화폐경제의 실상을 총체적으로 보여주는 조선조 최대의 토목 공사였다.

화성 축성 시 보상가옥은 점포와 일반 주거시설 두 종류였다. 점포는 남리 구역의 십자가에 있던 신발을 파는 혜전, 장작을 파는 유문전 2채, 쌀을 팔던 미전 등 4채이다. 가옥은 초가와 흙방 등 89채 등이 수용되었다.

이것으로 보아 1789년 신읍치가 처음 만들어지던 당시 도시계획은 치밀하게 이루어진 것이 아니라 무계획적이었다고 생각된다. 특히 십자로 정비를 위해 부근의 점포 4채와 초가 3채 그리고 흙방[土室] 1채 등을 매입한 것은 불과 5년 전 신읍치 이전시에 치밀하게 예상한 도로계획이라고 보기 힘들다. 계획적인 도시건설을 준비한 것은 1789년 사도세자의 원침을 천봉한 다음 해인 1790년 순조의 탄생으로 치밀해지고 가속화된 게 아닌가 생각된다.

수용된 가옥형태는 대부분 초가였고 개울 주변의 주민들은 흙방에 기거한 것으로 추정된다. 이는 새로운 신도시가 형성될 때 여러 가지 특혜조치가 있다는 소문을 듣고 구름같이 몰려든 유이민들이 그대로 정착한 것으로 보인다.

　보상은 기와 점포가 칸당 15냥으로 가장 비싸게 보상되었다. 점포의 경우 기와 유문전은 칸당 15냥, 초가 유문전은 칸당 3냥으로 5배나 차이가 났다. 당시 십자가 주변 상설점포들의 규모는 5칸 정도로 추정된다.

　다음으로 초가집은 389칸이 보상되었는데 칸당 6.04냥으로 총 2,413냥 4전이 지급되었다. 이러한 보상은 1789년 옛 수원부 가옥 보상시 초가집 평균 1.73냥의 3.5배에 달하는 금액이었으며, 최고가인 6.73냥에 버금가는 금액이었다. 이는 옛 수원과 신도시 수원의 부동산 가격 차이로 볼 수도 있고, 30칸 이상의 집도 2채나 되었으며 10칸 이상도 남성쪽의 10채, 북성쪽의 2채 등 총 12채였다. 이것으로 보아 남성쪽에 규모가 큰 집들이 밀집되었을 것으로 추정된다.

　한편 흙방(토실)은 총 24.5칸이 보상되었는데 1칸 당 평균 1.457냥으로 보상되었다. 그러나 그 규모는 3칸 미만이어서 보상 액수는 4냥을 넘지 않았고 2칸 미만이 대부분이었다. 북리쪽 개울가에 흙방이 밀집되었음을 알 수 있다. 동장대 앞 길에도 움집 20호가 철거된 것으로 보아 흙방은 북리쪽 개울가와 동장대 주변에 산재해 있었을 것으로 추정된다. 흙방 한 채값 3냥 정도는 당시 쌀 1석(石) 값 5냥 정도에도 못 미치는 금액이었다.

　화성 축성을 위한 전답 보상은 제1차로 1794년 3월에 이루어졌다. 이는 주로 북성과 남성 그리고 준천을 위한 전답 보상이었다. 1795년 9월에는 제2차 전답 보상이 있었는데 이는 동장대 건설과 고등촌 부석소를 위한 토지매입이었다.

　한편 조선조 토지매매 관행을 살펴보면 16세기부터 17세기에 걸쳐서 현물화폐인 미·포와 은이 사용되다, 17세기 중반부터 금속주화가 전국적으로 유통되었다. 은화의 경우는 18세기 전반기까지 사용되다가 18세기 중기 이후로 사라진다. 이러한 역사적 조건에서 화성 건설에서 가옥이나 전답의 보상은 100% 금속화폐로 지불되었다. 지불수단에서 금속화폐로의 변화는 화폐경제의 역사적 발달이 정조대에 더욱 무르익었음을 뜻하며, 상품화폐관계의 발전에 따라 토지가 상품화됨으로써 경제적 방법에 의한 토지 획득이 일반화되었다고 생각된다.

1794년부터 1795년까지 이루어진 이러한 많은 토지 보상은 화성 건설이 1789년부터 정조의 치밀한 종합적 계획에 의해 추진되었다기보다는 무계획적으로 추진되었음을 보여준다고 하겠다. 따라서 화성 축성과 생산기반 시설의 추진은 1790년 순조의 탄생으로 탄력을 받은 것으로 생각되며, 1793년의 화성유수부 승격 등으로 화성 축성을 위한 행정적 기반 마련이 시작되면서 본격화되었다고 생각된다.

토지보상도 성역이 마무리되어 가는 1794년 제1차 때보다 1795년의 단가가 거의 두 배에 달하는 점은 화성성역의 비용 지출에서의 난맥상의 한 단면을 보여준다고 생각된다. 토지 보상도 장기적 계획에 의한 보상이 아니라 그때그때 필요에 따라 매입하였다.

정조대 중앙재정 중 호조의 1년 수입은 90~130만 냥 정도이고 지출은 90~170만 냥 정도였다. 지출이 수입보다 오히려 많았다. 호조의 수입과 지출 대부분은 쌀이며 비중이 50% 내외를 차지하고 다음은 돈, 그리고 목면, 콩의 순이었다.

17세기 중반인 효종대부터 18세기 후반인 정조대까지의 호조 1년 세입·세출 규모는 전시대에 걸쳐 1년 쌀의 세입은 10만 석 내외였다. 총세입 중 쌀이 차지하는 비중이 40%이상이고 그 다음이 면포와 콩의 순이었다. 돈으로 환산한 총 세입도 100만 냥 내외를 유지하고 있는데 숙종대까지는 용하(用下)가 봉입(捧入)보다 적었으나 경종대부터 봉입보다 용하가 크게 늘어 적자재정이 시작되었다.

영조대에 이르러 화폐가 차지하는 비중이 10%대에 이르게 되고 이후 정조대에는 화폐의 비중이 더욱 증가하였다. 이는 상품화폐경제의 진전된 모습을 반영한 것이라 여겨진다.

선혜청의 재정 규모는 호조의 재정 규모보다 더 많았다. 1785년의 경우 호조와 단순 비교해 보아도 수입면에서 30만 냥 이상 더 규모가 컸다.

균역청의 총 수입은 121만 1,391냥이었다. 규모별로는 둔전세수가 41만 4,120냥으로 가장 많고 다음이 결전으로 37만 2,045냥이었다. 그리고 환곡이자 21만 9,220냥, 은여결(隱餘結) 8만 9,040냥, 어염선세(魚鹽船稅) 7만 5,000냥, 선무군관 4만 1,966냥 순이었다.

병조와 5군문의 수입 총 규모는 23만 1,864석이었다. 이를 1석당(石當) 전(錢) 5냥으로 계산하면 115만 9,320냥이다. 여기에다 균역청 급대 6만 3,888석을 포함하면 총 규모는 29만 5,752석이었다. 특히 정조대에 추가된 새로운 군문인 장용영의 세입 규모는 약 26만 냥 정도였다.

1797년(정조 21) 환곡의 총 수는 926만 9,777석이었다. 그 중 상진청을 비롯하여 비변사·호조·균역청·장용영·선혜청·병조·총융청·수어청 등 중앙아문이 680만 석 정도, 그리고 지방 감영에서도 170여만 석에 달하는 환곡을 관리하고 있었다.

환곡 대부 수는 비국이 162만 3,401석으로 가장 많고, 다음이 상진청으로 141만 9,491석, 그리고 호조 48만 8,861석, 균역청 39만 6,741석, 장용영 14만 9,183석 순이었다.

총 환곡 중 중앙 재정아문에서 관리하는 총 곡수(穀數)는 675만 7,858석으로 73%를 차지하고 있었다. 그 명색 또한 갖가지였고 전국 각지에 분산 저치되어 있었다. 그런데 이러한 중앙 재정아문에서 관리하는 환곡 이자의 대부분은 환곡을 관리하는 데 드는 경상비는 물론이고, 그 지역 수령이 취용한다든지, 그 지방 장사(壯士)들의 급료 등으로도 사용되었다. 이는 중앙아문이 관리하는 대부 환곡 수입의 대부분은 지방재정에 활용되고 일부만 해당 관청에 납부되거나 원곡에 합해졌다. 아울러 상진청, 비변사, 호조, 균역청 환곡은 그 구관하는 기관은 중앙아문이었지만 지출항목은 대부분 지방재정에 할애되었다.

정조대 환곡의 총 대부 수는 669만 9,499석이었고 그 수입은 대부 수의 10%를 상회하는 10.85%로 72만 7,028석이었다. 이를 돈으로 환산하면 290만 8,112냥으로 약 300만 냥에 달하는 규모였다. 이는 바로 앞에서 살펴본 바와 같이 어느 중앙 재정아문보다도 많은 세입 규모였다. 이 가운데 대부분은 지방재정에 충당되었다.

이상 살핀 바를 토대로 중앙아문의 세입 규모는 약 790만 냥 정도였으며 규모면에서는 환곡이 290만 냥 정도로 가장 규모가 컸고, 호조·선혜청·균역청과 5군영 등이 110만 냥에서 120만 냥 내외의 규모였음을 알 수 있다.

또한 재정을 이루는 종류는 은자·전문(錢文)·면포(綿布)·미(米) 등이다. 은자는 1년 재고가 항상 40만 냥 전후를 유지하고 있는데 은 1냥의 가치를 전 4냥으로 환산하면 160만 냥이다. 그리고 전문(錢文)이 100만 냥 이상을 유지하고 있고 면포는 50만 냥, 미(米)는 140만 냥을 유지하고 있었다.

정조는 1789년 7월 11일 장헌세자의 원침을 수원부 구읍치로 이전하기로 하고 4일 만인 15일에 수원의 읍소재지를 전격적으로 팔달산 동쪽으로 옮겼다. 구읍치에 조성된 원침 조성과 원주민들의 가사와 전답 등의 보상

등에 돈이 18만 4천 600여 냥, 쌀이 6천 320석, 목면이 279동 남짓, 베가 14동 등으로 돈으로 환산하면 총 24만 5천 5백 냥이 지출되었다. 이렇게 해서 현륭원의 모든 공역(工役)은 1789년 10월 16일에 완공되었다.

한편 화성을 진흥시키기 위한 행정적 조치와 과거특설, 세금면제 등의 특혜조치를 취하면서 저수지, 둔전의 설치와 상업진흥책도 아울러 강구하였다.

화성성역에 구획된 총 금액은 전 87만 3천 517냥 7전 9푼과 경기회부미 쌀 1천 495석 11두 4홉이었다. 그 중에서 직접 배정된 전은 24만 3천 517냥 7전 9푼이고 빌려온 돈의 총액은 63만 냥이었다.

구획된 돈의 주요 대부 기관과 대부 총액은 장용영의 25만 냥, 균역청의 30만 냥, 어영청의 4만 냥, 금위영의 4만 냥 등이었다.

화성성역에서 실제 자금염출 기관은 어영청 20만 3천 냥, 금위영 13만 3천 냥, 기영과 완영이 각각 10만 냥으로 호조와 선혜청과 같은 중앙 재정 기관에서는 단지 5천 냥과 1만 냥이 투입되었을 뿐이었다. 이외에 경상도 감영에서 5만 냥, 통영(統營) 5천 냥, 4영문(營門) 1만 8천 냥 등이었다. 그리고 가장 많이 꾸어온 기관인 균역청과 장용영의 돈은 한푼도 사용되지 않았다.

이상과 같이 화성성역에는 중앙재정뿐만 아니라 기영, 완영, 통영, 경상도감영 등의 지방재정에서도 충당되었다.

화성 건설에 실제 들어간 비용은 전(錢)이 80만 4천 963냥 9전 1푼과 행성행궁 등에 5만 5천 734냥 1전 1푼의 합 86만 698냥 2푼이고, 재고 12만 926냥 2전까지 합치면 87만 3천 624냥 4전이다. 따라서 배정된 돈 87만 3천 517냥 7전 9푼과는 7냥 6전 1푼의 차이가 있음을 알 수 있다. 그러니까 화성 건설에 쓰인 실제 비용은 재고를 뺀 86만 698냥 2푼과 미리 배정된 도청(都廳) 감동(監董) 이하 원역요미 1천 495섬 11말 그리고 각도에서 마련한 곡물 1만 3천 170섬 6말 3되 1홉 8작 등이다.

실제 들어간 비용 중 화성행궁 등을 제외한 80만 4천 963냥 9전 1푼에 대해 분석해 보면, 각종 재료비는 총 27만 1천 871냥 8전 9푼으로 약 33.8%에 달하고 그 중에서도 돌 떠내는 값에 가장 많은 12만 6천 617냥이 지출되었다.

숙련공과 모군 그리고 담군들에게는 31만 109냥 2전 2푼이 지급되어 약 38.5%에 달한다. 공사 비용 중 인건비에 근 2/5가 들어간 셈이다.

총체적인 화성 건설에는 1789년 원침 이전과 구읍치 보상비용에 약 24만 5천 5백 냥, 1790년 용주사 창건에 8만 7천 505냥 1전, 혜경궁 홍씨 회갑연을 위한 1795년(을묘)의 원행에 지출된 10만 38냥 6전 8푼, 화성 건설에 약 93만 4천 28냥 등 총 1백 36만 7천 71냥 7전 8푼이 지출되었다. 이러한 공사비는 호조 1년 수입과 맞먹는 금액이다. 또한 공사기간이 10년 계획에서 2년 9개월로 줄면서 일시에 많은 양이 필요하게 되어 정조대 재정압박의 요인이었다고 보여진다.

화성 축성을 위해서는 사전에 중국, 조선 등의 성제에 대한 전면적인 검토가 있었다. 화성을 축조하는 데는 『화성성역의궤』에도 언급한 바와 같이 유성룡과 유형원의 견해를 받아들였다. 유성룡과 유형원은 산성론과 읍성론으로 그 의견이 구별되지만 축성론에서는 모두 척계광의 『기효신서』를 참고하고 있다는 점에서는 동일하다. 그리고 『기효신서』나 『무비지』 등과 같은 중국의 성제나 유성룡과 유형원의 성제는 성제 일반론적인 병서일 뿐이었지 화성을 쌓기 위한 구체적인 설계도서는 아닌 것이다.

화성에서 순수한 중국성제는 공심돈과 오성지 그리고 현안 정도이고, 장안문과 팔달문 앞에 전으로 만든 반월형 옹성 등이 중국의 성제를 차용하였을 뿐이다.

화성 축성에서 가장 중요한 것은 축성 전에 전국 각지의 성곽을 취합하여 검토한 것이다. 이는 우리나라 전국 각지의 성제를 모두 참고한 것을 말하며, 이러한 작업이 화성 축성에서 가장 많은 도움이 된 것으로 생각된다.

실제 축성과정에서도 전국 각지에서 모인 채제공과 조심태, 그리고 이유경과 같은 군사전문가, 강원도의 중 굉흡 등과 같은 건축가, 예술가들이 각자 재량을 보였다. 특히 정약용이 기본 지침서로 만든 「성설」의 내용을 그대로 담은 정조의 「어제성화주략」의 방략조차도 이행하지 않은 부분이 많았다. 그 과정에서 자재의 조달, 인원의 동원 등도 임기응변적 조치에 의한 것이 많았다. 따라서 당시 화성 축성은 설계도를 먼저 만들고 이에 의해서 치밀하게 공사를 진행하는 현대의 토목 건설공사 개념으로 이해하면 안될 것이다.

「어제성화주략」과 같은 지침서는 원론적이고 대강의 지침이었을 뿐 성벽을 포함한 50여 개의 방어시설물의 구체적 건설에서는 각 담당자들의 창의성과 독창성이 구현된 것으로 생각된다. 화성은 방어요새로서의 군사적인 측면뿐만 아니라 건축미학적인 측면 및 신도시 기반 시설 등을 아울러 고찰해야 할 것이다. 따라서 화성 축성에는 당시 관료, 건축가, 예술가들의 총체적인 지혜가 투여되었다. 화성을 올바로 평가하기 위해서는 이외에도 도시기반 시설을 위한 제반 신작로, 다리, 상가의 설치, 행정구역의 개편, 병농일치의 생산기반인 저수지와 둔전의 경영, 도시조경을 위한 식수, 연못의 조성 등과 관련한 총체적인 평가가 진행되어야 할 것이다.

결론적으로 화성은 조선 고유의 성제의 장점들과 중국성제의 장점을 우리나라 지형에 맞게 실현한 '성곽의 결정체'라고 할 수 있다.

참고문헌

1. 資料

1) 年代記

『朝鮮王朝實錄』『備邊司謄錄』『承政院日記』『日省錄』

2) 法典

『經國大典』『大典通編』『大典會通』

3) 儀軌·謄錄類 및 其他 官撰資料

『華城城役儀軌』『水原府旨令謄錄』『穀總編考』『萬機要覽』『水原郡邑誌』
『增補文獻備考』『社還米制度』

4) 文集 및 其他 個人著述

『西厓集』『與猶堂全書』『芝峰類說』『弘齋全書』『北學義』『燕巖集』
『磻溪隨錄』『星湖僿說』『擇里志』『農圃問答』『民堡議』『眉叟記言』
『經世遺表』

2. 研究論著

1) 著書 및 博士學位論文

김석형, 1957, 『조선봉건시대 농민의 계급구성』, 사회과학원.

김용섭, 1970·1971, 『조선후기농업사연구』 I·II.

사회과학원 고고학연구소, 1977, 『조선고고학 개요』.

강만길, 1973, 『조선후기 상업자본의 발달』, 고려대학교 출판부.

송찬식, 1973, 『이조후기수공업에 관한 연구』, 서울대학교출판부.

이태진, 1986, 『한국사회사연구』, 지식산업사.

과학백과사전종합출판사, 1989, 『조선건축사』(1).

국방군사편찬위원회, 1989, 『民堡議·民堡輯說(附, 魚樵問答)』.

리화선 외, 1989, 『조선건축사』(1), 과학백과사전종합출판사.

허종호, 1989, 『조선 봉건제 말기의 소작제 연구』, 한마당.

차용걸·심정보 편, 1989, 『임진왜란 전후 관방사 연구』, 문화재연구소.

유승주, 1993, 『조선시대광업사연구』, 고려대학교 출판부.

박광용, 1994, 「조선후기 '탕평' 연구」, 서울대 박사학위논문.

孫禎睦, 1994, 『朝鮮時代都市社會硏究』, 一志社.

정석종, 1994, 『조선후기의 정치와 사상』, 한길사.

김동욱, 1996, 『18세기 건축사상과 실천-수원성』, 발언.

유봉학, 1996, 『꿈의 문화유산 화성』, 신구문화사.

이은순, 1996, 『조선후기당쟁사연구』, 일조각.

한상권, 1996, 『조선후기 사회와 소원제도』, 일조각.

김옥근, 1997, 『조선왕조재정사연구』 I·II·III.

국방군사연구소, 1997, 『병학지남연의』(III), 장조정식.

김성윤, 1997, 『조선후기 탕평정치 연구』, 지식산업사.

송찬식, 1997, 『조선후기 사회경제사의 연구』, 일조각.

오 성, 1997, 『조선후기 상인연구』, 일조각.

고동환, 1998, 『조선후기 서울 상업발달사』, 지식산업사원.

송찬식, 1998, 『이조후기수공업에 관한 연구』, 서울대학교출판부.

신영훈, 1998, 『수원의 華城』, 조선일보사.

윤용출, 1998, 『조선후기의 요역제와 고용노동』, 서울대학교출판부.

이영춘, 1998, 『朝鮮後期 王位繼承 硏究』, 집문당.

한영우, 1998,『정조의 화성행차, 그 8일』, 효형출판.
양진석, 1999,『17·18세기 환곡제도의 운영과 기능 변화』, 서울대 박사학위논
　　　문.
정옥자 외, 1999,『정조시대의 사상과 문화』, 돌베개.
김덕진, 1999,『조선후기 지방재정과 잡역세』, 국학자료원.
장동표, 1999,『조선후기 지방재정연구』, 국학자료원.
김문식, 2000,『정조의 경학과 주자학』, 문헌과해석사.
신형식 외, 2000,『고구려산성과 해양방어체제연구』, 백산.
유봉학, 2000,『연암일파 북학사상의 연구』, 일지사.
백승철, 2000,『조선후기 상업사연구』, 도서출판 혜안.
변광석, 2001,『조선후기 시전상인 연구』, 혜안.
유봉학, 2001,『정조대왕의 꿈』, 신구문화사.
정옥자, 2000,『정조의 일득록 연구』, 일지사.
정옥자, 2001,『정조의 문예사상과 규장각』, 효형출판.
최홍규, 2001,『정조의 화성건설』, 일지사.
이세영, 2001,『조선후기정치경제사』, 혜안.
김동욱, 2002,『실학정신으로 세운 조선의 신도시 수원화성』, 돌베개.
박현모, 2003,『정치가 정조』, 푸른역사.
김문식, 2007,『정조의 제왕학』, 태학사.
김준혁, 2007,『조선 정조대 장용영 연구』, 중앙대학교 박사논문.

2) 硏究論文

송찬식, 1970,「조선후기 농업에 있어서의 광작운동」,『이해남박사화갑기념사
　　　학논총소수』, 일조각.
최무장, 1975,「수원성곽 축조의 문헌적 조사」,『문화재』제9호.
차용걸, 1977,「화성의 축성사적 위치」,『화성성역의궤』, 수원시.
차용걸, 1978,「화성의 성격과 특징」,『화성성역의궤』, 수원시.
차용걸, 1979,「임진왜란 이후의 성제변화와 수원성」,『화성성역의궤』, 수원시.
정연식, 1989,「균역법 시행 이후의 지방재정의 변화」,『진단학보』(67).
차용걸, 1989,「조선초기(태종·세종대)의 축성양상」,『임진왜란 전후 관방사연
　　　구』, 문화재연구소.
崔洪奎, 1991,「朝鮮後期 華城築造와 鄕村社會의 諸樣相」,『國史館論叢』第

324

30輯, 國史編纂委會.

鄭奭種, 1994, 「정약용과 정·순조연간의 정국」, 『朝鮮後期 政治와 思想』, 한길사.

이장희, 1995, 「임란중 산성수축과 堅壁淸野에 대하여」, 『부촌 신연철교수 정년퇴임기념 사학논총』.

강문식, 1996, 「정조대 화성의 방어체제」, 『한국학보』 제82집, 일지사.

김성윤, 1996, 「조선후기 정조대의 수원육성과 천도시도」, 『부대사학』 20.

유봉학, 1996, 「정조대 정국 동향과 화성성역의 추이」, 『규장각』 19호.

유봉학, 1996, 「화성성역의 역사적 의의와 화성의 문화유산」, 『향토사 연구』 제9집.

정숭교, 1996, 「정조대 을묘원행의 재정 운영과 정리곡 마련」, 『한국학보』 82집, 일지사.

한영우, 1998, 「정조와 화성」, 『근대를 향한 꿈』, 경기도박물관.

노대환, 1999, 「정조대의 서기수용 논의」, 『한국학보』 94.

노영구, 1999, 「조선후기 城制 변화와 華城의 築城史的 의미」, 『진단학보』 88.

배우성, 1999, 「정조시대 동아시아 인식의 새로운 경향」, 『한국학보』 94.

송찬섭, 1999, 「정조대 장용영곡의 설치와 운영」, 『한국문화』 24, 한국문화연구소.

노영구, 2000, 「성제고」, 『정조대의 예술과 과학』, 문헌과 해석사.

김문식, 2001, 「『교남빈흥록』을 통해 본 정조의 대영남정책」, 『퇴계학보』 제110집, 퇴계학 연구원.

정연식, 2001, 「화성의 방어시설과 총포」, 『진단학보』 91.

김준혁, 2002, 「화산 용주사의 창건과 불교계의 위상」, 『경기향토사연구』, 경기도 향토사연구협의회.

이일갑, 2003, 「하동읍성에 대하여」, 『한국성곽연구회 정기학술자료집』.

abstract

Development of commodity-money economy and the construction of Hwaseong Fotress of the 18th century

Lee Dal Ho

One of the significant reasons for constructing of Hwaseong fortress was a death of King Jeongjo's son, Crown Prince Moon-hyo, and his wife, Ui-bin Sung's, in 1786. Their deaths had led to distrust of location of his father's grave, Crown Prince Sado, and resulted to transfer the grave to one of the most propitious site in Suwon. 'Hwaseong', the brand new city, was constructed after the transference of his grave in 1789. Moreover, from January 1794 to September 1796, Hwaseong that surrounds the temporary palace was constructed and the urban facilities were completed in this new city. The final goal to this construction was to abdicate the throne in favor of his son, Soonjo, when he turns 15 in 1804 starting from his birth in 1790, and to strengthen his royal authority by showing devotion to his deceased father. The fortress was made in a unique style to protect attacks from rifles and cannons, so it was carefully designed through many researches of fortresses in Korea and China. However, it caused financial difficulties in that period as it spent about 1 million nyang within 2 years and 9 months which was the same amount of one year budget of the ministry of Finance. The construction of Hwaseong was the result of commodity & monetary economy that grew spontaneously in Korea and it already began before the expansion of the West and Japan's imperialistic markets. It began from 16th century, but it was thought to be generalized after the reign of King Sookjong. Therefore, the large-scale public works that showed the development of capitalism of that period after the reign of King Sookjong indicate the construction of Hwaseong. The fact that the bureaucrats(government officials) as well as the intellectuals at that time had a capitalistic structure of consciousness is presented in the argument of King Jeongjo and Jeong Yag-yong on how to economically apply 'wage labor'. Hwaseong was King Jeongjo's long dream to build the most propitious site(Myung-dang) as well as the second new city in Joseon Dynasty, a defence base of Southern West part of Seoul, the city of strong royal authority by showing devotion to his father, Crown Prince Sado, and the central city of agriculture and commerce. In addition, the construction of Hwaseong(1794~1796) was the result of commodity & monetary economy that was achieved by all workers in the whole country and the goods that had been bought by paymeent. It showed all aspects of politics, society, science, culture and economy of Joseon dynasty in the 18th century. So to speak, it was the construction of the new city of Hwaseong that showed the result of the 'theory of market' that ruled the society in the era of 'non-economic compulsion' in the early years of Joseon. Hwaseong construction was not simply 'public works', but a 'process' of making a new city. Therefore, materials and items that were used had to be diverse and synthetic. To build a planned new city, the economical condition was very important, especially the supply of materials and goods. To make this possible, there should be a grand market called Seoul and the national commodity market behind. Also, special commodities were supplied through the circulation of money from every markets in this country.

찾아보기

330

지은이 | **이 달 호**

1954년 생. 한국외국어대학교 러시아어과 졸업, 한양대학교 사학과 석사, 상명대학교 사학과 박사학위 취득. 『양주군지』, 『파주군지』, 『구리시지』 등을 편찬했고 경기도사편찬위원회 상임위원 역임. 현재 수원시 학예연구사

주요 논문 | 「화성 건설 연구」(박사학위 논문), 「1920년대 '서울파' 사회주의운동의 조직활동과 노선」 (석사학위 논문), 「화성 축성방략과 성제」, 「화성 건설」, 「화성건설의 물자 조달」 외 다수

18세기 상품화폐경제의 발달과 화성 건설

이 달 호 지음

2008년 7월 25일 초판 1쇄 발행

펴낸이 · 오일주
펴낸곳 · 도서출판 혜안
등록번호 · 제22-471호
등록일자 · 1993년 7월 30일

⍢ 121-836 서울시 마포구 서교동 326-26번지 102호
전화 · 3141-3711~2 / 팩시밀리 · 3141-3710
E-Mail hyeanpub@hanmail.net

ISBN 978-89-8494-348-3   93910

값   17,000 원